Silia Wiebe

UNSERE MÜTTER

Wie Töchter sie lieben und mit ihnen kämpfen

Klett-Cotta

Klett-Cotta
www.klett-cotta.de
© 2019 by J. G. Cotta'sche Buchhandlung
Nachfolger GmbH, gegr. 1659, Stuttgart
Alle Rechte vorbehalten
Printed in Germany
Cover: Rothfos & Gabler, Hamburg
© Shutterstock Bildnr. 1075702958 und 788381914
Gesetzt von C.H.Beck.Media.Solutions, Nördlingen
Gedruckt und gebunden von GGP Media GmbH, Pößneck
ISBN 978-3-608-96332-8

Dritte Auflage, 2020

Bibliografische Information der Deutschen Nationalbibliothek
Die Deutsche Nationalbibliothek verzeichnet diese Publikation in der
Deutschen Nationalbibliografie; detaillierte bibliografische
Daten sind im Internet über http://dnb.d-nb.de abrufbar.

Für meine Mutter

INHALT

Vorwort

Meine Mutter steht in ihrem Leinenmantel auf einer Düne auf Norderney. Es stürmt, ihre Haare fliegen im Wind. Sie hält den Griff des rotweiß gestreiften Buggys fest. Neben ihr stehe ich, hellblonde Haare, winzig klein. Ich schaue zu ihr hoch und da passiert es: Eine heftige Windböe wirbelt Sand auf, ängstlich greife ich nach ihrer Hand und in diesem Augenblick reißt der Arm meiner Mutter ab. Was für schaurige erste Sätze in einem Buch über Mütter und Töchter. Aber vermutlich kennen auch Sie diese Träume, in denen Sie Ihre Mutter zu verlieren drohen. Verlustangst, Liebe, Wut, Trauer und Eifersucht sind nur einige der intensiven Gefühle, die wir mit unseren Müttern verbinden.

In meinem Freundeskreis wimmelt es vor komplizierten Mutter-Tochter-Beziehungen. Und auch ich fühlte mich als Kind, soweit ich mich zurückerinnern kann, in meiner Familie oft fremd, wie ein grünes Schaf unter weißen. Grün, weil anders, nicht schlechter, nicht besser, aber nicht wirklich zugehörig. Später trug ich die wunderschönen Ringe mit den bunten Steinen, die meine Mutter in wochenlanger Feinarbeit in ihrer kleinen Werkstatt für mich goldschmiedete, und trotzdem zweifelte ich manchmal an ihrer Liebe. Ehe ich lernte, sie nicht nur als Mutter zu sehen, sondern als ganz normalen Menschen mit Stärken und Schwächen.

Waren meine Konflikte typisch? Wie geht es anderen Töchtern? Gibt es auch vollkommen gelungene Mutter-Tochter-Beziehungen? Ich möchte erwachsenen Töchtern eine Stimme geben und ihre unterschiedlichen Erfahrungen aufschreiben. Im Internet suche ich Wissenschaftler, die sich mit Müttern und Töchtern befassen, und finde die Entwicklungspsychologin Sabrina Sommer, die an der Universität Paderborn über familiäre Beziehungen forscht. Was sie sagt, überrascht mich: Mütter und Töchter haben im Erwachsenenalter in den meisten Fällen eine sehr innige Beziehung. Sie verweist auf die aktuelle Längsschnittstudie *Pairfam*, die dokumentiert, dass sich Erwachsene mehr mit ihren Müttern als mit ihren Vätern verbunden fühlen und, das verwundert nun nicht mehr, dass Mütter im Alter mehr Unterstützung von ihren Kindern bekommen als Väter. Weil das emotionale Band zwischen ihnen stärker ist. Das wiederum liegt an unserer Kindheit: Mütter verbringen in der Regel nach wie vor mehr Zeit mit ihren Kindern als Väter. Irgendwann zahlt sich das anscheinend aus.

Ich durchforste wissenschaftliche Artikel und stoße auf den renommierten britischen Kinderpsychiater John Bowlby. Er analysierte in seiner dreibändigen Bindungstheorie (1969 bis 1980) die intensive Bindung von Säuglingen an ihre engste Bezugsperson, meistens die Mutter. Als einer der Ersten erkannte er, dass die frühe Trennung von Mutter und Kind, beispielsweise aufgrund eines Klinikaufenthaltes, gravierende seelische Folgen haben kann. Seine Mitarbeiterin Mary Ainsworth entwickelte seine Forschungsergebnisse weiter und belegte in Studien, dass die Feinfühligkeit und Zugewandtheit einer Mutter ihrem Kind gegenüber die Voraussetzung schafft, dass es eine gesunde Bindungsfähigkeit entwickeln kann.

Aber wie ergeht es uns, frage ich mich jetzt, wenn unsere Mütter nicht so zugewandt waren und uns Töchtern nicht das Gefühl vermitteln konnten, uns so zu lieben und zu schätzen, wie wir nun mal sind? Die US-Autorin Peg Streep schreibt im Magazin *Psychology Today* über nicht geliebte Töchter, zu denen sie auch sich selbst zählt:

»Das Bedürfnis einer Tochter nach der Liebe ihrer Mutter ist eine urtreibende Kraft, und dieses Bedürfnis verringert sich nicht, nur weil die Liebe nicht verfügbar ist. Es koexistiert mit der schrecklichen und Schaden anrichtenden Einsicht, dass die eine Person, die dich ohne Bedingung lieben soll, genau das nicht tut. Der Kampf um Heilung und Bewältigung ist ein gewaltiger. Er betrifft viele, wenn nicht gar alle Teile des Selbst, und besonders unsere Beziehungen.« Und weiter: »Der Sinn hinter der genauen Betrachtung unserer Wunden liegt aber nicht darin zu klagen und die Hände über dem Kopf zusammenzuschlagen angesichts der Mutter-Liebeskarten, die wir nun mal ausgespielt bekamen. Es geht darum, sich ihrer bewusst zu werden. Bewusstsein ist der erste Schritt zur Heilung. Aber nur zu oft akzeptieren wir unser inneres Geschehen einfach, ohne seinen Ursprung zu kennen.« Nicht jammern, weil wir es als Kind schwerer hatten, sondern die Schublade aufziehen, die verletzten Gefühle herausholen, anschauen, annehmen und dann heilen lassen. Leicht gesagt, denke ich, und nehme mir vor, mindestens eine Tochter für mein Buch zu finden, der das gelungen ist.

Nun überlege ich mir Themen, die ich zur Sprache bringen will: Adoption, Unterstützung der Enkel, Krankheit der Tochter, Leistungsdruck in der Kindheit, Kontaktabbruch,

Pflege der Mutter, Schuldgefühle, unterschiedliche Ansichten zu moralischen Werten, Suizid, kontroverse Interessen. Über meinen Freundeskreis, über familiäre und berufliche Kontakte, über Internetforen und Fernsehbeiträge suche ich Töchter, die mir zu diesen Themen etwas sagen können. Ich vereinbare Interviewtermine, telefoniere, reise in den Süden und in den Norden Deutschlands, höre zu, staune und schreibe auf.

Mit der 33-jährigen Suleika laufe ich an der Flensburger Förde entlang und höre berührt zu, wie sie über ihre Liebe zu ihrer Geige spricht und darüber, wie sie als Teenager nicht mehr damit klarkam, dass ihr Geigenlehrer zugleich ihr Stiefvater war. Anschließend fahre ich nach Wolfenbüttel zu Karin, die von ihrer leiblichen Mutter als Kleinkind zur Adoption freigegeben wurde und sich mit Mitte sechzig auf die Suche nach ihr machte. Ich möchte wissen, wie es ist, gleich zwei Mütter zu haben, eine leibliche und eine Adoptivmutter. Weil sie ihre leibliche Mutter erst kennenlernte, als diese knapp neunzig war, bitte ich auch Ekkehard, ihren Zwillingsbruder, als einzigen Sohn in meinem Buch zu erzählen. Wie hat er die Mutter in der Kindheit erlebt, nachdem sie seine Schwester weggegeben hatte? Und wie kam er damit zurecht, erst mit vierundsechzig Jahren zu erfahren, dass er ein Zwilling ist? »Wer bin ich, dass ich moralisch über meine Mutter urteile?«, sagt Ekkehard und ich zucke zusammen, weil ich schon oft über meine Mutter urteilte, und zwar in weitaus unbedeutenderen Situationen.

Tagsüber beschäftigen mich die Mütter aus meinem Buch. Abends denke ich über meine eigene Mutterbeziehung nach. Im Urlaub in der Provence – das Manuskript ruht nach fünf Monaten erstmals – greife ich spontan zum Telefon und frage meine Mutter, ob ich ihr fremd war als Kind, ob sie auch das

Gefühl hatte, dass ich nicht so richtig zur Familie gehörte. »Du kannst es ehrlich sagen«, schiebe ich mutig und ermutigend hinterher. »Nein«, sagt sie mit fester Stimme. »Ich habe dich von Anfang an geliebt, du bist mein Kind, ich fand dich genau richtig, so wie du warst. Und es tut mir ganz schrecklich leid, dass du das nicht so empfunden hast.« Warum kommt die Wertschätzung manchmal einfach nicht an?

Als Nächstes rufe ich Veruschka auf Hawaii an, die ihre frühe Kindheit mit ihrer alkoholabhängigen Mutter am Strand zwischen Hippies und Dealern verbrachte und heute – weit entfernt von der Mutter – wieder dort lebt. Nach unserem Interview muss ich tief durchatmen. Veruschka hätten die liebevollen Worte meiner Mutter sicher auch gutgetan. Wochen später lerne ich Veruschkas charismatische Mutter kennen. Wir treffen uns in einem Hamburger Café und sogleich spüre ich die Last ihrer Schuldgefühle, als sie über ihre Zeit im Gefängnis erzählt und über ihre letzten Worte an die Tochter (»Mami ist in zwei Stunden zurück!«), ehe sie für Jahre hinter Gittern verschwand. Hinter der großen schwarzen Sonnenbrille, die sie nicht einmal kurz absetzt, erahne ich ihre Tränen.

Je mehr Interviews ich führe, desto besser verstehe ich: Während die eine Tochter wütet, weil die Mutter ungefragt ihren Kleiderschrank aufräumt, verzeiht die andere der Mutter ohne große Worte, dass sie als Baby weggegeben wurde. So unterschiedlich unsere Mutter-Beziehungen sind, so verschieden sind unsere Möglichkeiten, mit unseren Müttern umzugehen. Wir Töchter können nicht beeinflussen, wie wir in der Kindheit von ihnen geprägt wurden. Aber eben doch, was wir aus unseren Prägungen machen.

Über eine Facebook-Gruppe, in der sich Töchter von Kriegskindern über ererbte Traumata austauschen, komme ich in Kontakt mit Sigrid. Sie erzählt mir von den Wahnvorstellungen ihrer Mutter als psychische Folge der Bombenangriffe während des Zweiten Weltkriegs. Und – das interessiert mich jetzt besonders – schildert, welche Folgen die Traumatisierung ihrer Mutter auf ihre eigene Beziehung zu Männern hatte. Sigrid sagt: »Erst nachdem es mir gelungen ist, Mitgefühl mit meiner Mutter aufzubringen, schaffte ich es auch, Mitgefühl mit mir als Kind aufzubringen.«

Jetzt beschließe ich, Stefanie Stahl, die bekannte Psychologin und Autorin des von mir geschätzten Ratgebers *Das Kind in dir muss Heimat finden*, um ein Interview zu bitten. Ich möchte mit ihr über Glaubenssätze und Übergriffigkeit, ausbleibende Entschuldigungen, fehlende Wertschätzung, Eifersucht auf Geschwister und die Chance auf eine späte Versöhnung sprechen. Frau Stahl lädt mich in ihre Ferienwohnung ein und dann sagt sie, dass es auch mit vierzig, fünfzig oder siebzig Jahren noch sehr gut möglich ist, sich auszusöhnen und das eigene Selbstwertgefühl endlich nicht mehr von der Wertschätzung der Mutter abhängig zu machen.

Zuhause krame ich die alten Super-Acht-Filme aus meiner Kindheit heraus, die jahrelang unberührt in meinem Schreibtisch lagen. Ich schaue auf meine schöne Mutter, die in einem Schafstall kniet und mir lachend zeigt, wie man ein Lämmchen mit der Flasche füttert. Bin das wirklich ich, dieses fröhliche kleine Mädchen? Warum erinnern wir so oft die schlechten und nicht die schönen Erlebnisse?

Stefanie Stahl hatte mich ganz erstaunt angeschaut, als ich erwähnte, dass mir erst mit Ende dreißig klar wurde, dass die eine oder andere Sollbruchstelle meines Lebens mit der phasenweise komplizierten Beziehung zu meiner Mutter zusammenhing. »Aber die Frage, wie uns die Mutter prägt, liegt doch sehr nah«, sagte sie. Das stimmt. Aber jede Tochter hat ihr individuelles Tempo. Und ich habe das Glück, ein Buch über Mütter schreiben zu dürfen und von anderen Töchtern lernen zu können. Ich werde die Geschichten meiner Protagonistinnen in der Ich-Perspektive aufschreiben – so unmittelbar, wortgetreu und wertfrei, wie es diese Textform ermöglicht. Manche der Töchter aus diesem Buch mussten Mut beweisen und sehr weit zurückgehen, um bei sich selbst anzukommen. Und manchmal sind unsere Wunden, so formuliert es Hermann Hesse in *Siddhartha*, auch nicht dazu da, um in ihnen zu wühlen; sie sollen zur Blüte werden und strahlen.

Zum Abschied drückte mir Stefanie Stahl fest die Hand. Sie sagte: »Eine Tochter kann ihre Mutter nicht ändern, aber sie kann darüber nachdenken, ob sie mit dem, was die Mutter ihr geben kann, nicht vielleicht doch zurechtkommen könnte.« Oft ist das, was wir bekommen, sobald wir den Blickwinkel ändern, viel mehr, als wir ursprünglich dachten.

KAPITEL 1

»Meine Mutter hat ihr Bestes gegeben«

Sie gilt als Geigenwunderkind, gewinnt früh erste Musikwettbewerbe. Doch in der Pubertät kommt Suleika, 33, nicht mehr damit klar, dass ihr Geigenlehrer ihre Mutter liebt und zugleich ihr Stiefvater ist. Sie verliert ihre Leichtigkeit und rebelliert gegen alles und gegen alle. Als ihre erste große Liebe tödlich verunglückt und ihr Leben aus den Fugen gerät, lernt sie ihre Mutter ganz neu kennen – und lieben.

»Suleika, was du alles kannst, wie mutig du bist, ich bewundere dich«, sagte meine Mutter vor ein paar Tagen zu mir. Wir verbrachten eine Ferienwoche auf Mallorca zusammen. »Ohne dich würde ich das alles nicht erleben«, sagte sie. Ich hatte den Flug gebucht, das Hotel reserviert, unsere Ausflüge geplant und im Restaurant mit meinem Improvisationsspanisch das Essen bestellt.

Meine Mutter ist ein sehr schüchterner Mensch, sie ist so vorsichtig, so zart, sie ist das Gegenteil von mir. Sie fühlt sich wohl, wenn sie nicht im Mittelpunkt steht. Am liebsten kümmert sie sich zu Hause im Garten um ihre Blumen. Zusammen mit Peter, ihrem Mann, meinem ehemaligen Geigenlehrer.

Als Teenie schrieb ich seitenweise Tagebuch. »Alle sind gegen mich, erst wenn ich tot bin, werden sie merken, wie sehr sie mich vermissen!« Ich fühlte mich klein und minderwertig, überflüssig, oft ungeliebt, einfach falsch in der Welt. Würde meine Mutter einige Passagen aus meinen Tagebüchern lesen, es würde ihr unglaublich leidtun. »Mama macht immer nur das, was Peter will, ich bin ihr total egal«, steht dort.

Es ist traurig, wenn Mütter ihre Kinder lieben, aber die Liebe nicht so ankommt, wie sie gemeint ist. Bei mir hat alles mit der Geige zu tun, das Schöne, aber auch das Schwere.

Als Jugendliche hatte ich immer das Gefühl, mich furchtbar anstrengen zu müssen, um Anerkennung zu bekommen und geliebt zu werden. Meine Eltern lebten getrennt voneinander, meinen Vater sah ich selten. Der Alltag bei meiner Mutter kreiste um meine Leistungen an der Geige. Hatte ich zu kurz oder zu schlampig geübt, war die Stimmung am Abendbrottisch im Keller. »Schade, Suleika, du verschenkst dein Talent«, sagte meine Mutter mit traurigem Blick. Bei mir kam an: »Ich bin so enttäuscht von dir.« Ich hatte genug Talent, aber ich war oft faul. Täglich hätte ich nach der Schule noch drei Stunden üben müssen, um mein Talent nicht zu verschleudern. Obwohl ich meine Geige liebte, setzte mich das sture Üben unter Druck. Es war mir zu viel. Noch schlimmer war, dass die Geigenstunde gefühlt kein Ende nahm. Denn wie gut ich die Etüden nachmittags hinbekommen hatte, wurde während des Abendessens von meinem Stiefvater und meiner Mutter nochmal ausgewertet. Es gab wenig Zeit, in der ich nur Suleika sein konnte und niemand irgendetwas von mir erwartete.

Dabei hatte ich mir die Geige sehnlichst gewünscht. Meine Mutter spielte in einem Folklore-Ensemble. Wenn sie ihre Noten auf unsere Holzkommode legte und Mozart übte für das Vorspielen in der Neubrandenburger Philharmonie, wo sie gerne arbeiten wollte und später auch angenommen wurde, saß ich auf dem Teppich, puzzelte oder malte und war glücklich. »Ich will auch Geige lernen«, bettelte ich monatelang. Es war mein sehnlichster Wunsch, einmal so schön zu spielen wie sie. Sie sagte immer: »Frühestens mit sechs!« Als ich sechs war, kam Peter, einer der renommiertesten Geigenlehrer unserer Gegend, für meine erste Stunde zu uns nach Hause in den vierzehnten Stock eines Hochhauses. Sechsundzwanzig Jahre älter als meine Mutter, gutmütig, als Lehrer aber auch sehr anspruchsvoll. Er legte mir die Geige unter das Kinn, zeigte mir, wie ich sie mit der linken Hand halte und schon strich ich mit ganzem Bogen über die Saiten. »Schau, wie sie das macht!«, rief er. »Sie fängt gleich virtuos an!« Noch heute höre ich seine begeisterte Stimme und sehe den überraschten Gesichtsausdruck meiner Mutter vor mir. Sie war so stolz auf mich. Nur fünf Minuten hielt ich aus, dann legte ich die Geige weg, rannte zu meinem Schaukelpferd und begann, wie verrückt darauf zu reiten. Ich rannte zurück, schnappte mir wieder die Geige, setzte sie an, spielte noch einmal fünf Minuten. Ich fand es wunderschön und unglaublich aufwühlend.

Von da an kam Peter jeden Tag zu uns. »Sie ist ein unglaubliches Talent«, sagte er. Schon bald spielte ich erste Wettbewerbe und gewann regional alles, was man gewinnen kann. Journalisten von der Lokalzeitung besuchten uns, machten Fotos von dem blonden Mädchen mit der Stupsnase und der Geige, das nicht aufhören konnte, von ihrer Mutter und ihrem Vater und der Tante und dem Stiefvater zu erzählen, die auch alle Geige spielten wie sie. Ich ging davon aus, dass Peter ausschließlich meinetwegen zu uns kam, auch wenn er nach dem Unterricht oft noch mit uns Abendbrot aß. Erst allmählich verstand ich, dass seine Besuche noch andere Gründe hatten. Vor meiner Einschulung fuhren wir mit Peter in den Urlaub ins sächsische Markneukirchen, wo eine weltberühmte Geigenbauerdynastie lebt. Wir schauten uns die Geigen- und Bogenbauer-Werkstätten an, sie gehören zu den ältesten und bedeutendsten im deutschsprachigen Raum. Es war mein erster richtiger Urlaub, absolut paradiesisch. Peter und ich gingen jeden Morgen Brötchen holen, ich schob den Kinderwagen meiner kleinen, über alles geliebten Schwester Friedi die Hügel herunter. Dass Peter und meine Mutter in diesen Tagen ein Paar wurden, bekam ich nicht mit. Bis heute sind sie sehr glücklich miteinander. Erst ein Jahr nach unserem herrlichen Urlaub ahnte ich, dass mein Lehrer nicht nur meinetwegen in die frei gewordene Wohnung unter uns gezogen war. Mein tägliches Üben lobte oder kritisierte er von nun an mit Klopfzeichen an seine Zimmerdecke. »Bist du etwa in Peter verliebt?«, fragte ich meine Mutter. Sie schaute mich ganz entgeistert an und sagte: »Ach, klar! Was denkst du denn?«

Ich fand es merkwürdig, aber es störte mich anfangs nicht. Erst mit elf Jahren, als es cooler wurde, mit Freunden durch die Stadt zu ziehen als Geige zu üben, wurde die Beziehung meiner Mutter für mich zum Problem. Auch wenn ich Peter gerne hatte, war er für mich in erster Linie ein Lehrer mit sehr hohen Erwartungen an mein Geigenspiel und mit wenig Sinn für meine pubertären Freizeitinteressen. Als er die Vaterrolle übernahm, verwischte für mich die Grenze zwischen Unterricht und Freizeit. Außerdem spürten meine feinen Antennen sofort, wenn sich seine Enttäuschung über meine schlechten Leistungen auf meine Mutter übertrug. Dass Peter nicht mit mir zufrieden war, konnte ich ganz gut aushalten. Dass Mutti nicht mit mir zufrieden war, ertrug ich überhaupt nicht. Brachte sie mich abends schweigend ins Bett oder war noch stiller als sonst, vermutete ich sofort, dass Peter sich über mich beschwert hatte. Von meiner Leistung im Geigenunterricht hing ab, so empfand ich es, ob wir es als Familie schön miteinander hatten oder uns beim Abendessen stumm und vorwurfsvoll anstarrten. Das Gefühl, nicht gut und richtig zu sein, drückte mir immer öfter die Luft ab.

Was mir zu Hause fehlte, versuchte ich von meinen Schulfreunden zu bekommen. Ich kasperte mich durch den Unterricht, reizte die Lehrer zur Freude meiner Mitschüler bis aufs Blut und so hagelte es Beschwerde-Anrufe bei meiner Mutter. Für jemanden, dem es zutiefst unangenehm ist, in irgendeiner Art aufzufallen, sind Anrufe von Lehrern ein echter Schlag ins Gesicht. Meine Mutter litt. Einmal sagte sie: »Ich gehe schon Umwege, damit ich niemanden aus deiner Schule treffe. Es wäre mir peinlich, wenn jemand denkt: Das ist doch die Mutter von Suleika.« Ich war so erschrocken und verletzt, stand auf, ging wortlos in mein Zimmer und knallte die Tür.

Manchmal versteckte ich mich abends hinter der Küchentür und belauschte meine Mutter, wenn sie mit Peter über mich sprach. Ich hörte sie sagen, dass es schade sei, wie faul ich geworden war, und was sie bloß falsch gemacht habe. Mit einem Kloß im Hals schlich ich zurück in mein Bett. Manchmal sprach sie auch über meinen Vater, von dem sie sich getrennt hatte, als ich ein Baby war. Meinen Vater liebe und verehre ich bis heute sehr, damals war er mein Held, im Wesen ganz ähnlich wie ich: ein Lebenskünstler, temperamentvoll, unkonventionell, gegen den Strom. Als sie ihm einmal berichtete, dass ich beim Klauen von Süßigkeiten erwischt worden war, lachte er und sagte: »Mensch, das war ja ärgerlich, dass sie auf frischer Tat ertappt wurde.« Er fand mich nicht niederträchtig, ich war trotzdem seine Tochter. Das beruhigte mich unendlich. Vor Peter kritisierte meine Mutter, dass sich mein Vater nicht gerade vorbildlich um mich kümmerte. Sofort schoss ich aus meinem Versteck und schrie: »Wehe, ihr fordert von ihm, dass er sich öfter meldet, er muss niemals irgendetwas tun! Wenn ihr das fordert, bin ich hier weg!« Ich hatte solche Angst, dass mein Vater enttäuscht von mir sein würde und komplett aus meinem Leben verschwinden könnte. Das durfte auf keinen Fall passieren. Je verlorener ich mich zu Hause fühlte, desto heldenhafter wurde mein abwesender Vater in meiner Phantasie.

Meine Mutter hatte meinen Vater, einen begabten Geiger, im Orchester kennengelernt. Er war vierzehn Jahre älter als sie, sehr charismatisch und verheiratet. Sie nahm Geigenunterricht bei ihm, er verließ Frau und Kind für sie. Sie wurde ziemlich schnell schwanger, mit achtzehn, sie wünschte sich ein Baby. Aber sie hatte keine realistische Vorstellung vom Muttersein. Drei Jahre zuvor hatte sie noch mit Puppen gespielt, und nun dachte sie: Wenn ich ein Kind habe, traue ich mich auch mal alleine nach draußen und kann stundenlang mit dem Kinderwagen spazieren gehen.

In einigen Geburtskliniken der ehemaligen DDR wurden die Babys ohne medizinischen Grund zwei, drei Wochen zu früh per Kaiserschnitt geholt. Immer an Donnerstagen, damit Krankenschwestern und Ärzte nicht am Wochenende arbeiten müssen. Ich wurde auch so ein Donnerstagskind. Meine Mutter freute sich, als der Arzt sagte, dass sie mich drei Wochen früher holen werden, damit sie nicht mehr so lange warten müsse. Kaum war ich auf der Welt, brachten sie mich, weil ich Gelbsucht hatte, in ein Kinderkrankenhaus in eine andere Stadt. Meine Mutter durfte einmal am Tag anrufen und fragen, wie es mir gehe. Statt an ihrer warmen Brust zu liegen, wurde ich mit einer Blaulichtlampe bestrahlt. Nach zwei Wochen durfte sie mich abholen. Die Stationsschwester legte ihr das Baby in den Arm, aber sie erkannte mich kaum noch. Ich hatte in der Zwischenzeit zugenommen und ein rosiges Gesicht gekriegt. Bis heute kommen ihr die Tränen, wenn sie über diesen Moment spricht oder wenn im Fernsehen eine Geburt gezeigt wird.

So beschaulich, wie sich meine Mutter das Familienleben vorgestellt hatte, wurde es nicht. Mein Vater brach mit den »Mecklenburger Zigeunermusikanten«, seiner volkstümlichen Band, schon kurz nach meiner Geburt zu einer ersten Konzerttour durch die DDR, Bulgarien und Tschechien auf. Meine Mutter wusste nie, wo er gerade war, ob er überhaupt noch lebte. Dieser Freigeist, ein so wilder, selbstbewusster Mann, der sie wochenlang alleine ließ, und meine ängstliche Mutter, das konnte nicht gutgehen.

Irgendwann bemühte sich ein anderer Mann um sie. Als mein Vater endlich wieder vor ihrer Tür stand mit einem Brautkleid im Koffer, gestand ihm meine Mutter, dass sie einen geordneten Alltag brauchte. Obwohl sie ihn liebte. So verschwand mein Vater aus meinem Leben und ich sah ihn während meiner gesamten Kindheit selten, viel zu selten. Er reiste häufig nach Indien, wo er in einem Aschram lebte und meditierte, und ließ sich später in Deutschland in einer selbstgebauten Waldhütte nieder. Für seinen Lebensunterhalt spielte er auf dem Mittelaltermarkt mit seiner Band. Einmal, als er Zeit hatte, durfte ich ein Wochenende lang bei ihm wohnen. Ein wunderschönes Abenteuer für mich.

Mit zwölf Jahren war meine Wut auf meine Mutter so groß, dass fast jedes Mittagessen, jedes Geigeüben, jede Hausaufgabenstunde eskalierte. Wir hatten kaum eine entspannte Minute miteinander. Sie kämpfte gegen meine Frechheiten, ich kämpfte um Zuwendung. Es verletzte mich, dass sie auf Peter hörte und nicht auf mich, dass immer zwei gegen mich standen und vor allem, dass sie mich nicht mehr verstand. Ich fühlte mich verlassen und schlief abends oft mit dem Gedanken ein, dass es besser für alle wäre, wenn es mich nicht gäbe.

Mit dreizehn war ich alt genug, um zum ersten Mal an einem Bundeswettbewerb von »Jugend musiziert« teilzunehmen. Wieder kam vor meinem Auftritt ein Journalist von der Tageszeitung. Ich wurde fotografiert und die gesamte Schule drückte mir die Daumen, es war alles wie immer. Nein, eine Sache war anders: Meine Unbeschwertheit war nicht mehr da. Stattdessen lastete ein unglaublicher Druck auf mir und große Angst zu versagen. Für die regionalen Wettbewerbe hatte ich mich nicht mal anstrengen müssen und trotzdem gewonnen. Der bundesweite Wettkampf war aber eine andere Nummer. Die Besten aus dem Land kamen zusammen.

Direkt vor mir spielte die spätere Gewinnerin. Ich verfolgte ihr Spiel über einen Bildschirm hinter der Bühne. Es war ein Schock. Noch nie hatte ich ein Kind in meiner Altersklasse gehört, das besser spielte als ich. Dieses Mädchen spielte viel besser. Ich wollte erst gar nicht mehr auftreten, ich wusste sofort, ich hatte keine Chance zu gewinnen. Auch wenn mir keine Fehler unterliefen, landete ich auf einem der letzten Plätze, und mein Selbstvertrauen bekam endgültig einen Knacks. Ich schämte mich so: vor den Kindern meiner Schule, den Nachbarn, meinen Freunden und vor allem vor meiner Mutter und mir selbst. Wozu überhaupt noch üben, wenn man sowieso nicht genügt? Meine Mutter und Peter versuchten mich aufzufangen und zu trösten. Sie lobten mich, erklärten mir, dass es schon eine Leistung sei, überhaupt in der Liga der Landesbesten mitzuspielen. Aber ihre lieb gemeinten Worte erreichten mich nicht. Mein Selbstwertgefühl hing seit Jahren an meinem Geigenspiel. Jetzt glänzte ich nicht mal mehr damit. Ich fühlte mich wertloser als je zuvor und ließ mir nun von Peter erst recht nichts mehr sagen.

»Das war zu hoch, Suleika!«

»Nein, das war genau richtig.«

Unsere Unterrichtsstunden wurden zur Qual. Nach dem Unterricht ging es genauso weiter. »Du bist nicht mein Vater, du hast mir gar nichts zu sagen!«, schrie ich. Und meine Mutter schrie: »Hör sofort auf, Suleika, wegen dir kriegt Peter noch einen Herzinfarkt!« Vielleicht hätten mir ein oder zwei Jahre Unterrichtspause oder zumindest ein anderer Lehrer gutgetan, aber meine Mutter hatte Angst, ihrer Verantwortung nicht gerecht zu werden, wenn sie zuließe, dass mein Talent verkümmerte. Schließlich verweigerte ich die Geige komplett, rührte sie wochenlang nicht an. »Gott hat jedem ein Talent gegeben. Es ist eine Schande, es zu verschleudern«, sagte Peter enttäuscht. Ich bekam Angst, weil ich nun auch noch Gott gegen mich aufgebracht hatte.

Mit dem Geigenstreik wollte ich herausfinden, ob meine Mutter mich auch ohne mein Geigenspiel liebt. Als sie schimpfte, weil ich nicht mehr übte, fühlte ich mich bestätigt: Es geht nicht um mich, es geht nur um meine Leistung. Abends in meinem Versteck hinter der Küchentür hörte ich Peter sagen: »Puh, wie sie heute wieder grimmig geguckt hat und nicht üben wollte.« Und meine Mutter: »Ja, und geschminkt hat sie sich auch wieder.«

Irgendwann kam Peter mit einem Professor aus Rostock um die Ecke, einem alten Freund, der mich statt seiner unterrichten sollte. Jedes zweite Wochenende fuhr ich nun mit dem Zug zwei Stunden nach Rostock zu diesem Professor, der überhaupt kein Verständnis für ein rebellisches Mädchen am Anfang der Pubertät hatte. Er übte die schwierigen Stellen nicht mit mir, wie ich es von Peter gewohnt war. Er sagte:

»Melde dich halt wieder, wenn du genug geübt hast.« Damit kam ich auch nicht klar, und meine Mutter war enttäuscht, weil es trotz des neuen Lehrers nicht lief. »Sie ist so ein Talent und macht nichts daraus, das wird sie nicht mehr aufholen können«, sagte sie resigniert.

Und ich fing an, heimlich zu rauchen und die Schule zu schwänzen. Meine Mutter war nun so erschrocken und besorgt, dass sie sich Unterstützung vom Jugendamt holte. Ich hatte monatelang nicht mehr Geige geübt, die Stimmung zwischen Peter und mir war auf dem Tiefstand und meine Mutter wusste sich nicht mehr zu helfen. Als das auch nichts brachte, meldete sie mich in einem Internat für Sportler und Hochbegabte in Rostock an. Ich war ihr entglitten. Auch wenn ich mich anfangs sträubte, war das Internat ein Befreiungsschlag für uns alle. Mutti rief mich jeden Abend an, und ich fuhr jedes zweite Wochenende nach Hause. Peter störte nicht mehr zwischen uns, weil er nur noch mein Stiefvater und nicht mehr mein Lehrer war. Die Stimmung zu Hause wurde von Jahr zu Jahr friedlicher.

Nur mein Mathematik-Unverständnis, der Leistungsdruck und mein durchgeplanter Alltag aus Schule und drei bis fünf Stunden Geigeüben täglich stressten mich noch. Ich wusste, dass ich den Zahlenquatsch nach der Schule nie mehr brauchen würde, dass ich nur kostbare Zeit mit der täglichen Mathe-Nachhilfe vergeudete. Meine Mutter tröstete und ermutigte mich, sie hatte Verständnis für meinen Frust und meine miesen Noten.

Auf die Geige zu verzichten, um mehr Zeit für Mathe zu haben, kam für mich aber nicht infrage. Die Musik gab mir Ruhe und noch heute ist es so, dass meine kreisenden Gedanken aufhören und ich alles um mich herum vergesse, sobald ich spiele. In der Internatszeit stellte ich den Geigenkasten abends oft neben mein Bett, weil es mich beim Einschlafen beruhigte, die Geige dicht bei mir zu wissen. Je näher das Abitur rückte, desto schlimmer wurden meine Schulprobleme und meine Anspannung.

In der zwölften Klasse, ein Jahr vor den ersten Prüfungen, war kaum noch Lebensfreude und Leichtigkeit in mir. Oft schlief ich weinend ein, voller Angst vor dem neuen Tag. Eines Nachts betete ich verzweifelt zu Gott, er möge mir einen Weg aus meinem Alptraum weisen. Am folgenden Morgen wachte ich mit einem unglaublich erlösenden Gefühl in meinem Herzen auf. Ich wusste plötzlich, was zu tun war. Ich würde die Schule schmeißen und von nun an nur noch Geige spielen. Der Schulleiter war nicht mal überrascht, als ich ihm kurz darauf meine Entscheidung mitteilte. Er wollte nur wissen, ob ich ohne Abitur überhaupt Musik studieren könne. Ich wusste es selbst nicht, fand es aber am selben Tag heraus, und weil es möglich war, betrat ich nie wieder den Klassenraum. Abends rief ich meine Mutter an und erzählte ihr ruhig und bestimmt, was ich entschieden hatte. Sie muss gespürt haben, dass ich mir sehr sicher war. Sie hörte mir einfach zu und sagte dann: »Suleika, ich bin so froh, dass deine Stimme zum ersten Mal seit vielen Monaten wieder fröhlich klingt, du wirst alles richtig entschieden haben!«

Ich blieb im Internat wohnen und bereitete mich auf die Aufnahmeprüfung an der Musikhochschule vor. Da passierte etwas Wunderschönes. Ich verliebte mich in Torsten, den neuen Sozialpädagogen unseres Internats, der seinen Job anfing, als ich mich gerade von der Schule abgemeldet hatte. Er war zwölf Jahre älter als ich und wurde meine erste große Liebe. Jede seiner SMS schrieb ich in mein Tagebuch ab, nichts durfte verloren gehen. Ich hatte einen Freund, den ich über alles liebte, ich studierte Musik und meine Mutter war zufrieden mit mir und ich selbst war es auch. Ich war so glücklich. Bis zu meinem zwanzigsten Geburtstag. Wir waren seit einem Jahr ein Paar. Ich hatte an diesem Tag wie sonst auch Orchesterprobe und konnte mich schlecht konzentrieren, weil ich mich wunderte, dass Torsten noch nicht angerufen und mir gratuliert hatte.

Nach der Probe klingelte mein Handy. Aber es war nicht Torsten. Es war mein ehemaliger Internatsleiter. Seine Stimme klang ernst. Er wollte mich treffen und mir etwas sagen. »Ist etwas mit Torsten?«, fragte ich in Panik und versuchte im Anschluss an unser kurzes Telefonat wieder und wieder meinen Freund zu erreichen. Sein Handy blieb ausgeschaltet. Dreißig Minuten später holte mich der Schulleiter ab und wir setzten uns auf die Wiese vor der Hochschule. Dann sagte er mit leiser Stimme: »Torsten ist tot.« Gestorben in seinem geliebten VW-Bus auf dem Rückweg von einem Konzert, schon am Abend zuvor. Ich schrie und weinte, ich konnte es nicht glauben. Ich wollte wegrennen, ins Meer springen, untertauchen und alles vergessen. Es war Hochsommer, ich schaute auf die blühenden Pflanzen um mich herum und konnte nicht begreifen, dass sie nicht auf der Stelle grau und welk wurden. Der Schulleiter rief meine Mutter an. Obwohl sie normalerweise mit dem Auto nie weiter fuhr als die paar Kilometer zur Arbeit, raste sie sofort los, zu mir nach Rostock. Sie ließ sich für Wochen krankschreiben, um für mich da zu sein. Sie hörte mir zu, sie weinte mit mir, sie hielt mich fest. Wenn ein Schmetterling auf den Briefkasten flatterte und ich wusste, dass das ein Zeichen von Torsten war, freute sie sich für mich und sagte nicht: »Ach, so ein Quatsch.«

Alles, was während meiner Kindheit zwischen uns schwierig gewesen war, funktionierte in diesen Stunden, Tagen und Wochen ohne Worte. Ihre Liebe, an der ich so oft gezweifelt hatte, war für mich spürbar, unbegrenzt und ohne irgendeinen Zweifel. Sie redete nicht auf mich ein, sie hatte keine schlauen Ratschläge, sie litt einfach mit mir und war so hilflos und sprachlos wie ich. Und genau das tat mir gut und brachte uns ganz nah zusammen. Jeden Morgen hoffte ich, dass ich Torstens Tod nur geträumt hatte. Wurde mir wieder die Endgültigkeit seines Fehlens klar, saß meine Mutter schon an meinem Bett und sagte: »Wir schaffen das.« Ohne meine Mutter wäre ich durchgedreht.

Unter Tränen streichelte ich meinen toten Freund, als er aufgebahrt in einem dunklen Andachtsraum lag. Ich entschuldigte mich für jeden Streit, in dem ich ungerecht zu ihm gewesen war und sagte ihm immer wieder, wie sehr ich ihn liebe. Ich kniete neben seinem Bett, streichelte sein Gesicht und seine Hände. Ich wollte noch einmal für ihn da sein – und vergaß die Zeit. Irgendwann klopfte meine Mutter an die Tür. Zusammen mit Peter kam sie herein. Sie stellten sich schützend neben mich. Beide weinten mit mir.

An die Hochschule zurückkehren und weiterstudieren, als würde mein Leben einfach so fortlaufen wie bisher, das konnte ich mir nicht vorstellen. Ich fuhr mit meiner Mutter, Peter und meiner Schwester an einen See in Mecklenburg. Sie suchten eine Trauergruppe für mich, sie schenkten mir Bücher über den Tod und das Leben danach. Vier Wochen später fuhren sie mich nach Rostock zurück, und dort erwartete mich eine traurige Überraschung. Meine Studentenwohnung war durch einen Wasserschaden unbewohnbar geworden, überall Schimmel. Jetzt war auch mein Zuhause kaputt und viele Briefe und Geschenke von Torsten verloren. Geschockt fuhr ich mit meiner Mutter weiter in Torstens Altbauwohnung, warf mich dort auf sein Bett und weinte. Es war, als würde ich in ein schwarzes Loch fallen, immer tiefer.

Meine Mutter bot mir ohne langes Nachdenken an, die stattliche Miete für Torstens große Wohnung zu übernehmen. Das war das Liebste, was sie tun konnte. So musste ich seine Kleider, Möbel und Bücher nicht auf den Sperrmüll bringen und konnte weiterhin bei ihm sein. Noch immer besitze ich einen Koffer mit seinen Sachen.

In diesen Monaten verstand ich, dass Mütter immer ihr Bestes geben, auch wenn es manchmal so aussieht, als würde es nicht reichen. Ich verstand, dass meine junge Mutter während meiner Kindheit genauso hilflos gewesen war wie ich. Sie steckte damals in einem ständigen Loyalitätskonflikt. Vor dem viel älteren Peter war ihr die freche Tochter peinlich, und gleichzeitig fühlte ihr Mutterherz, dass ich in Not war und sie mir nicht zu helfen wusste.

Torstens Tod veränderte mich. Spirituelle Themen interessierten mich schon vorher, aber nun las ich viel über das Leben nach dem Tod und entdeckte einige Jahre später im Internet die YouTube-Videos und CD-Meditationen von Robert Betz, dem bekannten Diplom-Psychologen. Ich lernte, dass die Gefühle unserer Kindheit, dass Traurigkeit, Scham, Angst, Minderwertigkeit und Wut oft im Verborgenen in uns arbeiten und durch intensive äußere Anlässe, wie den Tod eines Menschen oder auch eine Trennung, wieder zum Vorschein kommen. Jahrelang hatte ich versucht, meine traurigen Gefühle zu ignorieren, hatte mir das Handy geschnappt oder war Joggen gegangen, wenn ich an mein Versteck in der Kindheit dachte, an meinen Vater, den ich oft vermisst hatte, oder daran, dass ich nicht so wertgeschätzt wurde wie ich bin. Erst in den Jahren nach Torstens Tod und später noch einmal durch eine schwierige Phase mit Anfang dreißig, wurde mir klar, dass auch die schmerzhaften Gefühle zu mir gehören und dass ich einen Teil von mir ablehne, wenn ich mich gegen alles stemme, was nicht schön ist, nicht glänzt, nicht von anderen gesehen werden darf. Spüre ich wieder viel Trauer und Schmerz in mir, steige ich ganz bewusst in den Keller meiner Seele, laufe durch die düsteren Gänge, schaue mir an, was ich hier, ganz unten, jahrelang versteckt gehalten habe, was nicht gesehen werden durfte. Dann wische ich die Spinnweben weg, lasse die Fledermäuse aus ihrem Versteck flattern und flute den Keller in meiner Vorstellung mit ganz viel Licht und Liebe. Ich sage zu meinen Gefühlen, dass sie jetzt da sein dürfen, dass ich sie annehme, so wie sie sind, auch die schmerzhaften. Es fühlt sich richtig an, heilsam. Meiner Mutter erzähle ich manchmal von meinen Kellergefühlen. »Du hattest eine so schwere Zeit«, sagt sie dann, und dass ihr das von Herzen leidtue und sie es einfach nicht besser konnte. Sie ist so zart und doch hat sie eine große innere Kraft, die mich in der schwersten Zeit meines Lebens getragen hat. Ich liebe sie sehr und bin mindestens so stolz auf sie wie sie auf mich.

Und dann, vor drei Jahren, sparte ich Geld, um in einem Ausbildungszentrum eine einjährige Schulung als Transformations-Therapeutin nach Robert Betz machen zu können. Das erste Halbjahr über kümmerte ich mich um mein inneres Kind und beschäftigte mich noch einmal intensiv mit meiner Trauer um Torsten. Ich lernte, wie ich verdrängte Gefühle zulasse, wie ich sie wirklich annehme und sogar liebe. Ein Baum braucht Wurzeln, die sich in der Dunkelheit der Erde ausbreiten, dort, wo es matschig und dreckig ist, damit die Baumkrone blühen kann. Eine Baumkrone ohne den Matsch und die Dunkelheit gibt es nicht. Das wurde mir klar.

Im zweiten Halbjahr lernte ich, wie ich meine Erfahrungen und mein Wissen an Menschen weitergebe, die wie ich das Bedürfnis haben, alte Wunden zu heilen. Seit einigen Jahren arbeite ich hauptberuflich als Violinistin am Schleswig-Holsteinischen Sinfonieorchester. Das viele Üben hat sich ausgezahlt, darüber bin ich sehr glücklich. Nebenberuflich arbeite ich nun auch als Transformationstherapeutin nach Robert Betz. Manchmal kommen Frauen zu mir, die Hilfe brauchen, um ihre Mutter so sehen und lieben zu können, wie sie ist. Als ein nicht-perfektes Wesen, ein Mensch mit Ängsten und Sehnsüchten und einem inneren Kind, das manchmal tobt und weint.

KAPITEL 2

»Das Siebte kriegen wir auch noch groß!«

Nicole, 31, ist vierzehn, als sie zum ersten Mal schwanger wird. Neun Monate später zieht Melissa in ihr Kinderzimmer ein. Statt wie früher kiffend mit Freunden um die Häuser zu ziehen, trägt sie nun ein Baby durch die Nacht. Ihre Mutter hilft, wo sie kann. Aber dann wird Nicole ungewollt wieder schwanger. Und wieder und wieder und wieder. Ohne die Oma geht nichts mehr.

Meine Mutter parkte das gelbe Post-Fahrrad vor dem Kindergarten und marschierte in ihrem grauen Anzug mit Post-Logo hinten drauf in unseren Gruppenraum. Sie nahm mich hoch, sagte »tschüss« zu den Erzieherinnen und setzte mich draußen in den braunen Ledersack, der vorne an ihrem Fahrrad hing und für Briefe gedacht war. Meine Mutter, die Briefzustellerin! Ich war so stolz, wenn sie mich im Briefsack nach Hause fuhr.

Sie verdiente nicht viel und wir wohnten ziemlich bescheiden in Hamburg. Mein Vater war viel älter und noch alte Schule: »Du bist meine Frau und machst, was ich dir sage«, hieß es. Nur war sie überhaupt nicht der Typ, der sich von einem Mann vorschreiben lässt, was sie kochen, anziehen oder denken soll, und so verschwand er, als ich drei Jahre alt war, aus unserem Leben. Meine Mutter hatte die Faxen dicke. Bei unserem einzigen Vater-Tochter-Treffen viele Jahre später konnte ich ihre Entscheidung sehr gut verstehen.

Sie verliebte sich nie wieder und ich blieb ihr einziges Kind, was schade ist, sie ist so ein leidenschaftliches Muttertier. Vielleicht hat sie aber auch nur ein Kind bekommen, weil ihre Lebensaufgabe darin besteht, Oma zu sein. »Ich beiße dir gleich in den Hintern«, sagt sie im Spaß zu meinen Kindern und jagt sie kreischend um den Tisch. Sie knufft und piekt sie liebevoll in den Bauch und findet, dass Omas zum Verwöhnen da sind. »Zehn Kugeln Eis am Tag sind okay, wenn sie von der Oma kommen«, ist ihr Motto.

Ich war ein wildes Kind, musste auf jeden Baum hoch und in jeden Graben rein und sie verstand das, obwohl sie selbst ganz anders ist. Sie sagte: »Mach Fehler und lerne daraus«, und so hatte sie als Alleinerziehende alle Hände voll zu tun. Mit dreizehn erlebte ich meinen ersten Alkohol-Vollrausch und lernte Augentropfen einzusetzen, wenn niemand merken sollte, dass meine Pupillen von Drogen erweitert waren.

Als ich vierzehn war, erzählte mir meine Mutter ihren Traum. »Ich habe heute Nacht ein Babybett in deinem Kinderzimmer stehen sehen«, sagte sie. Und guckte mich prüfend an. Weil ich ratlos schaute, sprach sie weiter. »Wir machen jetzt einen Schwangerschaftstest!« Dann drehte sie ab, ließ die Tür hinter sich ins Schloss fallen und kam zehn Minuten später aus der Apotheke zurück. Huch, dachte ich, was soll das denn? Ich nahm die Pille, hatte auch keine vergessen. Um sie zu beruhigen, pinkelte ich auf den Teststreifen und dann starrten wir die beiden rosa Striche an. Positiv! Sie lehnte an der Badezimmertür und sagte mit zugekniffenen Augen: »Ich habe es gewusst!« Dann ging sie zum Telefon und machte einen Termin beim Gynäkologen für mich aus. Als mir der Gynäkologe den Mutterpass in die Hand drückte, bekam ich Angst. Ich war vierzehn. Meine Mutter redete nicht viel, sie ging mit mir zu Pro Familia. Dort erklärten sie mir, wo ich als Teenie-Mutter finanzielle und pädagogische Hilfe herbekomme, aber auch, wie ein Schwangerschaftsabbruch ablaufen würde und welche psychischen Folgen der Eingriff für mich haben könnte. Ich heulte. Meine Mutter überredete mich zu nichts. Sie sagte: »Egal, wie du dich entscheidest, ich unterstütze dich!« Mein Freund, er war vier Jahre älter, wollte als Papa Verantwortung übernehmen. Er fand aber, dass letztendlich ich entscheiden müsse, weil es mein Körper sei. Ich konnte mir überhaupt nicht vorstellen, wie es sein würde, für einen kleinen Menschen rund um die Uhr zuständig zu sein. Aber das Herzchen schlug ja bereits und es wieder wegmachen lassen, ging für mich überhaupt nicht. Damit war die Sache klar: Ich würde ein Baby bekommen.

Die Mutter meines Freundes, eine gläubige Polin, fiel aus allen Wolken, als wir ihr die Schwangerschaft beichteten: »Jesus Christus, ihr seid noch so jung«, rief sie und schlug die Hände zusammen. Mein Klassenlehrer verdrehte die Augen und sagte: »Wenn es einer meiner Schülerinnen passieren kann, dann nur dir, bei deinem exzessiven Lebensstil!«

Mit meinem exzessiven Lebensstil war es ab sofort vorbei. Ich trank keinen Tropfen Alkohol mehr und es fiel mir nicht mal schwer. Ich hörte auf zu rauchen und Fastfood zu essen, und meine trinkenden Freunde, die allesamt älter waren als ich, verschwanden nach und nach aus meinem Leben. Das Baby in meinem Bauch machte etwas mit mir, ich wollte es einfach so gut wie möglich hinkriegen. Meine Mutter war erleichtert darüber und freute sich wahnsinnig auf ihr Enkelkind. Sie zog mit der Mutter meines Freundes los und shoppte bergeweise Babyklamotten. Vier Wochen vor dem Geburtstermin kamen bereits die ersten Wehen, und Mama fuhr mich voller Sorge ins Krankenhaus. Sie schoben mich sofort in den Kreißsaal. Ich klammerte mich ängstlich an ihre Hand, aber sie war selbst völlig hinüber. Es ging auf einmal alles so schnell. Sie schrieb meinem Freund im Laufschritt per SMS: »Komm sofort, Nicole kriegt 3 Kinder!« Meinem Freund blieb im Büro die Luft weg. »Drillinge! Himmel!« Sein Chef fuhr ihn direkt in die Klinik. Als er in den Kreißsaal stürzte, Panik im Gesicht, sagte ich keuchend unter den Wehen: »Die Mama hat sich vertippt, es bleibt bei einem Kind.« Er ließ sich erleichtert auf einen Stuhl fallen.

Später tupfte er mir den Schweiß ab, streichelte mir über den Rücken und machte lauter andere unnütze Dinge. Ich schickte ihn schließlich raus, ich hatte Höllenschmerzen und brauchte meine Kraft und Konzentration, um nicht durchzudrehen. Der einzige Mensch, den ich jetzt noch ertrug, war meine Mutter. Es war auch ihre erste natürliche Geburt, ich war damals per Kaiserschnitt gekommen, und so liefen ihr vor Anspannung und Stress die Schweißperlen über das Gesicht. »Warum hast du mich nicht aufgeklärt?«, schrie ich unter Schmerzen. Und: »Nie wieder rühre ich einen Mann an!« Und dann war sie da, meine winzige Tochter Melissa, ganz zerknautscht sah sie aus wie diese faltigen Hunde. Ich liebte sie sofort und war sauer, dass die Schwester sie für drei Tage in den Inkubator legte, weil sie so klein war. Die Ärzte erklärten lauter medizinische Dinge und schauten dabei über meinen Kopf hinweg meine Mutter an. Das machte mich wütend. Immerhin hatte ich Melissa unter Qualen herausgepresst und nicht meine Mutter. Sie merkte meinen Ärger und sagte zu den Ärzten: »Über das Kind reden sie mit der

Mutter und nicht mit der Oma, Nicole muss sich schließlich kümmern!« Das zog.

Meine Mutter übernahm die gerichtliche Vormundschaft für Melissa, damit mir kein Vormund vom Jugendamt vorgesetzt wurde. Aber sie gab mir nie das Gefühl, dass sie die bessere Mama wäre. Sie sagte: »Du bist ihre Mutter, du musst entscheiden!« und akzeptierte, dass ich von Anfang an auf homöopathische Medikamente, Bio-Essen und Mullwindeln setzte, obwohl ihr das ganze Öko-Zeug suspekt ist. In den ersten Nächten traute ich mich kaum, die Augen zu schließen aus Angst, dass ich im Tiefschlaf Melissas Weinen nicht höre. Ich starrte sie immerzu an: Atmet sie noch? Braucht sie eine Mütze? Schwitzt sie? Nach drei fast schlaflosen Nächten sagte meine Mutter: »Nicole, nun mach mal die Augen zu, ich bin ja auch noch da« und übernahm die Nachtschicht. Wir pendelten uns ein, mein Freund kam tagsüber und half, aber das Kernteam waren meine Mutter und ich. Melissa schlief angenehm viel und ich nutzte ihre Schlafzeiten und lernte für meinen Schulabschluss, den ich mit der Gesamtnote 1,2 bestand. Vor der Schwangerschaft war ich so mit Zigaretten, Alkohol und Drogen beschäftigt gewesen, dass ich keine ähnlich gute Note irgendwo erreicht hatte. Es war so ein toller Erfolg. Meine Mutter war genauso stolz wie ich. Mein Freund gehörte noch immer zu meiner ehemaligen Clique, er konnte oder wollte sein Leben nicht so radikal und schnell ändern wie ich, deshalb passten wir nicht mehr zusammen und trennten uns. Alleinerziehend mit fünfzehn, davon hatte ich nicht geträumt. Ich heulte mir wochenlang die Augen aus, war enttäuscht, dass es nicht perfekt geworden war und mein Baby keine heile Familie bekommen würde. Meine Mutter wusste genau, wie ich mich fühle. Sie musste mit fünfzehn den Haushalt für sich, ihren Stiefvater und ihre drei Geschwister schmeißen, weil ihre Mutter an Leukämie gestorben war. Nach der Schule lief sie sofort nach Hause, um die Hausaufgaben der Kleinen zu betreuen. Nachmittags musste sie einkaufen und kochen, aufräumen und waschen. Sie kannte keinen unbeschwerten Teenie-Alltag mit Partys feiern oder sonntags ausschlafen.

Ich sollte es besser haben. »Einmal im Monat gehst du aus und hast mit deinen Freunden Spaß!«, sagte sie streng und war kein bisschen besorgt, dass ich wieder zu Alkohol greifen und mein Baby vernachlässigen könnte. Sie schob mich aus der Tür, und ich war erleichtert nach all den Wochen zu Hause. Noch in der S-Bahn auf dem Weg in die Stadt verliebte ich mich in einen Typen, den ich schon länger flüchtig kannte. Als ich den Kinderwagen ein paar Tage später zu unserem ersten Date schob, guckte Marco verdattert. »Das wird nicht deine kleine Schwester sein«, sagte er und schaute Melissa neugierig an. Es war Liebe auf den ersten Blick – bei uns dreien.

Ein halbes Jahr nach Melissas Geburt spürte ich ein verdächtiges Ziehen in der Brust und meine Regel blieb aus. »Das kann doch nicht wahr sein«, sagte meine Mutter. »Du nimmst doch die Pille!« Ich hatte wieder keine Tablette vergessen und ich war wieder schwanger. Abtreibung kam auch dieses Mal nicht infrage für mich. Marco freute sich über die Schwangerschaft, wir fragten uns nur, wie wir zu viert in meinem Kinderzimmer wohnen sollten. »Geht ganz und gar nicht«, sagte meine Mutter. »Ich suche jetzt ein Mietshaus für uns.« Sie war inzwischen frühpensioniert, das schwere Post-Rad mit den dreitausend Briefen im Sack, das damals noch ohne Elektromotor lief, hatte ihre Knie und ihren Rücken ruiniert. Das Gute war: So hatte sie sehr viel Zeit für uns und fand ein kleines bezahlbares Häuschen zur Miete, in das wir zu viert einzogen. Dann wurde Michelle geboren. Wir waren super junge Eltern, aber eine richtige Familie. Nach sechs Wochen hörte ich auf zu stillen, die Muttermilch war versiegt, und hätte nun wieder mit der Pille verhüten müssen. Aber noch bevor ich es überhaupt zum Gynäkologen schaffte, war drei Monate nach Michelles Geburt das Ziehen in der Brust wieder da. Ich wollte es nicht glauben. Kleinlaut erzählte ich meiner Mutter von meiner Vorahnung. »Jetzt habe ich die Schnauze aber voll«, sagte sie und schaute mich entgeistert an. »Ich freue mich über jedes Enkelkind, das weißt du, aber zu sechst unter einem Dach, das geht nicht gut.«

Marco und ich suchten uns eine eigene Wohnung, die wir mit seinem Hafenarbeiter-Gehalt, meinem Arbeitslosengeld und unserem Kindergeld bezahlen konnten, und meine Mutter zog in eine Einzimmerwohnung in unsere Nähe. Mich tröstete an meiner dritten ungeplanten Schwangerschaft nur, dass ich den weltbesten Freund an meiner Seite hatte und jedes Menschenkind ein kostbares Geschenk Gottes ist. Irgendeinen Sinn wird es haben, dass ich so dicht hintereinander drei Kinder zur Welt bringe, sagte ich mir.

Die Schwangerschaft lief anfangs genauso problemlos wie die vorherigen. Aber dann entdeckte der Gynäkologe bei der großen Ultraschalluntersuchung Auffälligkeiten im Knochenbau und erklärte mir, dass mein Baby mit einem offenen Rücken geboren werden würde. Es sei schwerstbehindert. Ich weinte. Alles zog sich in mir zusammen. Zuhause bei Marco warteten zwei Kleinkinder, die noch nicht durchschliefen. Den ganzen Tag trug ich mindestens ein Kind herum, kochte Brei, wechselte Windeln. Wie sollte ich mich zusätzlich um ein behindertes Kind kümmern? Ein Kind mit Trisomie 21 konnte ich mir vorstellen, aber einen richtigen Pflegefall von Geburt an? Ich fuhr schluchzend nach Hause. Meine Mutter nahm mich in den Arm und dann sagte sie dasselbe wie zwei Jahre zuvor, als sich Melissa angekündigt hatte: »Wie auch immer du dich entscheidest, meine Unterstützung hast du.« Marco und ich redeten stundenlang. Schaffen wir das? Reicht uns die Hilfe unserer Mütter? Hält unsere Liebe das aus? Am Ende entschieden wir, dass wir auch dieses Kind so nehmen, wie es ist. Vier Monate später kam Jason, unser Sohn, gesund auf die Welt. Es war eine Fehldiagnose gewesen! Marco stand an meinem Bett, streichelte den winzigen Jason und heulte vor Erleichterung.

Der Unterschied zwischen zwei und drei Kindern war nicht riesig, der Unterschied zwischen unserem Alltag mit Oma im Haus und unserem neuen Leben ohne Oma aber schon. Wir vermissten die praktische Hilfe meiner Mutter, aber auch ihre ermutigenden Worte, ihre Nicht-reden-einfach-machen-Mentalität. Sie war zweiundvierzig und lebte jetzt zum ersten Mal alleine in einer Wohnung und kriegte Entzugserscheinungen. »Nix liegt rum, kein Ball und kein Schnuller, niemand will auf den Arm, niemand quatscht abends auf der Couch auf mich ein und immer diese furchtbare Stille«, sagte sie und weinte sechs Wochen lang bei jedem Besuch bei uns, wenn wir zusammen in der Küche saßen. Mit der Zeit gewöhnte sie sich aber an die Ruhe zu Hause, ging mit Freundinnen aus, trommelte eine Dart-Frauen-Mannschaft zusammen und vereinbarte mit uns einen festen Oma-Tag in der Woche, der bis heute für meine Kinder heilig ist.

Nach Jasons Geburt ließ ich mir von meinem Gynäkologen den NuvaRing verschreiben. Die Pille hatte nicht funktioniert, der Arzt konnte mir zwar nicht erklären, warum, aber jetzt wollte ich kein Risiko mehr eingehen. Trotz NuvaRing, es war unglaublich, war ich vier Monate später wieder schwanger. Ich starrte geschockt auf den Bildschirm des Ultraschallgerätes. Mein Gynäkologe war genauso ratlos wie ich.

Von Vorfreude konnte keine Rede sein. Jason konnte noch nicht krabbeln, Michelle gerade mal laufen, Melissa lernte sprechen. Jede Nacht hatte eines der Kinder Hunger oder Blähungen, Marco und ich kämpften gegen Streptokokken, Schlafentzug und Trotzanfälle und saßen täglich mit Augenringen in der Kita, auf dem Spielplatz, im Kinderzimmer. Wir gingen am Stock. Meine Mutter kam noch öfter als früher zu Besuch, sie kochte für uns und räumte das Chaos auf, aber sie konnte auch nicht drei Enkel gleichzeitig betreuen; und jetzt würde das vierte kommen und ich kam mir mit meinen achtzehn Jahren vor wie eine alte Frau. Wann ich zuletzt ein Buch gelesen oder einen Stadtbummel mit einer Freundin gemacht hatte, wusste ich nicht mehr. Obwohl ich überhaupt keinen Kinderwunsch verspürte, hielt ich an der Überzeugung fest, dass ein Kind kein Gegenstand ist, den man wegmachen lässt, nur weil es zum falschen Zeitpunkt kommt. Aber mein Körper und meine Psyche kamen nicht hinterher. Es war, als hätte jemand auf Vorspulen gedrückt, mein Leben raste vor mir weg.

Sechs Monate später hielt meine Mutter wieder meine Hand im Kreißsaal. Als Marie endlich da war – winzige achtundvierzig Zentimeter klein, keine zweitausendfünfhundert Gramm schwer, kaum Haare – schüttelte ich nur weinend den Kopf. Ich fühlte mich erschöpft und ausgelaugt, meine Seele streikte. »Nehmt sie weg«, sagte ich und die Hebamme legte sie schweigend meiner Mutter in den Arm. Meine Mutter machte mir keine Vorwürfe. Sie wusste, dass ich nicht anders konnte, und kümmerte sich besonders liebevoll um Marie. Bis heute haben die beiden eine ganz innige Beziehung zueinander. Marie lag die ersten Wochen so ruhig im Bett, als würde sie merken, dass mir jeder Ton zu viel war. Mein Herz war zu. Alle Kraft und Fürsorge waren aufgebraucht. So versackte ich in einer heftigen Wochenbettdepression. Es fiel mir schon schwer, das neue Baby überhaupt anzusehen. Meine Mutter versuchte, eine Brücke zwischen uns zu bauen. »Deine Abwehr ist aus der Angst entstanden, Marie nicht gerecht zu werden«, sagte sie. »Du liebst sie längst, nur dein Kopf ist blockiert.« Es beruhigte mich, dass sie mir nicht den Rabenmutter-Stempel aufdrückte. Und dann waren da ja noch die größeren Kinder. Melissa bekam krasse Neurodermitis-Schübe, Michelle war eifersüchtig auf Marie und für Jasons Blähungen fanden wir keine Ursache, keine Tröpfchen und keine ideale Tragehaltung. Mit drei Monaten merkte Marie offenbar, dass sie sich in unserer Großfamilie bemerkbar machen musste, wenn sie nicht untergehen wollte. Sie fing an zu schreien und hörte nicht mehr auf. Nur ein vierzehnjähriges Teenie-Mädchen aus der Nachbarschaft, das ab und zu bei uns babysittete, konnte sie beruhigen. Bei mir schrie sie auch auf dem Arm weiter.

Ganz allmählich, von Woche zu Woche, pendelte sich unser Alltag wieder ein und die Liebe zu Marie, auch wenn sie nicht mit Euphorie kam, drängte sich mir auf. Heute ist sie mir genauso nah wie meine anderen Kinder. Nur schleppe ich noch immer ein schlechtes Gewissen mit mir herum, dass sie nicht von Geburt an die Liebe bekam, die ihr zusteht.

Als es mir besser ging, überraschte mich Marco mit einem Heiratsantrag auf seine typische Marco-Art beim Salatputzen in der Küche: »Süße, du wolltest doch immer heiraten, jetzt bist du achtzehn, wir dürfen. Dann besorge ich morgen die Papiere, okay?« Es war eher lustig als romantisch, aber ich sagte sofort und aus vollem Herzen Ja. Und wenn schon, dann wollte ich das Ganze auch mit Glanz und Gloria: Im weißen Spitzenkleid mit einer sechs Meter langen Schleppe schritt ich zum Altar und alle Welt guckte erstaunt aus der Wäsche. »Dass du dich nie darum scherst, was die anderen sagen«, sagte meine Mutter bewundernd. Anders als ich hat sie das Bedürfnis, sich und mich bei Kritik zu verteidigen. Tuscheln andere Mütter auf dem Spielplatz über meine vielen Kinder, geht sie gleich zum Angriff über: »Ihr seid doch schon mit einem überfordert«, sagt sie dann und schaut angriffslustig. Meine Strategie ist eher, böse Blicke konsequent zu ignorieren.

Nach der Hochzeit setzte ich meinen Gynäkologen unter Druck und forderte eine Sterilisation. Die Anti-Baby-Pille hatte nicht gewirkt und der NuvaRing auch nicht, irgendetwas musste jetzt passieren, bevor sich Nummer Fünf ungewollt einnistete. Wir hätten natürlich mit Kondom verhüten können, aber wegen meiner Latexallergie war auch das nicht möglich. Der Gynäkologe schüttelte den Kopf. Er könne mich nicht sterilisieren, ich sei erst neunzehn Jahre alt. Enttäuscht verließ ich die Praxis. Vielleicht war es Trotz, sicher auch Hilflosigkeit, auf jeden Fall verhütete ich von da an nur noch natürlich und hoffte einfach, es möge gutgehen.

Es war keine große Überraschung, als sich zwei Jahre später wieder ein Kind ankündigte. Unser Julian. Ich war wieder zu Kräften gekommen, es ging mir körperlich und psychisch gut, wir freuten uns über unseren Sohn. Nur dass die Waschmaschine, mein wichtigster Unterstützer, pünktlich zu Julians Einzug zu Hause kaputtging, das machte mich rasend. Meine Mutter holte wochenlang die Schmutzwäsche bei uns ab und wusch sie bei sich. Sie richtete in ihrer kleinen Wohnung ein Kinderzimmer ein, so dass bei Magendarm-Viren oder sonstigen Notständen zumindest eines der Kinder bei ihr schlafen konnte. Auch abends kam sie oft vorbei, deckte den Tisch, badete die Großen und baute Lego-Türme, damit ich mal duschen konnte. Ein normales Wochenbett mit Ruhe und viel Kuscheln war für mich nicht drin, aber ich war froh über den Pragmatismus meiner Mutter und über ihre Gelassenheit. Getreu ihrem Motto »Wenn du dir den Fuß brichst, ist das kein Grund sich anzustellen, schließlich hast du einen zweiten«, kitzelte sie auch im größten Stress erfolgreich meinen Humor heraus. Fiel eines ihrer Enkel auf die Nase, fragte sie fröhlich: »Na, haste was gefunden?« Krönchen richten und weitergehen.

Meiner Ehe tat unsere viel zu schnell wachsende Familie nicht gut. Morgen für Morgen standen Marco und ich erschöpft in der Küche, tagsüber managte ich Haushalt und Kinder alleine, abends besprachen wir, die Augen schon auf Halbmast, die wichtigsten organisatorischen Fragen für den nächsten Tag. Da war kein Raum mehr für liebevolle Zuwendung. Marco ist ein begeisterter und engagierter Papa, er übernahm von Anfang an alle möglichen Aufgaben im Haushalt und räumte mir mein Chaos hinterher. Trotzdem stritten wir immer öfter und funktionierten ein Jahr nach der Hochzeit nur noch als Elternteam, nicht mehr als Liebespaar. Vielleicht waren wir einfach zu jung für unser erdrückend volles Programm. Meine Mutter spürte, dass es ernsthaft kriselte, aber in diesem Bereich konnte sie mir nicht helfen. Unser Jüngster lernte gerade Laufen, da gestand mir Marco, dass er sich in seine Kollegin verliebt hatte. Obwohl auch bei mir mehr Frust als Liebe übriggeblieben war, fühlte ich mich abserviert und war verletzt, als er mich verließ. Ich hatte gehofft, dass wir doch noch die Kurve kriegen. Meine Mutter spuckte Galle, sie war stinkwütend auf Marco. »Dass der einfach auszieht!«, schimpfte sie. Als ihr erster Zorn verraucht war, nahm sie mich beiseite und sagte: »Marco hat sehr viel im Haushalt und mit den Kindern gemacht, er bleibt ein toller Kerl, geht respektvoll miteinander um, auch wenn du gekränkt bist.« Ich riss mich zusammen. Mein Liebeskummer besserte sich sehr langsam, so von Monat zu Monat, aber meine Lebensfreude kam nicht so richtig zurück. Je länger ich ohne Partner mit den Kindern zusammenwohnte, desto deprimierter wurde ich.

Es hätte mir gutgetan, mal in den Wald zu gehen, ganz für mich allein zu sein, einfach raus in die Natur, nur Himmel, Bäume und frische Luft und keine Pflichten und keinen Druck. Wir wohnten aber in einem dicht bebauten Stadtteil mit Hochhäusern, ständigem Lärm, wenig Licht und dem typischen Hamburger Schietwetter. Wenn es mal nicht regnete, packte ich einen Picknickkorb und fuhr mit den Kindern ins Grüne. Ich zeigte ihnen, wie man Kräuter und Pilze sammelt, darin kann ich vollkommen aufgehen. Als Julian vier Jahre alt war, reichten mir diese kurzen Ausflüge in die Natur nicht mehr. Ich kriegte gefühlt zu wenig Luft in unserem Stadtteil und sagte zu meinen Kindern: »Auch wenn es für euch schwer ist, eure Freunde und die Kita zu verlassen, suche ich uns eine Wohnung in einer grüneren Ecke, ich kann hier einfach nicht bleiben!« Ihre Reaktion war heftig, sie wollten auf keinen Fall weg. »Wenn du das machst, gehen wir zu Papa«, schrien sie. Und Marco sagte: »Sollte ich eine größere Wohnung finden als du, dann kommen die Kinder einfach zu mir und meiner Freundin.« Je länger ich darüber nachdachte, desto öfter erwischte ich mich bei dem Gedanken, dass sie beim Papa genauso gut aufgehoben wären wie bei mir. Ich würde meine Kinder vermissen, aber ich könnte sie besuchen und sie mich, wir würden whatsappen, telefonieren und skypen. Marco fand eine größere Wohnung in unserem bisherigen Stadtteil und wir fragten die Kinder noch einmal, was sie wollen. Sie sagten einstimmig, dass sie zusammenbleiben und bei Papa wohnen möchten. Es tat weh, dass sie den Spiele-Papa, bei dem es Schokolade und Fernsehen gibt, während ich eher Dörrobst und Waldspaziergänge anbiete, mir vorzogen. Auf der anderen Seite wollte ich nach wie vor die räumliche Veränderung und tröstete mich mit der Aussicht, demnächst zum ersten Mal seit Ewigkeiten Zeit für mich zu haben.

Ich war zweiundzwanzig, als ich die Tür zu meiner neuen kleinen Wohnung hinter mir zuschlug, meine Lieblingsmusik laut aufdrehte und mich für zwei Stunden auf mein Sofa fallen ließ. Es war der Wahnsinn! Ich fühlte mich so frei und leicht. Keine Rücksicht mehr nehmen! Kochen, was mir selbst schmeckt! Abends ausgehen! Zeitschriften kaufen und schmökern! Spätabends noch irgendeinen Quatsch fernsehen! Die erste Zeit war wie ein Traumurlaub. Ich machte alles, was man zwischen dem vierzehnten und dem zwanzigsten Lebensjahr normalerweise macht und suchte mir einen Job in einer Bar, um Geld zu verdienen. Nach ein paar Wochen kam dann aber der Herzschmerz. Heulend vor Heimweh nach meinen Kindern ging ich ins Bett, die Stille war mir zu still und die leere Wohnung zu leer. Aber ich wusste: Da muss ich jetzt durch.

Und dann verliebte ich mich sechs Monate später in René. Lieben ohne Verantwortung, ohne Sorge um ein Baby im Bauch oder an der Hand, das war total neu für mich. Nach zwei Jahren zog mein Freund zu mir. Wir wurden nachlässig mit der natürlichen Verhütung und so spürte ich ein weiteres Jahr später wieder das Ziehen in meiner Brust. Ich war nicht begeistert, hatte innerlich abgeschlossen mit der Familienplanung, aber René wollte unbedingt ein Kind mit mir. Wir bekamen eine Tochter: Johanna. Johanna entpuppte sich als Sorgenkind. Köpfchen heben, krabbeln, sitzen – für jeden Entwicklungsschritt brauchte sie dreimal so lange wie ihre großen Geschwister. Die Ärzte diagnostizierten eine Entwicklungsverzögerung, und ich war heilfroh, dass ich mir so viel Zeit für dieses Kind nehmen und mit ihr sämtliche Therapien machen konnte, weil meine großen Kinder bei Marco und seiner Freundin wohnten und sich dort wohlfühlten. Auf Johannas Geburt reagierten sie allerdings überhaupt nicht begeistert, sondern mit Wut und Eifersucht. Sie fühlten sich zurückgesetzt. »Du willst uns ersetzen«, sagte Melissa verletzt. »Du ziehst weg und fängst noch mal von vorne an – ohne uns.« Ihre Worte trafen mich, denn so war es nicht. Aber ich spürte, dass ich ihnen Zeit und Verständnis geben musste, dass sie selber merken würden, wie beständig Mutterliebe ist und dass viele Worte und schlaue Gegenargumente hier überhaupt nichts nutzen.

Kaum hatte ich mit dem Stillen aufgehört, ließ ich mir vom Gynäkologen die teure Dreimonatsspritze setzen. »Jetzt ist endgültig Schluss mit dem Kinderkriegen«, sagte ich, »ganz egal, was diese Spritze kostet!« Mein Körper wollte keine Schwangerschaft mehr, meine Seele wollte keine mehr und meine sechs Kinder brauchten mich und wollten mich nicht mit noch einem Kind teilen. Nach einem Jahr war ich wieder schwanger. Trotz regelmäßiger vom Facharzt gesetzter Spritze. Ein Alptraum! Ich bemerkte es wochenlang nicht mal, vielleicht wollte ich es nicht merken. Erst bei einer Routineuntersuchung tippte der Arzt auf den Ultraschallbildschirm und schaute mich fragend an. Aber dieses Mal konnte er mir nicht unterstellen, dass ich zu jung und doof war, die Pille pünktlich einzunehmen oder den NuvaRing verrutschen zu lassen. Irgendetwas stimmte nicht mit meinem

Körper, mit meinen Hormonen, so viel war klar. Keines der verschiedenen Verhütungsmittel hatte funktioniert. Aber diese Schlussfolgerung half mir jetzt auch nicht weiter.

Weinend schleppte ich mich aus der Praxis, rief meine Mutter an. Sie kam sofort angefahren, nahm mich in den Arm, versuchte mich zu trösten und brachte zum ersten Mal das Wort Abtreibung ins Spiel. »Es wäre eine Spätabtreibung«, sagte ich. Ich war im vierten Monat. »Aber wenn das der einzige gute Weg für dich und die anderen Kinder ist, dann gehe ich ihn mit dir«, sagte meine Mutter. Ich weinte. Ich konnte mir einfach nicht vorstellen, mein eigenes Kind mit einer Spritze ins Herz töten zu lassen, obwohl es gesund war, schon Purzelbäume im Bauch schlug und in fünf Monaten sein Leben auf der Erde beginnen würde. »Keine Abtreibung!«, sagte ich. Und dann spürte ich Panik in mir aufsteigen, dass auch dieses Kind mit Johannas Behinderung auf die Welt kommen würde. Noch mehr Fördermaßnahmen und Therapien würde ich nicht schaffen, da war ich mir sicher. Auch konnte meine Jüngste keine körperliche Nähe ertragen, schrie oft drei bis vier Stunden am Tag ohne erkennbaren Grund und sollte erst mit dreieinhalb Jahren anfangen zu sprechen. Ich fürchtete mich so vor einer Wiederholung.

Meine siebte Schwangerschaft wurde die schwerste. Keine zwei Kilo nahm ich zu, quälte mich durch den Alltag, litt unter den vorwurfsvollen Blicken meiner großen Kinder und konnte mich an nichts mehr freuen, erst recht nicht an den Babysachen, die meine Mutter aus dem Keller holte. Sie sorgte sich um mich, machte noch mehr Späße als sonst, knuffte mich liebevoll in die Seite und sagte: »Wir freuen uns jetzt auf Nummer Sieben, du bist eben vom lieben Gott besonders gesegnet, meine Süße!«

Annemarie kam gesund auf die Welt. Sie war nur eine

halbe Portion, aber alles war dran und sie war bildschön. Direkt nach ihrer Geburt ließ ich mich sterilisieren, auch wenn ich erst neunundzwanzig Jahre alt war. Die Ärzte hatten endlich ein Einsehen. Mittlerweile ist sie zwei Jahre alt und Melissa, meine Älteste, ist fünfzehn. »Du hast die meisten Kinder von allen, aber ihr seid keine Flodders, sie sind allesamt freundlich, sauber gekleidet und kommen in der Kita und der Schule gut klar, das muss man erstmal schaffen«, sagt meine Mutter immer. Sie lässt nichts auf mich kommen. Ihr riesengroßes Herz schlägt für mich und meine Kinder, wahrscheinlich ist für einen Mann an ihrer Seite wirklich kein Platz mehr. Sie ist immer da, auf sie ist immer Verlass, sie versteht mich, sie liebt mich so wie ich bin. Dabei könnten wir nicht unterschiedlicher sein. Sie, die ungern ein Risiko eingeht, sich an das hält, was sie kennt und kann, eine Arbeitsbiene, nie am Jammern, immer zupackend, kämpferisch, fest verankert im Alltag. Und ich, eher unruhig und chaotisch, immer auf der Suche, mit großer Sehnsucht nach einem übergeordneten Lebenssinn, nach der Schönheit der Natur und meinem Hang zu Nachhaltigkeit und Umweltbewusstsein. Ich nehme selten den direkten Weg und mache es mir und anderen oft unbequem. Ohne meine Mutter hätte ich meinen ganz eigenen Weg bis hierher nicht so gehen können, nicht mit sieben Kindern. Sie ist und bleibt der Mensch, den ich zuerst anrufe, wenn ich gute Neuigkeiten habe oder schlechte. Männer kommen und gehen, aber ich habe nur eine Mutter. Ich liebe sie mit ganzem Herzen.

KAPITEL 3

»Sie konnte mich unmöglich behalten!«

Als Vierzehnjährige erfährt Karin, 74, dass sie von ihren Eltern adoptiert wurde. Sie liebt ihre Adoptivmutter und doch lassen sie die Fragen nach der leiblichen Mutter nicht los. Warum hat sie mich weggegeben? Erst mit 64 Jahren fasst sie den Mut, nach ihr zu suchen. Und erlebt bei ihrem ersten Treffen eine große Überraschung.

Stellen Sie sich vor, Sie führen eine glückliche Ehe. Dann stirbt Ihr Mann und Sie heiraten noch einmal und auch diese Ehe wird glücklich. Jemand fragt Sie nun, welcher Mann der bessere sei. Das können Sie dann wahrscheinlich nicht sagen. Sie waren sicher unterschiedlich. Aber jeder war zu seiner Zeit und auf seine Weise gut. Und so ist es auch bei mir mit meinen Müttern. Von der einen Mutter stamme ich ab, das ist Blutsverwandtschaft, etwas Besonderes. Die andere wollte mich unbedingt haben und hat sich dann wie eine Löwenmutter für mich eingesetzt.

Ich fühlte mich geliebt und beschützt von meinen Eltern und ahnte nicht im Entferntesten, dass ich nicht ihr leibliches Kind bin. Aber immer, wenn ich mit Freundinnen in unserer gemütlichen Küche saß und Rübensaftbrote aß, dachte ich: Warum habe ich eigentlich keine Geschwister? Das beschäftigte mich, da fehlte etwas. Ich wusste ja nicht, dass da eigentlich welche waren.

Im Dorf tratschten sie, das erfuhr ich Jahre später, weil ich meiner Mutter überhaupt nicht ähnlich sah, meinem Vater angeblich aber schon. Die Leute vermuteten, dass er mich aus einer früheren Beziehung mitgebracht hatte, dass ich das Kind einer russischen Frau sei und im Krieg in Russland gezeugt worden war. Tatsächlich war meine Ähnlichkeit zu meinem Vater reiner Zufall.

Die Wahrheit kam ganz beiläufig heraus. Ich erinnere den Moment genau. Ich war vierzehn und stromerte so mit Freunden durch unser Dorf, wir wohnten in Winnigstedt, Landkreis Wolfenbüttel. Da fragte mich der Bruder unseres Dienstmädchens, der zu meinem Freundeskreis gehörte, ob mir eigentlich klar sei, dass ich adoptiert bin. Er schaute mich prüfend an. Ich lachte. »Du spinnst ja«, sagte ich und vergaß seine Worte wieder. Meine Mutter muss über unser Dienstmädchen von dem Wortwechsel erfahren haben. Einige Tage später, wir standen an unserem Esstisch, sagte sie:

»Du, hör mal, der Junge hat doch gesagt, dass du ein Adoptivkind bist, stimmt das?«

Und ich sagte: »Ja, aber das ist ja nicht wahr.«

Sie sagte: »Doch! Aber wir lieben dich, und du bist unser Kind.«

Ich konnte es nicht glauben. Ich wollte es auch nicht glauben. Meine Eltern verwöhnten mich, es ging uns im Gegensatz zu anderen Familien auch in den Nachkriegsjahren gut. Ich hatte mich nie fremd in meiner Familie gefühlt. Das passte für mich nicht zusammen. Ich stand noch immer an unserem Esstisch, aber meine Mutter ging weiter, erledigte irgendetwas. Für sie war das Thema nach diesen wenigen Sätzen beendet, sie verlor nie wieder eine Silbe darüber. Deshalb fragte ich auch nicht mehr nach, das wagte ich nicht. Ich weinte nicht, ich schob es einfach beiseite. Manchmal, abends im Bett, malte ich mir aus, wie meine leibliche Mutter im Krieg gestorben war und wie ich als kleines hilfloses Bündel übrigblieb. Man spinnt sich ja so einiges zusammen.

Hedwig Busse, meine Adoptivmutter, wurde von Freunden liebevoll »flotte Hete« genannt. Sie mischte überall mit. Wo sic auftauchte, war was los. Sie empfing den Bürgermeister bei uns im Wohnzimmer zum Dämmerschoppen und wollte ihm einmal ihr neues kostspieliges Parfum präsentieren, das ich aus dem Schlafzimmer holen sollte und versehentlich fallen ließ. Ich schämte mich so. Aber sie ging darüber hinweg. Sie schmetterte auf den Festen des Gesangvereins die Solostellen und ich lief aus Panik, ihre Stimme könne versagen und sie sich bis auf die Knochen blamieren, weg und versteckte mich. Sie war so lebenslustig, ein bisschen überdreht und konnte furchtbar wütend werden. »Du undankbares Geschöpf«, sagte sie einmal im Streit zu mir, das rutschte ihr schon mal raus. Erst als ich wusste, dass ich ein angenommenes Kind war, lief es mir bei diesen Worten kalt über den Rücken. Das beabsichtigte sie aber nicht, für sie war ich einfach ihr Kind. Stritt sie mit meinem Vater, flogen die Fetzen, da musste ich in Deckung gehen, da segelte schon mal ein Teller durch die Luft, so wütend konnte sie werden. Ich litt dann ordentlich mit meinem bedächtigen, in sich ruhenden Vater, den ich abgöttisch liebte und von dem ich nie ein böses Wort hörte. Aber auch Hete hatte ein Herz aus Gold, ließ sich aber nichts gefallen und wehe dem, der mich schlecht behandelte.

Einmal schickte mich mein Lehrer während des Unterrichts nach Hause, ich sollte mich umziehen. Er fand, dass ich in meiner flotten neuen Streifenhose, ein Kauf meiner Mutter, wie ein Sträfling aussah. Das ließ sie sich nicht bieten, da ist sie aber hin und faltete den Lehrer ordentlich zusammen. Die Hose trug ich am nächsten Tag wieder. Als mich unser Hausarzt nach einer harmlosen Ziegenpeter-Erkrankung falsch behandelte und ich beinahe gestorben wäre, fuhr sie mich bis nach Braunschweig zu einem angesehenen Kinderarzt und sorgte nach meiner Genesung dafür, dass der Dorf-Arzt kein Bein mehr auf den Boden bekam. Sie konnte auch hart sein, und in ihrem Temperament war sie ganz anders als ich. Für mich sind Konflikte bis heute schwer zu ertragen. Lieber halte ich meinen Mund, als ein Donnerwetter durchstehen zu müssen. Meine Mutter konnte einiges an sich abperlen lassen.

Obwohl ich liebevolle Eltern und eine behütete Kindheit hatte, trug ich als Jugendliche viele Fragen mit mir herum. Warum konnte ich nicht ihr leibliches Kind sein? Warum hatte mich meine andere Mutter abgegeben? Wollte sie mich nicht haben? Hatte sie mich einfach ausgesetzt? Es arbeitete in mir, aber nur leise, so, dass ich es gerade noch wahrnahm. Es fehlte der Leidensdruck oder ein konkreter Anlass, um diese Fragen zu klären. Sicher spielte auch die Angst mit rein, dass meine Eltern verletzt sein würden, wenn ich nach meinen leiblichen Eltern forschen würde. Sie freuten sich doch, dass sie mich hatten, da konnte ich nicht ihren Seelenfrieden stören. Das hätte ich als sehr schäbig empfunden.

Mit Anfang zwanzig zog ich zu Hause aus. Ich hatte mich in Bernhard verliebt, einen Polizisten. Mein Vater war ganz fertig wegen meines Auszugs. Es war das Jahr 1966, wir wollten heiraten und bestellten das Aufgebot in Braunschweig. Die Standesbeamtin rief mich an und sagte, dass ihr nur mein

Geburtsschein vorliege, nicht aber meine Geburtsurkunde, die für eine Eheschließung notwendig sei. Sie würde die Urkunde besorgen, das sei kein Problem, sie wollte mich nur nicht mit der Information erschrecken, dass hier wohl eine Adoption vorliege. Aber ich wusste das ja schon und las später auf der Geburtsurkunde zum ersten Mal den Namen meiner leiblichen Mutter und den Ort, an dem sie zum Zeitpunkt meiner Geburt gemeldet war: Hildegard Brunotte aus Eschershausen. Eschershausen liegt keine zwölf Kilometer von Holzminden entfernt, wo ich die ersten zwei Lebensjahre verbracht hatte. Jetzt wollte ich es aber wissen und fuhr noch am selben Tag nach Eschershausen zum Einwohnermeldeamt und fragte dort nach meiner Mutter. Aber eine Hildegard Brunotte war nicht bekannt. Kein Wunder, sie hatte auch nur kurz dort gelebt, während sie ihre Schwangerschaft versteckte. Es soll nicht sein, dachte ich und ließ es wieder ruhen. Lieber konzentrierte ich mich auf meine Hochzeitsvorbereitungen.

Zehn Jahre später starb mein Vater. Meine Mutter zog zu uns in die Nachbarschaft nach Wolfenbüttel. Wir sahen uns beinahe jeden Tag. Sie hatte immer wieder furchtbare Herzanfälle und musste in die Klinik, das war für mich jedes Mal besorgniserregend. Dann erholte sich ihr Herz schließlich nicht mehr und sie starb mit nur fünfundsiebzig Jahren. Ich weinte sehr. Meine Mutter war der Mensch, der immer zur Seite gerückt wäre, egal wo und wann, damit ich neben ihr Platz nehmen konnte. Ich war so sehr ihre Tochter, dass sie mich niemals belogen hätte und mir bestimmt nur schweren Herzens erzählt hatte, dass ich nicht ihr leibliches Kind war. Aber sie wollte auch kein einziges Wort zu viel darüber verlieren, weil es für sie keinen Unterschied machte. Es gab in den Kriegsjahren viele Waisenkinder. Ich hatte großes Glück, ausgerechnet bei Hete mein neues Zuhause gefunden zu haben. Bis heute bin ich oft auf dem Friedhof an ihrem Grab.

Als ich ihren Haushalt auflöste, fand ich meine Adoptionsurkunde. Darauf standen zwar keine neuen Informationen, aber ich wusste, dass jetzt niemand enttäuscht und verletzt sein würde, wenn ich mit der Suche beginne. Doch mein Mann riet mir ab. Er warnte mich, dass ich schon auf das Schlimmste gefasst sein müsse: Was für eine Frau gibt ihr Baby weg? Wir könnten es mit einer Alkoholikerin oder einer Asozialen zu tun haben oder mit einer schwerkranken Frau oder mit einer Mittellosen, die Geld von uns fordert, oder auch mit einer ganz Vornehmen, der ich peinlich bin, die sich für mich schämt. »Was willst du denn erreichen, du hattest doch gute Eltern«, sagte mein Mann. Und das stimmte ja. Ich legte die Adoptionsurkunde wieder beiseite.

In den folgenden Jahren war ich stark in meinen Alltag eingebunden, immer gab es Turbulenzen. Ich arbeitete als Verwaltungsangestellte, war Mutter eines Sohnes und außerdem bauten wir ein altes Haus um. Da kam viel auf mich zu. Eine Zeit lang war ich innerlich so erschöpft, dass ich psychologische Hilfe brauchte. Das war damals noch nicht üblich, niemand verstand, was los war mit mir. Ich suchte eine Psychologin auf und erzählte in einer Therapiestunde, dass ich adoptiert worden sei. Ich wollte wissen, ob es gut wäre, wenn ich die Fragezeichen aus meinem Kopf bekomme und meine leibliche Mutter finde. Die Therapeutin riet mir ab. Sie war der Meinung, ich solle das Thema besser ruhen lassen, meine leibliche Mutter würde meine Situation nicht unbedingt verbessern, und wer wisse schon, was an neuen Problemen hinzukäme. Sie diagnostizierte eine endogene Depression, also Schwermut ohne äußeren Auslöser, und ich war erleichtert, dass ich die Kiste wieder schließen oder gar nicht richtig öffnen musste. Ich sagte mir: »Jetzt hast du so lange gewartet, es gibt keinen Grund, plötzlich alles zu überstürzen.«

Mit Anfang sechzig ging ich in Rente und wurde zum ersten Mal Oma. Nun war ich so alt, dass ich mir die Suche nicht mehr aufgebürdet hätte, es ging mir gut, mir fehlte nichts. Aber ich dachte an meine Enkel. Hatten sie nicht ein Recht darauf, ihren Stammbaum zu kennen und zu wissen, wer die Urgroßmutter war? Hete war seit vierzehn Jahren tot, und meine leibliche Mutter würde bestimmt auch nicht mehr leben, dachte ich und der Gedanke beruhigte mich beinahe ein bisschen. Mein erwachsener Sohn gab mir schließlich den Schubs, den ich brauchte. Als ich ihm von meinen Überlegungen erzählte, sagte er, dass auch er gerne wissen würde, wer die Großmutter mütterlicherseits gewesen sei, und warum ich überhaupt noch zögere. Also schickte ich meine Geburts- und Adoptionsurkunde zum Amtsgericht Holzminden, wo die Adoptionsurkunde abgestempelt worden war, und bat um weitere Auskünfte über meine leiblichen Eltern. Ich erfuhr, dass meine Mutter am 18. Februar 1919 in Altendorf geboren wurde und war sprachlos. Altendorf ist ein Nachbarort von Holzminden, wo ich mit meinen Eltern zwei Jahre gewohnt hatte. Vielleicht hatte meine leibliche Mutter damals in unmittelbarer Nähe zu mir gelebt und vielleicht war ich ihr sogar mal mit meiner Adoptivmutter beim Einkaufen begegnet.

Den Namen meines Vaters hatte sie auf meiner Geburtsurkunde nicht angegeben. Weil ich jetzt aber ihren Geburtsort kannte, konnte ich beim Amt in Holzminden nach ihrer Adresse fragen. Noch am selben Tag, es war der 25. August 2008, fuhr ich mit meinem Mann nach Holzminden, zahlte der Melderegisterauskunft des Einwohnermeldeamtes fünf Euro und bekam die letzte Information, die mir noch fehlte:

Hildegard, geborene Brunotte, hieß mittlerweile mit Nachnamen Nothofer. Der Behörde in Eschershausen war Jahre zuvor ihr neuer Nachname nicht bekannt gewesen, deshalb war ich damals dort nicht weitergekommen. Die größere Überraschung aber war: Sie lebte! Und – und das konnte ich jetzt wirklich kaum glauben – nur wenige Straßen vom Einwohnermeldeamt entfernt. Es war auf einmal so einfach. Meine Mutter lebte, und auch nicht irgendwo, sondern in Holzminden, wo ich nach wie vor hinfuhr, um die betagten Freundinnen meiner Adoptivmutter zu besuchen. Ich schaute meinen Mann entgeistert an. Und nun? Nach Hause fahren, sie von dort aus anrufen und um ein Treffen bitten? Das war mir zu riskant. Wäre sie asozial, könnte ich nicht mehr zurück und müsste sie treffen, weil wir es vereinbart hatten. Mir kam eine andere Idee. Ich würde unangemeldet bei ihr klingeln, möglichst sofort, ehe mich wieder der Mut verließ, und mich als Familienforscherin ausgeben. Dann würde ich nach der weggegebenen Tochter fragen und, sollte ich Abneigungsgefühle bekommen, wieder fahren, ohne mich zu erkennen zu geben.

Mein Herz klopfte bis zum Hals, als wir mit dem Auto die paar Meter zu ihrem Haus fuhren. Hatte sie schon sechs Kinder und mich deshalb nicht behalten können? War ich ein uneheliches Kind? Würde sie alles abstreiten? Mein Mann parkte. Wir schauten aus dem Autofenster. Da stand ein kleines Familienhaus, es sah normal aus, nicht schäbig. Das beruhigte mich schon mal. Gemeinsam gingen wir zur Haustür. Da standen wir dann, ich spürte noch immer mein unruhiges Herz. Sollte ich wirklich? »Jetzt musst du da durch, dann hast du Klarheit«, sagte mein Mann sehr entschieden, strich mir ermutigend über die Schulter und ging zurück zum Auto. Dort wollte er warten. Ich drückte auf die Klingel.

Die Tür ging auf, eine ältere Dame schaute mich freundlich an. Die Haare ordentlich gelegt und sehr gepflegt. »Niedlich eigentlich«, war mein erster Gedanke. Ich holte Luft und sagte schnell, ich käme vom Amt und betriebe Familienforschung, ob sie mir ein paar Angaben machen könne. Sie nickte interessiert und bat mich ohne Argwohn in ihre Wohnung in den ersten Stock. Nervös folgte ich ihr die Treppen hinauf. Dann standen wir in einem kleinen Wohnzimmerchen. Dachschrägen, braune Schränke, ein hübsches Sofa, ein Tisch, alles ordentlich und adrett, irgendwie putzig, es passte zu ihr. Ich ließ mich auf das Sofa nieder, da sagte sie: »Nein, das geht nicht, da sitze ich immer. Sie können sich aber gerne in den Sessel setzen.« Ich musste fast schon lachen, aber dann auch wieder nicht, es war alles so aufregend, sie war so offen und freundlich und zugleich so klar. Aber wie würde sie reagieren, wenn ich sie auf ihr weggegebenes Kind anspreche? Es war eine merkwürdige Vertrautheit zwischen uns. Ich setzte mich in den Sessel und fragte sie irgendetwas zur Familie ihrer Mutter, um erstmal ins Gespräch zu kommen und um mich dann behutsam heranzutasten. Innerlich war ich darauf eingestellt, dass sie über die unbekannte Tochter gar nicht sprechen wollen würde und dass niemand in ihrer Familie überhaupt von ihr wusste. Sollte sie mich bitten, wieder zu gehen und unser Geheimnis für mich zu behalten, käme ich damit klar – das hatte ich mir vor ihrer Haustür nochmal bewusst gemacht. Immerhin war ich vierundsechzig Jahre ohne leibliche Mutter ausgekommen und würde auch weiterhin ohne sie leben können.

Aber jetzt saß ich meiner knapp 90-jährigen Mutter gegenüber und wollte endlich wissen, warum sie mich abgegeben hatte. Ich war so nah dran. Sie erzählte noch immer von ihren Eltern, als ich mich ein bisschen im Sessel zurücklehnte und fragte: »Sagt Ihnen der 19. März 1944 etwas?«

»Oh ja, natürlich«, sagte sie. »An den Tag kann ich mich sehr gut erinnern. Da war ich in Göttingen und habe meine Zwillinge bekommen.«

Ich dachte, mich trifft der Schlag. Zwillinge! Plötzlich war es ganz still im Raum.

Dann fing ich mich und fragte: »Und was ist aus ihnen geworden?«

»Den Jungen habe ich behalten und das Mädchen in gute Hände gegeben«, sagte sie.

Das ist doch unmöglich, schoss es durch mich durch, das kann gar nicht sein, dass sie das so leichtfertig sagt. »In gute Hände gegeben.« Hier stimmt doch was nicht. Was tue ich denn jetzt? Gehen? Weiter fragen? Es ging drunter und drüber in mir. Sie war mir so sympathisch, ich hatte überhaupt keine Abneigungsgefühle. Aber man gibt sein Kind doch nicht einfach so weg. Wir schauten uns einige Minuten schweigend nur an. Dann fragte ich: »Und was würden Sie sagen, wenn ich das Mädchen bin?« Sie sprang vom Sofa auf und rief: »Den Tag habe ich so herbeigesehnt!« Dann lief sie mir entgegen und fiel mir um den Hals und weinte. Und ich weinte auch.

Von diesem Moment an war sie Mutter Hilde. »Mutti« könne ich nicht sagen, sagte ich, denn meine Mutti sei die Hedwig. Dafür hatte sie Verständnis. Ich schlug ihr vor, sie »Mutter Hilde« zu nennen. Das fand sie gut. Wir setzten uns nach einigen Minuten wieder, ich vergaß völlig, dass mein Mann noch im Auto wartete, und erzählte ihr, dass ich einen Sohn habe und ein Enkelkind und gab ihr meine Adresse. Dann fiel mir mein Mann ein, ich holte ihn herein, die beiden umarmten sich und ich war heilfroh, dass er mich am Schluss doch noch ermutigt hatte.

Mutter Hilde erzählte uns ihre Geschichte:

Es war Krieg, sie war fünfundzwanzig, lebte bei ihren Eltern im Haus und war einem verheirateten Mann, einem Leutnant, verfallen. Das war mein Vater Oskar. Sie hatten eine fünfjährige Tochter, unehelich. Dass ihre Eltern das tolerierten, war ein großes Glück. Oskar kam im Sommer 1943 für ein paar Tage auf Heimaturlaub zu ihr. Wunderschön sei das gewesen. Als er wieder nach Russland aufbrach, war Mutter Hilde zum zweiten Mal schwanger. Er sagte beim Abschied: »Wenn es ein Junge wird, soll er Ekkehard heißen!« Er wünschte sich wohl sehr einen Sohn, eine Tochter hatten sie ja auch schon. Im November, sie war im fünften Monat, starb Oskar in Russland. »In tiefer stolzer Trauer« stand auf der Todesanzeige, die seine Eltern Mutter Hilde über irgendwelche Wege zukommen ließen. Sie war jetzt allein, schwanger, hatte eine Fünfjährige zu Hause und lebte von ihrem bescheidenen Gehalt als Schneiderin. Und es war Krieg.

Die letzten Monate vor der Geburt, als sich die Schwangerschaft nicht mehr mit weiten Schürzen verheimlichen ließ, versteckte sie sich bei einer Freundin in Eschershausen. Eigentlich wohnte sie ja in Holzminden, so wie meine Adoptiveltern zu der Zeit. Zur Geburt fuhr sie dann, damit niemand etwas mitbekam, in das sechzig Kilometer entfernte Göttingen. Im Kreißsaal sagte der Arzt zu ihr, dass sie nicht ein Kind bekommen werde, sondern zwei. Sie war total erschrocken. Zwei Babys! Damit hatte sie nicht gerechnet. Wo und wie sollte sie denn zwei Kinder unterbringen? Sie wohnte ja noch bei ihren Eltern.

Zuerst kam der Junge zur Welt, Ekkehard, und dann das Mädchen, Karin. »Um Gottes willen, wie willst du die beiden großziehen?«, fragten ihre Eltern entsetzt. Drei Kinder, kein Ernährer, die Menschen hungerten. Trotzdem nahm sie ihre Babys aus dem Krankenhaus mit nach Eschershausen zu ihrer Freundin und hörte sich von dort aus nach möglichen Adoptivfamilien um. Weil Oskar sich einen Sohn gewünscht hatte, war klar, dass sie den Sohn behalten würde. Ihre Freundin fragte: »Wie kannst du dich von diesem kleinen Mädchen trennen?« Es ist ihr bestimmt nicht leichtgefallen, aber sie konnte das, weil sie wusste, dass es für alle besser war.

Hete, meine Mutter, wohnte wie Hilde in Holzminden. Sie hatte acht Jahre auf eigene Kinder gehofft, konnte aber nach einem Unfall keine mehr bekommen und erzählte ihrer Freundin Thea, dass sie gerne ein Mädchen bei sich aufnehmen würde. Thea arbeitete im Krankenhaus als Säuglingsschwester, so erfuhr sie von der Geburt der Zwillinge und dass deren Mutter nicht beide behalten konnte. Sie fädelte den Kontakt zwischen meinen Müttern ein.

Die beiden Frauen waren sich in ihrem Wesen erstaunlich ähnlich: fröhlich, tatkräftig und resolut. Hetes Mann war in russische Gefangenschaft geraten, man wusste nicht, ob er zurückkommen würde. Hilde muss gleich erkannt haben, dass Hedwig, genau wie sie selbst, sehr gut in der Lage war, ein Kind alleine großzuziehen. Ich war zwei Monate alt, da gab mich Mutter Hilde persönlich bei meiner neuen Mutter ab. Ein paar Mal kam sie mich noch besuchen und war wohl sehr erleichtert und beruhigt, weil ich lebhaft auf dem Sofa herumhopste und einen fröhlichen Eindruck machte. Als meine Eltern mit mir zwei Jahre später in einen Nachbarort zogen, hörten ihre Besuche bei uns auf. Sie blieb aber über die Jahre gut informiert. Ab und an lief eine fremde Frau durch unser Dorf und erkundigte sich nach Karin. Daran erinnere ich mich. Ich wusste damals bloß nicht, dass die Frau eine Freundin von Mutter Hilde war. Und die hörte erst mit ihren Recherchen auf, als sie erfuhr, dass ich nun geheiratet hatte. Wahrscheinlich hatte sie wieder das Gefühl, ich sei in gute Hände geraten, und das stimmte ja auch. Sie bekam nach uns Zwillingen keine weiteren Kinder mehr und ein paar Jahre später heiratete sie den Herrn Nothofer, der ihre Kinder adoptierte und ein sehr liebevoller Ehemann und Vater war.

Als wir ihre Geschichte erfahren hatten, verabschiedeten wir uns herzlich. Wir waren alle drei voller Zuneigung zueinander und ich war richtig beschwingt, als wir nach Hause fuhren. Dass meine Mutter so offen war und sich so gefreut hatte, mich zu sehen, das tat mir unglaublich gut. Kaum war ich zu Hause, rief ich sie schon wieder an, mein Bedürfnis war einfach so groß. Sie erzählte mir, dass sie schon meinen Zwillingsbruder Ekkehard informiert habe, der wusste genauso wenig von meiner Existenz wie unsere fünf Jahre ältere Schwester Elke. Ganze vierundsechzig Jahre hatte sie keinem Menschen ein Sterbenswörtchen von ihrer zweiten Tochter erzählt. Hätte ich nicht doch den Mut gefasst, wäre ihr Geheimnis nach ihrem Tod nicht mehr enthüllt worden.

Sie sagte nie, dass es ihr schwergefallen sei, mich wegzugeben, oder dass es ihr heute furchtbar leidtue. Dafür war sie zu resolut. Aber meinetwegen musste sie das auch nicht sagen. Ich spürte auch so, dass sie nicht herzlos war. Für mich war das Wichtigste, die Fragen in meinem Kopf geklärt zu haben. Die Depressionen, unter denen ich als junge Mutter gelitten hatte, die vielen Gedanken als Jugendliche nachts im Bett, die immer wieder aufkommenden Überlegungen, warum ich weggegeben worden war, das alles war jetzt vom Tisch. Ich hatte eine Antwort bekommen, mit der ich sehr gut leben konnte.

Am folgenden Wochenende fuhren wir wieder zu ihr, und dann kam mich auch schon mein Bruder besuchen. Wir verstanden uns auf Anhieb. Ich sprach so offen mit ihm, als würden wir uns ewig kennen. Mein Mann war überrascht, denn eigentlich bin ich ein zurückhaltender und eher vorsichtiger Mensch. Ekkehard lud mich zu einem Familienzusammenführungsfrühstück mit meinen neuen Verwandten ein. Es war ein fröhliches Treffen, und Mutter Hilde saß zufrieden zwischen ihren drei Kindern. Alle durften, ja, sollten mich jetzt kennenlernen, sie war richtig stolz. Keine Spur von Scham oder Scheu. Ich gehörte dazu. Bis heute sitzen mein Mann und ich manchmal zu Hause in unserer Küche und wundern uns, wie unkompliziert alles gelaufen ist und dass alle so zufrieden mit der neuen Familiensituation sind.

Sprachen wir in den folgenden Wochen noch mal über die Hintergründe, nahm sie den Namen meiner Adoptivmutter nie in den Mund. Vielleicht war es für sie doch schwerer, als sie zugeben wollte, zu wissen, dass eine andere Frau ihr Kind aufgezogen hatte. Vielleicht wäre es auch schwieriger für mich gewesen, Hildes pragmatischen Umgang mit meiner Adoption zu verstehen, wenn ich in einem lieblosen Elternhaus gelandet wäre. Aber ich hatte meine Mutter sehr geliebt und war von Hete zurückgeliebt worden. Nun bekam ich mit Mitte sechzig noch eine Mutter dazu. Ich hatte sehr viel Glück. Zwei Mütter! Ich wäre ihr niemals zu nahegetreten und hätte sie gefragt, ob es ihr nicht wenigstens ordentlich weh getan hatte, mich abzugeben. Sie hatte doch alles sehr vernünftig entschieden.

Wir genossen noch vier gemeinsame Jahre zusammen. Sie war so eine Fröhliche, juchhei, was kost' die Welt, da kann ich mir eine Scheibe von abschneiden. Wenn es sich irgendwie einrichten ließ, besuchte ich sie jeden Sonntag, immer gab es ein Gläschen Sekt vorneweg und dann durfte ich auch auf ihrem Sofa Platz nehmen. Es war so normal, so selbstverständlich, als wären wir Mutter und Tochter und würden uns eine schöne Zeit machen. Und so war es ja auch. Wir unternahmen Ausflüge, aßen Kuchen bei uns zu Hause, sie lernte ihr Enkelkind und das Urenkelchen kennen und wir sprachen über unseren Alltag. Zur Vergangenheit war ja schon alles gesagt. Sie hätte mir jede weitere Frage beantwortet, aber ich habe nicht jede gestellt. Man muss nicht immer in die Tiefe dringen. Für mich war es gut, wie es war.

Eines Morgens, sie war dreiundneunzig, lag sie bewusstlos in ihrer Wohnung und starb wenige Tage später in einem Hospiz, ohne noch einmal wach geworden zu sein. Es war ein Tod, wie sie ihn sich gewünscht hatte. Seitdem treffe ich mich jedes Jahr am 25. August, dem Tag unseres Wiedersehens, mit meinen Geschwistern an ihrem Grab. Dieses Datum haben wir als Muttertag auserkoren.

Als ihr Haushalt aufgelöst wurde, fiel mir das Fürstenberger Porzellan in ihrem Schränkchen auf. Es war das gleiche, das ich von meiner Mutter als Aussteuer zu meiner Hochzeit bekommen hatte. Weiß mit Goldrand. Zwei Tassen waren im Lauf der Jahre kaputt gegangen. Ich fragte meine Geschwister, ob sie mir zwei Tassen überlassen würden und das machten sie sofort. Jetzt stehen Mutter Hildes Tassen zwischen den Tassen von Mutter Hete und ich weiß schon gar nicht mehr, welche Tasse von welcher Mutter ist.

KAPITEL 4

»Sie hat sich einfach geschämt«

Ekkehard ist vierundsechzig, als ihn seine Mutter anruft und ankündigt, dass sie etwas zu beichten habe. Sie erzählt ihm, dass er eine Zwillingsschwester habe, die eben bei ihr im Wohnzimmer säße. Ekkehard, 74, überrascht nur, dass er nicht überrascht ist. Seine Mutter ist schon immer ein bisschen außergewöhnlich gewesen.

Sie saß an ihrer ratternden Nähmaschine, vor Feiertagen oder wichtigen Anlässen auch nachts, ich kannte sie als Kind nur von hinten. Meine Mutter war Schneiderin und eine der wenigen berufstätigen Mütter bei uns im Ort. Sie nähte Kleider für die Dorffrauen, sie hatte gut zu tun. Weihnachten begann bei uns erst, wenn sie die Nähmaschine zuklappte, eine Tischdecke darüberlegte und einen Blumenstrauß daraufstellte. Dann wussten wir: Aha, jetzt ist sie fertig, jetzt wird es gemütlich. Ich lernte früh, ihre Gesten zu verstehen, denn sie war ein Menschentyp, der ohne Floskeln auskommt. Die Beine immer fest auf dem Boden.

Meinen Vater habe ich nicht kennengelernt, und sie erzählte wenig über ihn. Er muss ihre erste große Liebe gewesen sein. Sie war zwanzig, der Krieg zeichnete sich schon ab, als meine ältere Schwester 1939 geboren wurde. Im November 1943 erschoss er sich in Russland, weil er nicht in Kriegsgefangenschaft geraten wollte. Offiziell ist er natürlich gefallen, es gab eine Todesnachricht, in der von Tapferkeit vor dem Feind und seinem Heldentod die Rede ist. Meine Mutter war durch seinen frühen Tod keineswegs traumatisiert, dafür war sie viel zu nüchtern und sicher auch geprägt durch die Ereignisse der damaligen Zeit. So total nüchtern, dass sie einmal sagte: »Zum Glück ist er im Krieg geblieben. Wenn er nach Hause gekommen wäre, hätte er mir noch zehn Kinder gemacht.«

Als ich vier war, heiratete sie einen »Westflüchtling«, wie sich mein neuer Vater scherzhaft nannte, in Abgrenzung zu den eigentlichen Flüchtlingen aus dem Osten. Er kam aus dem Rheinland und war wirklich eine Frohnatur. Zwischen ihm und meiner Mutter war es keine Affenliebe, sie krochen sich nicht gegenseitig unters Hemd. Die Ehe war klar auf Zweckmäßigkeit ausgerichtet. Er adoptierte uns Kinder und damit hatte alles seine Ordnung.

Ich war der Jüngste im Haus, aber ich wurde deshalb nicht bevorzugt. Meine Mutter lobte ohnehin selten. Die Tatsache, dass sie genauso selten kritisierte, reichte mir völlig. Die armen Kinder, denke ich heute, die von ihren Müttern wie Schoßhündchen behandelt werden. Das musste ich gottseidank nicht ertragen und meine Kinder später auch nicht. Kinder sind nicht das Eigentum ihrer Eltern.

Wir hatten eine wirklich gute Beziehung. Es gab keine Gefühlswallungen, keine Küsse und Liebkosungen, wir führten ein sachliches Leben und es fehlte mir an nichts. Man nahm sich nur in den Arm, wenn man sich »Guten Tag« sagte oder »Auf Wiedersehen«. Körperkontakt hat in meiner Sippe nie eine große Rolle gespielt und ich habe ihn nicht vermisst.

Weil meine Mutter immerzu nähte, war meine Großmutter meine Hauptbezugsperson und obendrauf all die Tanten und Onkel, die mit uns im Mehrgenerationenhaus lebten. Dadurch fiel überhaupt nicht auf, dass sie die ersten Jahre alleinerziehend war. Wir nutzten Küche, Toilette und Wohnzimmer zusammen, aber jede Familie hatte ihr eigenes Schlafzimmer. Als Bad diente am Wochenende die Waschküche im Keller.

Bei uns im kleinen konservativen Altendorf, einem 1922 eingemeindeten Ortsteil von Holzminden, genoss meine Mutter hohes Ansehen, obwohl sie zwei, in Wirklichkeit ja drei, uneheliche Kinder hatte. Sie gründete eine Gymnastikgruppe für alte Leute, sie sah gut aus, Heuchelei war ihr fremd, sie begegnete den Menschen mit einem offenen Gesicht und war überhaupt nicht streitbar. All das wurde sehr geschätzt. Über uns wohnte ihre krankhaft streitbare Schwester, alleinerziehend weil geschieden, die meinen Adoptiv-Vater gerne mal als Verbrecher bezeichnete. Dabei war er ein solider Maurer, der lieber Bauingenieur geworden wäre, was ihm leider verwehrt blieb. Meine Mutter ließ sich nicht provozieren, sie sagte immer: »Die arme Frau ist krank, das kann ich ihr doch nicht übelnehmen.« Als ihre Schwester mit Mitte vierzig offiziell entmündigt und in ein Pflegeheim eingewiesen wurde, übernahm sie bereitwillig die Vormundschaft, das fand sie selbstverständlich. Alle zwei Wochen fuhr sie mit dem Bus pünktlich zur Besuchszeit ins Heim. Die Heimleitung wollte ihr die Fahrtkosten erstatten, aber das wehrte sie entschieden ab. »Das Geld können die doch bestimmt besser verwenden«, sagte sie und auch die paar tausend Mark, die sie später von ihrer Schwester erben sollte, nahm sie nicht an. Sie hätte sich sonst schäbig gefühlt, als wäre sie aus unehrenhaften Gründen Vormund geworden.

Diese Gradlinigkeit schätzten die Menschen im Dorf und dass sie so fröhlich und ohne viel Buhei ihr Leben lebte. War Schützenfest, bog der Umzug nach der Hälfte der Strecke bei uns im Garten ein und trank dort sein Bier, statt die vierzig Meter weiterzuziehen zum Schützenplatz. Irgendjemand sagte mal, dass Mutter Hilde, wie sie von vielen Leuten genannt wurde, die eigentliche Bürgermeisterin von Altendorf sei.

Ich war sechzehn, als ich mir im Frühjahr eine fürchterliche Grippe holte und zwei Tage stramm im Bett liegen und eine Gewaltkur machen musste, damit ich am Freitag zum Schützenfest wieder auf den Beinen war. Das Schützenfest war bei uns Pflichtprogramm. Freitagmittag stand ich so gerade wieder auf den Füßen und wollte duschen, da sagte meine Mutter: »Du kannst dich wieder hinlegen, vor einer Stunde ist deine Großmutter gestorben, wir können heute nicht zum Schützenfest.« So erfuhr ich vom Tod meiner Großmutter, und so war meine Mutter: gerade Linie ohne Schnörkel. Lief erkennbar etwas schief in meinem Leben, kümmerte sie sich, ansonsten ließ sie mich machen, und ich schätzte das. Es gab keine übertriebenen Erwartungen, auch nicht an meine Ausbildung. Die Volksschulzeit war schlimm für mich, und als ich die verpflichtenden acht Jahre geschafft hatte, gab es nichts auf der Welt, das mich dazu gebracht hätte, die Schule weiter zu besuchen. Ich sagte zu ihr: »Keinen Tag länger gehe ich zur Schule, ich mache eine Lehre und dann hat sich das.« Sie akzeptierte es anstandslos.

Drei Jahre später, mit siebzehn, hatte ich meine Einzelhandelslehre abgeschlossen und meine Mutter fragte mich beim Frühstück: »Sag mal, du bist ja gestern Abend so spät zu Hause gewesen, wo warst du denn noch?«

Ich sagte: »Ach so, ja, das muss ich dir noch erzählen. Ich

war in der Lüneburger Heide und habe mich um eine neue Stelle beworben. Am 17. Oktober fange ich da an.«

So erfuhr meine Mutter, dass ich bei ihr ausziehen und eine Stelle als Gardinendekorateur in einem Gardinenladen antreten würde.

Sie sagte: »Und du glaubst, mit deinem liederlichen Lebenswandel kommst du alleine zurecht?«

Ich sagte: »Ich weiß es noch nicht, aber ich probiere es mal.«

Ihre Bemerkung hatte gesessen. Niemals würde ich zurück nach Hause ziehen, nur weil ich alleine nicht zurechtkam. Im Gegenteil: Jedes Mal, wenn ich sie in den folgenden Monaten zu Hause besuchte, brachte ich ihr ein kleines demonstratives Geschenk mit. Es war ein Wink mit dem Zaunpfahl, dass ich sehr wohl und sogar wunderbar zurechtkam und zwar so wunderbar, dass ich am Ende des Monats noch drei Mark übrig hatte, um ihr eine Tafel Schokolade oder ein paar Blumen zu kaufen. Ich wäre gerne ins Kino, in »Der Gauner und der liebe Gott«, gegangen, aber ich ging nicht ins Kino, weil mir sonst am nächsten Tag in der Kantine zwanzig Pfennig gefehlt hätten; aber Essen ist wichtig und die drei Mark für meine Mutter, die brauchte ich auch noch.

Gardinen verkaufte und montierte ich nur kurz. Schon während meiner Lehrzeit engagierte ich mich ehrenamtlich in der Jugendarbeit meiner Gewerkschaft. Mit zwanzig wurde ich hauptamtlich Verwaltungsangestellter und ein Jahr später Gewerkschaftssekretär. Ich kümmerte mich also um das Wohl anderer Menschen, das war mein Ding. Meine Mutter war mir da ein Vorbild. Sie legte viel Wert darauf, dass man andere Menschen nicht benachteiligt. Deshalb fiel es mir wohl auch so schwer, den Kunden Gardinen zu verkaufen und ihnen sagen zu müssen, was sie dafür zu bezahlen haben. Ich verabschiedete mich ziemlich bald von der Ladentheke und brachte lieber Gardinen, die Kollegen zuvor verkauft hatten, an den Fenstern an. Die Ellenbogengesellschaft, dieses »erst komme ich und dann die anderen«, das mochte meine Mutter nicht und ich mag das auch nicht.

Mit zweiundzwanzig heiratete ich, und zwar im selben Jahr wie meine mir damals unbekannte Zwillingsschwester Karin. Eineinhalb Jahre später wurde meine Tochter geboren. Nach elf Jahren trennten meine Frau und ich uns, und ich heiratete 1979 ein zweites Mal. Zwei Söhne kamen dazu.

Meine Mutter besuchten wir häufig und da passte ihr schon mal das eine oder andere nicht. Bei dem einen Sohn waren die Haare zu lang, der andere hatte keine schöne Hose an. Einmal sagte ich: »Pass mal auf, ich bin jetzt fünfundvierzig Jahre alt und habe bewiesen, dass ich weiß, wie man so ein Leben gestaltet. Jetzt packe ich meine Familie wieder ins Auto und wir fahren nach Hause. Wenn du im Stande bist, das auch zu erkennen, kommen wir gerne wieder.« Nach vierzehn Tagen rief sie mich an und fragte, ob wir wiederkommen. Da sind wir wieder hingefahren und es hörte auf mit den zu langen Haaren. Sie war nicht beleidigt und ich war es auch nicht.

Als sie achtundsechzig war, starb ihr Mann, unser Stiefvater, und meine Mutter fing erstmals an zu jammern. Nicht dass ihr Mann tot war, sondern dass es in ihrem Alter keine infrage kommenden Männer mehr gebe, weil alle verheiratet waren oder schon auf dem Friedhof. Sie guckte sich gründlich um. Schließlich fand sie einen, der immer das Grab seiner verstorbenen Frau pflegte, zog zu ihm und betüddelte ihn. Sie brauchte einfach jemanden, um den sie sich kümmern konnte und so war sie wieder glücklich. Mit weit über neunzig kam er ins Pflegeheim. Jeden Mittag fuhr sie mit dem Bus zum Heim. Einmal kam sie gerade dazu, als er in den Krankenwagen geschoben wurde. Sie rief empört: »Was macht ihr denn da? Er ist über neunzig, wenn er sterben will, lasst ihn doch!« Sie ließen ihn aber nicht. Nach dem Klinikaufenthalt ging es für ihn wieder zurück ins Pflegeheim. Als er das nächste Mal ableben wollte, war sie zufällig zu Besuch, setzte sich neben sein Bett und rief erst Alarm, als es wirklich vorbei war. Dann ging sie raus und sagte: »Jetzt ist er tot. Bevor ihr mir den wieder ins Krankenhaus bringt …« Er war ja schon altersschwach und konnte auf die Weise friedlich einschlafen.

Nach seinem Tod war sie dann selbst dem Lebensmut schon etwas abgewandt, sie hatte keine rechte Lust mehr zu leben. Ihre Altersgenossen waren tot, sie wusste nicht, warum sie als Einzige noch weitermachen sollte. Da stand plötzlich meine Schwester vor ihrer Tür. Mutter Hilde rief mich an und sagte: »Ich habe dir eine Geschichte zu erzählen und etwas zu beichten.« Sie erzählte mir die Geschichte von der Frau mit dem Aktenordner unter dem Arm, die zwei Stunden zuvor bei ihr geklingelt hatte und die sie auf einen Kaffee in ihre Wohnung einlud. Sie sagte, dass sie der fremden Frau, sie wisse selbst nicht warum, als erstem Menschen überhaupt erzählt habe, dass sie Zwillinge geboren habe, einen Jungen, das war ich, und ein Mädchen, das war Karin. Peng! Das war die Beichte. Ich hatte eine Zwillingsschwester. Komischerweise war ich überhaupt nicht überrascht. Mich überraschte nur, dass ich nicht überrascht war. Es kam mir vor, als wäre diese Geschichte eine verspätete Bestätigung für etwas, das ich irgendwie geahnt hatte.

Vierundzwanzig Stunden nach dieser ungewöhnlichen Beichte rief ich meine Schwester an. »Wann bist du zu Hause, ich komme dich besuchen«, sagte ich. Am nächsten Tag stand ich bei Karin in Wolfenbüttel vor der Tür. Zack. Ich bin voller Hochachtung, dass meine Schwester den Mut besessen hat, nach ihrer leiblichen Mutter zu forschen. Das hätte auch böse ins Auge gehen und in einer fürchterlichen Enttäuschung enden können. Die vorherrschende Volksmeinung ist doch: Wer sein Kind weggibt, kann nichts Vernünftiges sein. Ich denke aber, dass wir heute die Nachkriegszeit nicht mehr nachvollziehen können. Meine Mutter hat es für richtig befunden, ihre Tochter abzugeben und ihr Geheimnis für sich zu behalten, da habe auch ich mich als Ihr Sohn nicht einzumischen. Wer bin ich, dass ich über sie urteile? Ich hätte es als völlig überflüssig empfunden, weiter nachzuhaken und nach den Gründen zu fragen. So wie sich meine Mutter nicht in mein Leben eingemischt hat, so habe ich das bei ihr auch nicht zu tun. Warum sie erst beichtete, als Karin sie gesucht und gefunden hatte? Sie erklärte das mal kurz und bündig: »Weil ich mich geschämt habe.«

Mutter Hilde wurde nach dem Wiedersehen mit Karin mit einem Schlag um zehn Jahre jünger. Sie bekam sogar Lust, wieder etwas zu unternehmen. Ich schenkte ihr zum neunzigsten Geburtstag eine Donaukreuzfahrt, die hätte sie mit siebenundachtzig gar nicht mehr gewollt. Wir setzten uns mit meiner Frau in Passau auf ein Schiff und schipperten bis nach Budapest. Daran freute sie sich sehr.

Und dann lud ich Karin und meine Großfamilie zu einem Familienvervollständigungsfrühstück ein; und da sah man die Ähnlichkeit zwischen Mutter und Tochter, äußerlich, aber auch in der Umgangsart. Karin ist offen und geradeaus und kein Vornehmtuer, einfach normal, so wie wir. Das passte sofort.

Vier Jahre später, es war Pfingsten, sagte meine Mutter, dass sie nun wirklich nicht mehr wisse, warum sie noch immer auf der Welt sei. Ich sagte, dass sie doch bestimmt hundert Jahre alt werden wolle. Sie schaute mich entgeistert an und fragte: »Wozu das denn? So ein Quatsch!« Vierzehn Tage später fiel sie einfach um. Wir brachten sie in ein Hospiz und eine Woche später haben wir sie beerdigt. Traurig war ich nicht. Warum soll man traurig sein, wenn jemandem sein Wunsch erfüllt wird? Sollte es das ewige Leben geben, dann sitzt sie jetzt auf einer Wolke und ist zufrieden.

Mutter Hilde war eine Mutter, so wie ich sie mir wünschte, weil sie nach dem Grundsatz lebte: leben und leben lassen. Sie wurde auf einem Stück Friedhofswiese ohne Stein beerdigt, dort, wo wir Kinder früher mit den Schlitten entlang gesaust waren. Ich fragte den Pastor, ob er das Stück nicht wieder freigeben könne für die Kinder. Meine Mutter fände es super, wenn über sie hinweggerodelt wird, da bin ich mir sicher. Aber das wird wohl nichts. Auf jeden Fall kann man sagen: Die ganze Frau war nicht alltäglich.

KAPITEL 5

»Ich hatte ihr nichts entgegenzusetzen«

Ulrike, 67, zieht mit Anfang vierzig aus der Großstadt zurück in das Dorf ihrer Kindheit, um sich noch ein paar Jahre um ihre alten Eltern zu kümmern. Aus den geplanten »paar Jahren« werden zwei Jahrzehnte. Als sie sich mit fünfzig nochmal unerwartet verliebt, lernt sie ihre Mutter ganz neu kennen.

Immer wieder derselbe Traum, der mich nachts aufschreckte und mit klopfendem Herzen wach im Bett liegen ließ. Er fängt ganz harmlos an. Ich schlendere bei uns auf dem Land an den gelben Rapsfeldern vorbei zu einem Acker und nehme den Grasweg am Acker entlang. Es riecht nach umgegrabener Erde und Frühling, am blauen Himmel sind kleine Wolken. Alles ist gut. Der Weg macht eine Biegung, rechts und links schaue ich auf Getreidefelder, endlose Weite. Plötzlich kommt eine Bedrohung auf. Ich weiß nicht, was es ist, kann nicht greifen, was mich ängstigt. Das Gelände, eben noch friedlich, verändert sich rätselhaft. Mit einem Mal ist es nicht mehr überschaubar. Ich gehe schneller, fange an zu rennen, spüre Panik, es schnürt mir den Hals zu. Ich muss sofort nach Hause, jemand verfolgt mich, ich weiß nicht, ob es ein Er oder eine Sie ist, aber irgendjemand trachtet mir nach dem Leben. Endlich, ich erreiche mein Elternhaus, verrammle die Türen hinter mir, aber ich bin noch immer nicht sicher, die Bedrohung ist ganz nah. Plötzlich verstehe ich: Die Fenster sind offen! Ich schließe sie mit einem Knall, lasse die Jalousien herunter – und wache auf. Erst sehr spät wurde mir klar, dass ich vor meiner Mutter floh und ihr direkt in die Arme lief. Ich war zu Hause angekommen, aber meine Mutter war schon da. Ich war in Sicherheit und doch wieder nicht.

Eigentlich bin ich ein Mensch, der gerne und mit Ausdauer pflegt. Als Realschullehrerin kümmerte ich mich um meine schwächeren Schüler besonders. Erst wollen sie nicht, aber habe mal Geduld, dann entwickelt sich etwas Schönes. Dass ich keine eigenen Kinder habe, war nicht geplant, aber in Ordnung für mich. So konnte ich mich viele Jahre um mich selbst, meinen Partner und meine Schüler kümmern. Mit einundvierzig dachte ich: Dir geht es so gut, du hast Kraft, und deine Eltern bauen rapide ab. Nun kümmere dich noch die paar Jahre um sie.

Mein Papa war zu der Zeit achtzig, hatte häufig Fieber, niemand wusste so recht warum. Er magerte auf fünfzig Kilo ab. Jeden Tag, wenn ich von der Schule kam, rief ich zuerst bei ihm an. Nur kurz fragen, wie es so geht. Klagte er über Schmerzen, war ich sofort besorgt, manchmal richtig am Boden zerstört. Weil es keine Diagnose gab. So gab es auch keine Aussicht auf Heilung. Er lag mir aber so am Herzen. Solltest du ihn nicht in den Arm nehmen, statt nur zu telefonieren?, fragte ich mich. Uns trennten knapp zweieinhalb Auto-Stunden. Ich lebte in Köln, er in meinem Geburtshaus auf dem Land in Hiddenhausen, nahe Herford.

Meine Mutter war zu alt für seine Pflege. Sie war Ende

siebzig und hatte nicht mal einen Führerschein. Sie konnte ihn nicht zum Arzt fahren, und er konnte nicht mehr zum Einkaufen fahren. Es gab nur zwei Möglichkeiten: ein Pflegeheim für meine Eltern oder ein Umzug von mir zurück in ihre direkte Nähe.

Ein Pflegeheim wäre für beide ganz furchtbar, das war mir klar. Bisher war es in meiner Familie über Generationen üblich gewesen, dass die altersschwachen Eltern von ihren Töchtern und Schwiegertöchtern zu Hause gepflegt wurden. Aber in ihre Nähe zu ziehen, um sie zu pflegen, würde für mich nur Sinn machen, wenn ich mir die obere Etage meines Elternhauses einrichte, die meine Eltern schon wegen der Treppe nicht mehr nutzten, überlegte ich.

Mein Freund Gunther fand die Vorstellung prima, Köln zu verlassen und mit mir zwischen Korn- und Rapsfeldern zu leben. Er würde eine Zeitlang pendeln, dann nachkommen. »Sieh mal zu, dass du den Mietern in dem Häuschen neben deinem Elternhaus kündigst, dann wohnst du bei deinen Eltern im Obergeschoss, und ich ziehe nach nebenan.« Das Häuschen nebenan hatte ich von meiner Tante geerbt.

Einer Freundin erzählte ich von meinen Umzugsplänen. Sie pflegte seit Jahren ihre alte Mutter und ich rechnete damit, dass sie mich ermutigen würde. Aber sie schwieg und schaute mich skeptisch an. Dann sagte sie: »Hast du dir das auch gut überlegt?« Ich verstand ihren ernsten Ton nicht. Aber ich fragte nicht nach und stellte ein paar Tage später einen Versetzungsantrag bei der Schulbehörde in Köln.

Meine Mutter war ein Mensch, der die Zügel immer fest in der Hand hielt. Sie wollte das Beste für mich, ihr einziges Kind. Aber was das Beste war, bestimmte sie. Ich war siebzehn oder achtzehn, da fand sie mein Pillen-Rezept, das ich mit viel Überredungskunst von einem Gynäkologen ergattert hatte. Sie war außer sich. Sie rief mich zu sich und erlitt, das Rezept in der Hand, einen lebensbedrohlichen Herzanfall. Ich war zutiefst erschrocken und besorgt und versicherte ihr, überhaupt keine Absichten zu haben, die Pille wirklich zu benötigen, ich hätte sie nur vorsichtshalber mit Blick auf die nächsten zehn Jahre bekommen. Gleich ging es ihr besser. Von dem Tag an überlegte ich sehr genau, was ich zu Hause erzählte, um ihr schwaches Herz nicht zu überlasten.

Mit achtzehn zog ich zum Studieren nach Köln. Dass ich von ihrem Kurs abwich, dass ich mich verliebte und wieder trennte, dass ich meine Sexualität ganz normal lebte und die Pille sehr wohl brauchte, bekam sie nicht mit. Worüber hätten wir zanken sollen? Unsere Beziehung war nicht innig, eher oberflächlich, aber auch nicht schwierig. Um ehrlich zu sein, hatte ich meine Mutter überhaupt nicht auf dem Radar, als ich Jahre später nach Hause zog. Ich wollte meinen geliebten Vater unterstützen.

Mein Versetzungsantrag wurde bewilligt, und so zog ich voller Elan in die obere Etage meines Elternhauses, in gut achtzig Quadratmeter mit Balkon, großem Garten, Landluft und Ruhe. Ich fühlte mich angekommen. Und verantwortlich. Mit einem Mal war ich rund um die Uhr für zwei Menschen zuständig. Ich übernahm alle Aufgaben, die sie nicht mehr erledigen konnten oder zu denen sie keine Lust hatten. Ich kochte ihnen das Mittagessen und fuhr meinen Vater an vielen Nachmittagen zu seinen Ärzten. Ich saß mit ihm in Wartezimmern, kaufte Bandagen, holte Rezepte ab. Abends erledigte ich seine Bankgeschäfte, seine Wäsche und den Haushalt meiner Eltern. Es war anstrengend, aber ich war jung und hatte das Gefühl, alles unter Kontrolle zu haben. Hatte meine Mutter abends endlich das letzte Mal gerufen: »Ulrike, kommst du mal eben!«, war mein Tag geschafft.

Nach gut einem Jahr starb mein Vater. Ich war traurig, aber auch erleichtert, dass ich mich noch um ihn gekümmert hatte. War ich mit meiner Vorbereitung für den nächsten Schultag und den Zwanzig-Uhr-Nachrichten fertig, kam meine Mutter zu mir hochgetippelt. Wir einigten uns auf ein Fernsehprogramm, sprachen viel über meinen Vater und fühlten uns verbunden über die gemeinsame Trauer. Ich führte den Haushalt genauso weiter wie bisher, es blieb alles beim Alten. Nein, einen Unterschied gab es: Es bedankte sich niemand mehr bei mir. Die Botengänge, das Kochen, Waschen, das Rund-um-die-Uhr-Bereitstehen, das war jetzt selbstverständlich, es gehörte sich schließlich so für eine Tochter.

Ein Jahr später, im Tirol-Urlaub, nahm mein Freund Gunther die Seilbahn, statt den Wanderweg und ließ sich bei jeder Gelegenheit im Café nieder. Ich fand ihn merkwürdig kurzatmig und kraftlos. Er sagte: »Ich habe Urlaub und will mich nicht anstrengen.« Leider war es keine Urlaubsmüdigkeit, es war Lungenkrebs, inoperabel und ein Schock. Nach der ersten Chemo hatte Gunther bereits die Nase voll, er wollte nicht mehr. Während ich im Spagat zwischen dem engmaschigen Betreuungsprogramm für meine Mutter und meinen beruflichen Schulpflichten festhing, holten ihn enge Freunde in Köln aus der Klinik und pflegten ihn zu Hause. Es sah nicht gut aus. Und doch konnte ich mir nicht vorstellen, dass jemand mit Anfang fünfzig einfach so stirbt. Bis das Telefon eines Abends klingelte und unsere Freunde sagten, es gehe zu Ende. Aufgelöst rief ich ein Taxi und sagte noch schnell meiner Mutter Bescheid. Sie rief: »Nimm mich doch mit, Ulrike!« Ich schaute sie fassungslos an, informierte ihre Schwester und ihren Schwager und bat sie, sich zu kümmern. Dann fuhr ich los.

In den Wochen und Monaten nach Gunthers Tod musste

ich erstmal klarkriegen, was mit meinem Leben passiert war. Mein Partner war tot. Und ich hing fest auf dem Land. Allein. Meine Freunde waren in Köln, wohin ich wegen meiner Festanstellung nicht zurückziehen konnte. Eine erneute Versetzung wäre nicht durchgegangen. Und meine Mutter würde meine Hilfe mehr und mehr brauchen. Ich saß in der Falle.

Während ich um Gunther trauerte, ließ sie mich in Ruhe, sie machte nichts falsch. Meinen Schmerz hätte ich trotzdem nicht bei ihr abgeladen, uns fehlte dafür die Nähe.

Noch war sie körperlich und geistig fit, und als der Sommer kam, beschlossen wir, aus ihrer Apfelbaumwiese einen Ziergarten« zu machen und gruben gemeinsam die Erde um. Wir pflanzten Tulpen und Rosen, legten eine Terrasse an und sägten in einer Nacht- und Nebelaktion die vertrockneten haushohen Fichten ab. Weil wir mit der elektrischen Säge meines Vaters nicht klarkamen, schnappten wir uns eine winzige Bügelsäge. Hüfthoch standen die Stümpfe noch, als wir die Säge fix und fertig sinken ließen. Noch tagelang spürte ich meinen Muskelkater und war verwundert über die Kraft und den Willen meiner über achtzigjährigen Mutter.

Vier Jahre konzentrierte ich mich nur auf meinen Beruf und meine Mutter, arrangierte mich mit meinem Leben ohne Partner – und wurde fünfzig. Dann passierte etwas Wunderbares. Während eines Urlaubs auf Norderney verliebte ich mich in Aloys, meinen heutigen Mann. Ein unbeschreibliches Glück! Von meiner Mutter erwartete ich ganz selbstverständlich, dass sie sich mitfreuen würde. Und war erstaunt, dass das Gegenteil der Fall war. Aloys war für sie das Überflüssigste überhaupt. »Was ist denn das für ein fremder Geruch?«, fragte sie und schnupperte demonstrativ ins Treppenhaus, als mein Freund zum ersten Mal bei mir übernachtete. Es war Eifersucht auf den ersten Blick.

Aloys war entgegenkommend, meine Mutter war ablehnend. Als er am ersten Abend keine Anstalten machte, sich wieder zu verabschieden, zischte sie mir in der Küche zu: »Was ist denn das für ein Benehmen? Er will hier übernachten? Und du findest das in Ordnung?« Zu unserer Nachbarin sagte sie: »Aber sie ist schon fünfzig, ich dachte, über das Thema Männer wäre sie mal langsam hinweg!«

Als ihr klar wurde, dass sich Aloys nicht wieder vom Acker machen würde, wurde es unangenehm. Sie fing an, ihn massiv zu ärgern, sobald ich nicht in der Nähe war. Sie piesackte, provozierte, war schnippisch oder ignorierte ihn. Als er die Hauspumpe im Keller reparierte, sagte sie zu mir: »Du musst Aloys dafür bezahlen.«

Mir war ihr Verhalten so fremd. Fragten mich Freundinnen, warum ich sie nicht mal auf den Pott setze oder ihr zumindest erkläre, wie enttäuschend und verletzend ihr Verhalten für mich sei, musste ich antworten: »Weil ich es nicht kann.« Ich war die gut erzogene Tochter, die nicht widerspricht. Niemals hätte ich es in dieser Zeit gewagt, laut zu werden. Das gelang mir erst mit sechzig.

Zur Erleichterung meiner Mutter wohnte Aloys im Ruhrgebiet, also in sicherer Entfernung, und blieb fünf weitere Jahre dort wohnen. Wir pendelten an den Wochenenden abwechselnd und verbrachten die Urlaube zusammen. Mit meiner Mutter teilte ich mir im Alltag weiterhin die Küche. Sie ging mir mehr und mehr auf den Geist. »Ulrike, du hast zu viel gekocht, wer soll das alles essen?«, fragte sie vor dem Essen. Anschließend hieß es: »Satt geworden bin ich eigentlich nicht.« Die Wärmflasche, die ich ihr brachte, war zu heiß oder zu kalt, meine Telefonate mit Aloys dauerten zu lang und unser gemeinsames Kaffeetrinken zu kurz. Abends, wenn ich müde nach einem Schultag in meine Wohnung verschwand, murmelte sie hinter mir her: »Jaja, die Alten gelten nichts mehr, und die Jungen feiern nur.«

Einmal kam ich an einem Sonntagnachmittag früher als gewöhnlich von Aloys zurück. Bevor ich mein Auto in der Garage parkte, stellte ich den Koffer vor der Haustür ab und schaute durch ihr Terrassenfenster. Sie saß gemütlich vor dem Fernseher. Es geht ihr gut, dachte ich frohgemut, parkte und stand keine fünf Minuten später in ihrem Wohnzimmer, um sie zu begrüßen. Meine Mutter lag plötzlich, ich traute meinen Augen nicht, mit gequältem Gesichtsausdruck und stöhnend vor Schmerzen auf dem Sofa und gab den sterbenden Schwan. Der Fernseher war nun ausgeschaltet. Nachdem sie mein Auto in der Garage gehört hatte, war sie in die Schmerzpose gerutscht. Mir war sofort klar, dass das hier ganz großes Kino war, dass sie Aufmerksamkeit wollte. »Es ist das Herz, es tut so weh, aber alles andere auch«, jammerte sie und fasste sich mit dramatischer Geste an die Brust. Hätte ich sie nicht vier Minuten zuvor in bester Verfassung auf dem Sofa sitzen sehen, wäre ich in größter Sorge mit ihr ins Krankenhaus gerast. Nun fehlten mir einfach die Worte. Ich öffnete schweigend die Fenster und dann ging ich wortlos in den Garten. Keine fünf Minuten später kam meine Mutter beschwerdefrei hinter mir her. Wir verloren nie ein Wort über diese Szene, für mich unterste Schublade. Ich wollte nicht darüber sprechen.

Sie wurde älter und schwächer, und weil sie sich ständig über ihre ungeratene Tochter aufregte, entwickelte sie Herz-Rhythmus-Störungen. Viele Male rief ich nachts den Notarzt. Der Mann von der Kreisleitstelle sagte irgendwann: »Jaja, Ihre Adresse kenn ich.« Dann kam sie für einige Tage ins Krankenhaus, ließ sich von mir Kamm, Massagebürste, gebügelte Nachthemden und sonstiges Equipment bringen und wurde bei guter Gesundheit entlassen.

Als Aloys in Altersteilzeit gehen konnte – meine Mutter war mittlerweile zweiundneunzig – beschlossen wir zu heiraten. Damit sie die Hochzeit nicht mit einer Herzattacke verhindern konnte, heirateten wir in aller Heimlichkeit im Ruhrgebiet und erzählten ihr erst im Anschluss davon. »Das ist aber eine Überraschung«, sagte sie spitz. Das war alles. »Ulrike, komm mal runter, ich bin so allein«, rief sie am späten Abend schon wieder. »Ulrike, was meinst du, wie lange sich eine Nacht anfühlt, wenn man nicht schlafen kann?«, fragte sie beim Frühstück. Sie klagte, sie jammerte und ich rannte. Wie in meinem lebenslangen Traum. Irgendwann würde sie Ruhe geben und mit mir zufrieden sein, dachte ich. Aber sie war nie zufrieden.

Ja, ich weiß, es ist nicht schön, wenn man alt und schlaflos allein im Bett liegen muss. Nur: Was hätte ich tun sollen? Mein Bett neben ihr Bett rücken und auch nachts für sie da sein, damit ihr nicht langweilig wird? Für manche Probleme gibt es keine Lösung. Sobald ich zaghaft Grenzen steckte und signalisierte, dass ich eine Pause brauchte von meinem Hausmeisterdasein, wurde sie augenblickblick krank. Mal war es der Rücken, mal lag sie so insgesamt im Sterben. »Ulrike, mir tut da hinten links alles so weh.«

Während meiner gesamten Berufstätigkeit als Lehrerin schafften es keine fünf Schüler, mich aus der Fassung zu bringen. Meine Mutter kannte mich so gut, sie wusste genau, wie sie mich kriegen konnte. »Wer macht denn hier so einen Krach?«, schimpfte sie, wenn Aloys in unserer gemeinsamen Küche das Frühstück zubereitete. Wir störten sie einfach ständig. So floh ich schließlich in mein mittlerweile leerstehendes kleines Haus nebenan. Aloys zog zu mir. »Wenn du dich nicht mehr um mich kümmern willst, lass es mich wissen«, rief sie mir beleidigt hinterher. Sie wusste, dass ich nicht hinschmeißen konnte, mein Pflichtgefühl als Tochter war viel zu groß. Ich brachte ihr weiterhin das Essen rüber, wusch ihre Wäsche und erledigte ihren Bürokratiekram. Aber ich war gottfroh, dass wir jetzt die Tür hinter uns schließen konnten.

Nach den vielen dramatisierten Krankheiten stürzte meine Mutter eines Nachts auf dem Weg zur Toilette und brach sich den Ellenbogen mehrfach. Sie musste operiert werden und konnte sich von nun an nicht mehr selbständig an- und ausziehen. Jetzt war sie ein Pflegefall. Auf keinen Fall wollte ich sie auch noch waschen. Diese körperliche Nähe hätte ich nicht ertragen. Ich kümmerte mich um Unterstützung von der Diakonie und so kam zweimal täglich jemand für die Körperpflege zu meiner Mutter. Eine große Entlastung. Von nun an hatte ich allerdings Angst, dass sie im Keller oder im Garten stolpern und stundenlang unterkühlt irgendwo liegen würde, ehe ich sie finde.

Einmal ging ich mit Kollegen frühstücken. Gegen elf Uhr rief ich sie an, um zu hören, ob alles in Ordnung sei. Sie ging nicht ans Telefon. Ich probierte es wieder und wieder, aber erfolglos. Schließlich brach ich voller Sorge auf. In meiner Phantasie lag sie hilflos in einer Ecke. Tatsächlich fand ich sie zu Hause kreuzfidel vor dem Fernseher vor. Sie hatte das Telefon nicht gehört. Auch nachts schreckte ich immer wieder hoch und schaute aus dem Dachfenster hinüber in ihr Schlafzimmer. Brennt Licht? Liegt sie neben dem Bett auf dem Boden und kommt nicht ans Telefon? Ich fand keine Ruhe. »Wenn etwas passiert, wirst du es erfahren, auch im Pflegeheim wäre sie nachts alleine«, sagte Aloys. Er hatte Recht und trotzdem beruhigten mich seine Worte nicht.

An manchen Tagen lief ich zwanzig Mal zwischen unseren Häusern hin und her, brachte ihr dieses oder jenes, bezog ihr Bett zweimal täglich neu, weil irgendetwas verschüttet war.

»Ob ich das überhaupt vertrage?«, fragte sie skeptisch mit Blick auf das Abendessen. »Hoffentlich bekomme ich nicht wieder Schmerzen nach deinem Blumenkohl.« Nach dem Essen schaute sie gequält und sagte: »Ach, Ulrike, wenn es mal endlich zu Ende wäre. Kannst du mich nicht erlösen?« Ich flippte aus, das einzige Mal. »Soll ich dich jetzt auch noch umbringen oder was möchtest du von mir?«, schrie ich. Sie reizte mich bis aufs Blut, und ich stand ihren Provokationen, kleinen Lügen und dem pausenlosen Gejammer wehrlos gegenüber. Ich hatte ihr nichts entgegenzusetzen.

Meine Mutter ging auf die hundert zu und wurde wieder zum Kind. Auch wenn ich mich lange dagegen wehrte, tauschten wir nun die Rollen. Sie buhlte um Fürsorge und Aufmerksamkeit, um Zeit und Liebe. Ich sollte ihr geben, was sie mir nie geben konnte. Ich tat es, aber widerwillig. Als sie siebenundneunzig war, schluckte sie morgens ihre sämtlichen Tabletten auf nüchternen Magen. Aber ihr Körper tat ihr nicht den Gefallen, sich ganz zu verabschieden. Zwei Wochen dämmerte sie im Bett vor sich hin und erzählte der Diakonieschwester, dass Frau Merkel schon zum Frühstück dagewesen sei. Ich schob ihr Bett aus dem Schlafzimmer ins Wohnzimmer, damit sie ihren Blumengarten sehen konnte. Sie aß und trank kaum noch und ich dachte mit Erleichterung, dass es nun zu Ende geht, und kramte das Familienstammbuch für die Beerdigung heraus. Meine Kräfte waren aufgebraucht. Ich war körperlich und psychisch ausgebrannt, fühlte nichts mehr für sie, ich funktionierte nur noch. Mit Anfang vierzig war ich einmal falsch abgebogen. Jetzt musste ich bis zum Ende durchhalten.

Da fasste sie plötzlich neuen Lebensmut und fing wieder an, mit Appetit zu essen. Sie stand aber nicht mehr auf und blieb von da an in Nachthemd und Wollsocken im Bett.

In meiner Erschöpfung ließ ich mir nun doch Kostenvoranschläge von den umliegenden Pflegeheimen zuschicken und war entsetzt, als ich erkannte, dass ein günstiger Heimplatz gut vierzigtausend Euro im Jahr kosten würde. Dafür hätte ich ihr das Haus unter dem Hintern weg verkaufen müssen. Das brachte ich nicht übers Herz. Sicherheitshalber schaute ich mir ein bezahlbares Doppelzimmer in einem Pflegeheim an. Ich stand in einem scheußlichen Raum mit Linoleumboden und Blick auf die nächste Hauswand, fühlte mich an die Gruppenarbeitsräume unserer Schule erinnert und stellte mir meine Mutter, die sich mit jedem zankte, Bett an Bett mit einer fremden Frau vor. Ich dankte der Pflegeleitung und fuhr resigniert nach Hause. Es war einfach nicht machbar.

Drei Jahre ging es noch so weiter, die letzten waren die schwersten. An ihrem hundertsten Geburtstag war niemandem zum Feiern zumute, auch meiner Mutter nicht. »Bin ich immer noch da?«, fragte sie mich morgens fast vorwurfsvoll. Ich war mittlerweile dreiundsechzig und wegen einer Hörschädigung frühpensioniert. Wenn du immer reingibst und nichts rausbekommst, willst du irgendwann nicht mal mehr zur Kaffeestunde antreten. Dem Himmel sei gedankt, dass ich eine gute Seele fand, eine ältere Dame, die meine Mutter jeden Tag besuchte, ihr vorlas und ihr gut zuredete. »Deine Mutter wird noch hundertzwanzig und du gehst vor die Hunde«, sagte mein Mann, als mich eine schwere Bronchitis wochenlang in die Knie zwang. Es war, als würde mir meine Mutter auf ihren letzten Metern die letzte Kraft aussaugen. Nur mit größter innerer Anstrengung und Überwindung schleppte ich mich an ihr Bett. Da saß ich, starrte auf ihre knochigen Hände, fühlte mich, als würde mir jemand die Luft abdrücken und ließ meine Tränen laufen. Lieber Gott, lass es ein Ende nehmen, dachte ich. In was für eine Situation hatte ich mich nur gebracht?

Zweiundzwanzig Jahre habe ich meine Mutter gepflegt. Sie wollte mein Innerstes nach außen kehren, sie wollte mich ganz für sich. Ich wollte weg von ihr wie in meinem Traum, aber irgendetwas hielt mich zurück. Vielleicht war es mein Wunsch, es als gute Tochter würdevoll zu Ende zu bringen.

Vor einigen Tagen ging ich in unsere Dorfkirche. Es war Sonntag, der Pastor sprach über die Mutter Gottes, über ihre fürsorgliche und selbstlose Liebe. Da liefen mir plötzlich die Tränen. Warum weinst du denn nur?, dachte ich irritiert. Aber ich konnte nicht aufhören. Es waren wohl seine Worte über Marias liebevolle Mütterlichkeit gewesen. Nach dieser gönnenden, großherzigen Liebe habe ich mich lange gesehnt. Ich selbst ließ zu, dass ich in meinem Elternhaus blieb, obwohl keine Liebe zu kriegen war. So wie ich gestrickt bin, hätte ich niemals zurück nach Hause ziehen dürfen; ich kann mich viel zu schlecht abgrenzen und war zu naiv, um die Wahrheit über meine Mutter und mich zu erkennen und mich rechtzeitig in Sicherheit zu bringen.

Es gab keine versöhnlichen Worte und kein inniges letztes Gespräch mehr, bevor meine Mutter mit hundert Jahren starb. Aber indem ich den Rollentausch zwischen uns akzeptierte und am Ende bereit war, nicht mehr Tochter zu sein, sondern die Richtung vorzugeben und zu entscheiden, wo sie schläft, was sie isst und wer sie wäscht, leistete ich das letzte Stück Erwachsenwerden. Sie brachte mich an meine Grenzen und darüber hinaus. »Werde du erstmal so alt wie ich«, sagte sie, als sie zahnlos und zerbrechlich, kraftlos und lebensmüde in ihrem Bett auf den Tod wartete. Ich wünsche es mir nicht. Ich habe keine Angst mehr zu sterben. Aber ich hoffe sehr, dass ich keine hundert werden muss.

KAPITEL 6

»Sie will, dass ich glücklicher werde als sie«

In Syrien gehören Salam, 19, das zweitälteste von fünf Kindern, ihre Mutter, 39, und ihr Vater zu einer wohlhabenden Großfamilie. Als sie vor dem Bürgerkrieg nach Deutschland fliehen, teilt sich die Familie in zwei Gruppen auf. Der Vater wagt den gefährlichen Weg über das Meer zuerst mit zwei Kindern. Salam folgt später mit ihrer Mutter und zwei weiteren Geschwistern. Es beginnt eine dramatische Odyssee.

Meine Mutter nahm unser Gold, fuhr zum Haus meiner Oma und versteckte es dort. Sie kam zurück, schüttete aus den Schubladen alle Fotos, Briefe, Tagebücher, Zeugnisse und andere persönliche Dokumente und zerriss sie. Ich sah ihr zu, ich sah ihre Tränen und wusste nicht, was ich Tröstendes sagen sollte. Auch mein Herz tat weh. Wir würden unser Zuhause verlassen müssen. Vorher mussten wir alles vernichten, damit Fremde später nicht in unseren Briefen lesen und unsere Fotos anschauen konnten. Plünderer würden unser leerstehendes Haus einnehmen, erklärte uns mein Vater.

In einer Nebenstraße unserer Villa in der südwestlichen

Stadt Dar'ā hatte drei Jahre zuvor, am 15. Februar 2011, ein Schüler an eine Mauer »Nieder mit dir, Assad!« gesprüht. Der Schulleiter hatte die Polizei informiert, und weil seit einiger Zeit liberale Bürger in Tunesien und Ägypten gegen ihr Regime protestierten, war die Regierung von Präsident Baschar al-Assad sofort alarmiert. Der Junge wurde ermittelt und kam ins Gefängnis. Sie drückten brennende Zigaretten auf seiner Haut aus, rissen ihm die Fingernägel aus. Einige Eltern aus seiner Schule beschwerten sich daraufhin und gingen mit anderen Unterstützern auf die Straße, um gegen die harte Strafe zu demonstrieren. Wie kann man einen Schuljungen foltern? So begann der Bürgerkrieg in Syrien, direkt vor unseren Augen in unserer Stadt, nur wenige Straßen von unserem Zuhause entfernt. Immer mehr Menschen forderten in den Wochen und Monaten nach diesem Vorfall Freiheit und Selbstbestimmung für uns Bürger. Das Regime ließ diese mutigen Menschen festnehmen, foltern und töten. Zeitweise war Dar'ā vom Rest unseres Landes abgeschnitten, es gab ständig Razzien der Armee. Sicherheitskräfte gingen von Haus zu Haus und führten Familienväter und ihre jugendlichen Söhne ab. Viele von ihnen sind nie wieder aufgetaucht. Wir trauten uns eine Zeitlang kaum vor die Tür. Dann weitete sich der Konflikt nach Homs, Damaskus und Aleppo aus, Raketen schlugen in den Häusern ein, auch in Dar'ā. Drei Jahre beobachteten meine Eltern, wie die Lage immer bedrohlicher wurde. Ich sah vom Fenster aus, wie eine Bombe bei uns in der Straße herunterkam, direkt auf spielende Kinder. Sie waren sofort tot. Kurz zuvor hatten sie noch Fußball gespielt. Jetzt lagen sie reglos auf der Straße. Ich stand wie gelähmt am Fenster. Wenige Monate später beschlagnahmten die Assad-Leute die Autowerkstatt meines Vaters. Er hatte mehrere Angestellte, die Werkstatt war seine berufliche Existenz. Sie nahmen sie ihm einfach weg. Von einem Tag auf den anderen war er arbeitslos.

Meine Mutter hatte noch kurz vor Kriegsbeginn angefangen Jura zu studieren, sie wollte Richterin werden. Jetzt sagte sie beim Abendessen zu meinem Vater: »Wir müssen weg hier, es wird zu gefährlich, die Kinder haben keine Perspektive mehr, der Krieg wird sich noch lange hinziehen, in Syrien haben wir keine Zukunft.« Ich glaube, sie hatte überhaupt keine Vorstellung davon, welchen Preis sie für unsere Sicherheit zahlen würde, sie war bis dahin ein sehr angenehmes Leben gewohnt. Als Frau eines wohlhabenden Mannes wurde nur von ihr erwartet, dass sie sich um die Erziehung der Kinder kümmerte und unser Haus in Ordnung hielt, mehr nicht. Sie hätte auch Angestellte haben können, aber das wollte sie nicht. Wir flohen also nur aus einem Grund: um nicht getötet zu werden. Mein Vater stemmte sich am längsten gegen die Realität. Er konnte sich nicht vorstellen, seine Heimat zu verlassen, er ist so verwurzelt in Syrien. Heimat bedeutet für uns nicht nur, Haus und Besitz zu erhalten, sondern vor allem, jeden Tag mit unseren Verwandten zusammen zu sein, arabisch zu sprechen, in einer Gemeinschaft mit Gleichgesinnten zu leben.

Wir sind gebürtige Palästinenser. Mein Großvater väterlicherseits musste auch schon sein Land verlassen, er floh mit zwanzig Jahren aus Palästina nach Syrien. Seine Familie baute sich hier ein neues Leben auf. Wir lebten in Dar'ā nach traditionellen muslimischen Regeln, beteten, besuchten die Moschee, wir Frauen schützten uns mit dem Kopftuch vor den Blicken fremder Männer. Aber wir fürchteten den IS und alles, was rückständig ist.

Als es immer lebensbedrohlicher für uns wurde in unserem früher so schönen Stadtteil, vernichtete meine Mutter unsere persönlichen Erinnerungen und wir zogen zu meinen Großeltern, die anderthalb Stunden von uns entfernt in einer ruhigeren Gegend von Dar'ā wohnten. So konnte ich meine Schule weiterhin besuchen, ich kam in die zehnte Klasse, mein Schulabschluss mit den Abschlussprüfungen stand kurz bevor. Ich wollte auf keinen Fall aus Syrien fliehen. Aber mein Vater fand keine neue Arbeit und plötzlich tauchte eine neue Bedrohung auf. Direkt neben unserem Haus stand die Kaserne des Militärs und die Soldaten warfen ein Auge auf meine zwei Jahre ältere Schwester Noor und auf mich. Sie sagten zu meinem Vater, dass sie uns heiraten wollen. Er lehnte natürlich ab. Daraufhin stahlen sie unsere Autos. Jetzt hörten wir zwar keine Einschläge von Luftangriffen mehr, gingen aber trotzdem wieder mit großer Angst schlafen. Das Militär sollte man in Syrien besser nicht gegen sich aufbringen, und uns war klar, dass die Männer nicht aufgeben würden. Immer wieder belagerten sie meinen Vater.

Meine Mutter sagte ein Jahr nach unserem Einzug bei meinen Großeltern: »Wir müssen endgültig raus aus Syrien!« Einfach aufbrechen und nicht wissen, wo wir ankommen; ich konnte es mir nicht vorstellen. Wir hatten Verwandte in Deutschland, und die schwärmten meiner Mutter am Telefon vom deutschen Schulsystem vor, von der guten Ausbildung, die wir Kinder bekommen würden. »Wir müssen es riskieren«, sagte sie. Zuerst in die Türkei, und wenn wir dort nicht bleiben können, weiter nach Deutschland.

Auf keinen Fall durfte irgendjemand von unseren Fluchtplänen erfahren, das Militär hätte uns sofort verhaftet. Wir schickten nach und nach Kleidung zu meinen Tanten, die dreißig Minuten von uns entfernt wohnten und unsere Kleider für uns einpacken würden, damit wir Syrien gemeinsam unbemerkt verlassen konnten. Meine Mutter nähte fünfunddreißigtausend Euro in die Säume der Kleider, die wir am Fluchttag tragen sollten. Dann war der große Tag gekommen. Schweren Herzens und voller Unruhe stiegen wir in ein Taxi und fuhren durch Straßensperren und Militärkontrollen bis nach Damaskus, vorbei an unzählbaren zerstörten Häusern. Was wir sahen, schockierte uns. Ungefähr zweihundertfünfzigtausend Syrer waren zu dem Zeitpunkt schon durch den Bürgerkrieg gestorben, fast vier Millionen geflohen. Das war nicht mehr unser Land, so wie wir es kannten. Die gefährlichste Etappe unserer Flucht war aber erst die sechsstündige Fahrt von Damaskus nach Aleppo nahe der türkischen Grenze. Wir tarnten uns als Familienausflug, fuhren bewusst mit verschiedenen Bussen und zogen aus Angst vor dem IS die Kopftücher bis an die Augen. Stoppten uns Soldaten, um unsere Papiere zu kontrollieren, lobten wir den IS und erzählten, wir seien auf dem Weg zu Verwandten. Wir hatten Todesangst. Jede Kontrolle hätte unsere letzte sein können. In Aleppo warteten wir fünf Stunden lang angespannt auf Schlepper, die uns in die Türkei bringen sollten. Mein Vater zahlte für jedes Familienmitglied zweitausend Euro. Als die Grenzsoldaten nachts ihre Posten verließen, liefen wir so schnell wir konnten durch einen Fluss. Es war stockfinster und kalt, wir wurden nass und immer erschöpfter und ich spürte die Angst meiner Mutter neben mir; sie betete die ganze Zeit halblaut, Gott möge ihre Kinder schützen. Nach dreißig Minuten erreichten wir das Ufer und standen tatsächlich heil und gesund auf türkischem Boden. Was für ein Glück! Wieder bezahlten wir einen Schlepper, der uns und fünfundzwanzig weitere Flüchtlinge in die südtürkische Großstadt Antakya bringen sollte. Eingepfercht wie Tiere kauerten wir hinten auf der Ladefläche seines Transporters, dem Fahrer ausgeliefert. Auch dieses Mal ging alles gut. Am nächsten Tag fuhren wir mit dem Bus weiter nach Izmir an die Ägäis-Küste. Meine Mutter hatte furchtbare Angst, dass die Polizei uns als Syrer erkennen und uns zurückschicken würde. In einem syrischen Gefängnis würde uns Folter erwarten, und vor allem würde unsere Familie getrennt werden. Für eine Mutter ist es besonders hart, die Flucht zu riskieren und dafür verantwortlich sein, dass den Kindern nichts Schreckliches passiert. In Izmir angekommen, weinten wir alle vor Erleichterung. Wir hatten es geschafft. Wir lebten, waren noch zusammen, es ging uns gut. Für die erste Zeit zogen wir zu einer Cousine meiner Mutter in ein riesiges Haus und teilten uns die Miete. Wir gehörten jetzt zu den ungefähr zwei Millionen syrischen Flüchtlingen in der Türkei. Aber nur etwa jeder siebte lebt in einem Lager, der Großteil kommt wie wir bei Verwandten unter.

Für mich begann in Izmir eine wunderschöne Zeit, von mir aus hätten wir für immer dort bleiben können. Wir bekamen keine Erlaubnis, in die Schule zu gehen, weil wir illegal eingereist waren, und mussten deshalb auch keine Hausaufgaben erledigen; meine Schwester und ich durften aber auch nicht arbeiten, weil wir in einer Fabrik zwischen all den Männern wieder das Problem mit den Heiratsanträgen bekommen hätten. So gingen wir mit meiner Mutter viel spazieren, hatten so viel Zeit für uns wie noch nie. Ich freundete mich mit einer jungen Türkin an, die mir ein paar Grundlagen ihrer Landessprache beibrachte und mir sehr ans Herz wuchs. Eines Tages verschwand sie plötzlich aus meinem Leben, ihre Handynummer war nicht mehr erreichbar. Ich wusste, dass sie von ihrem Vater verheiratet werden sollte, sie sprach mit mir oft über diese Sorge. Bis heute vermisse ich sie.

Für die Türken waren wir, sobald wir uns als Palästinenser

zu erkennen gegeben hatten, nicht nur lästige Flüchtlinge, sondern Freunde. Die Türkei mit Präsident Erdoğan an der Spitze sympathisiert mit Palästina. Für uns war das ein großes Glück, nur deshalb wurden wir überall so freundlich aufgenommen.

Mein großer Bruder Mohamed, er war vierzehn, verdiente in einer Näherei Geld und sprach schon bald ziemlich gut türkisch. Bis heute ist er von uns allen derjenige, der sich am unproblematischsten an neue kulturelle Gegebenheiten anpassen kann und sich dort zu Hause fühlt, wo wir gerade sind. Für meinen Vater war die Zeit in der Türkei enttäuschend. Abend für Abend kam er frustriert nach Hause, weil er keine Arbeit fand. Meine Mutter reagierte besorgt. Sie litt ohnehin unter der Trennung von ihren Eltern, die in Dar'ā geblieben waren, und ist ein Mensch, der sich schnell und intensiv sorgt. So lag sie nachts wach und stellte sich vor, wie ihr Elternhaus bombardiert wird, und sorgte sich um uns Kinder, weil wir keine Erlaubnis für den Schulbesuch bekamen und ja irgendwann wieder einen normalen Alltag führen mussten. Ich versuchte sie aufzumuntern und abzulenken, ich wollte, dass sie unsere Spaziergänge am Strand genießt, die Sonne, das Meer, die schönen Momente nach all der Angst, die wir hinter uns hatten. Ich sagte ihr, wie herrlich wir es gerade haben, keine Bomben mehr, so viel Zeit für Gespräche. Aber die Verantwortung für unsere Zukunft, dieses Gefühl, nicht zu wissen, wie es langfristig weitergehen sollte, lastete auf ihr.

Meine Mutter ist für meine Geschwister und mich der wichtigste Mensch überhaupt, wir lieben sie mehr als meinen Vater. Er weiß das. Sie begrenzt uns nicht, sie liest uns jeden Wunsch von den Augen ab, sie leidet so sehr, wenn es einem von uns nicht gut geht. Ihr Herz ist so groß. Ich ertrage es nicht, wenn jemand meine Mutter nicht gut behandelt. Streitet meine Schwester mit ihr, bin ich intuitiv auf der Seite meiner Mutter. Ich würde alles für sie tun, wirklich. Je länger wir von zu Hause weg waren, desto besser lernte ich sie kennen. Sie wurde zu einer Freundin für mich.

Nach einem Monat hatte mein Vater genug von der erfolglosen Suche nach Arbeit, wir konnten ja auch nicht ewig von unseren Ersparnissen leben. Er sagte: »Wir müssen nach Europa! Zu Fuß!« Er würde den gefährlichen und strapaziösen Weg über das Meer zuerst wagen und uns nachholen. Er bestimmte, dass meine große Schwester mit ihm gehen würde, weil Noor wegen ihrer Volljährigkeit keinen rechtlichen Anspruch hatte, nachgeholt zu werden. Außerdem sollte mein zehnjähriger Bruder Suheib mit, weil er eine Garantie dafür war, dass meine Mutter und wir Geschwister per Familiennachzug hinterherkommen konnten. Meine Mutter umarmte meine große Schwester immer wieder, sie weinte und weinte. Ich stand mit Tränen in den Augen daneben. Dann verschwanden sie aus unserem Blickfeld, wir winkten und blieben zurück. Jeden Tag sprach meine Mutter von Noor und Suheib, wie es ihnen gehen möge, wann sie ihre Kinder zurückbekommen werde, ob sie sich überhaupt jemals wiedersehen. Meinen Vater vermisste sie nicht, ganz im Gegenteil. Sie blühte in den Wochen ohne ihren großzügigen, aber auch strengen Ehemann auf. Er hatte oft keine Lust oder Geduld gehabt, mit uns Frauen an den Strand zu gehen. Ohne männliche Begleitung sei es für uns aber zu gefährlich, fand er, so dass wir abends oft frustriert zu Hause saßen, statt die Abendsonne am Meer zu genießen. Jetzt konnten wir tun und lassen, was wir wollten.

Meine Eltern führen eine arrangierte Ehe, sie haben nicht aus Liebe geheiratet. Meine Mutter wollte meinen Vater nie, sie wurde von ihrer Mutter zur Heirat gezwungen. Unter diesen Bedingungen verstehen sich meine Eltern noch ganz gut, aber dass sie sich gegenseitig vermissen oder aufeinander freuen, wäre sicher zu viel verlangt.

Immer wenn meine Mutter während der wochenlangen Trennung mit Noor telefonierte, liefen ihr die Tränen. Eines Nachmittags war sie ganz unruhig, sie sagte, sie spüre, dass etwas nicht in Ordnung sei, und rief meinen Vater an. Er musste ihr gestehen, dass mein kleiner Bruder bei der spontanen Flucht vor slowenischen Soldaten verloren gegangen war. Er war weg, niemand wusste, wo. Meine Mutter wurde fast verrückt vor Angst. Sie saß in unserem großen Haus an der türkischen Küste und konnte absolut nichts tun, um ihr Kind zu finden. Sie musste warten, bis sich mein Vater wieder meldete. Es gingen während der Flucht so viele Kinder verloren, natürlich hatten wir davon gehört. Manchmal waren ihre Väter ins Gefängnis gekommen und die Kinder liefen geschützt von der Großfamilie weiter. Auch mein Onkel und meine Cousine waren mitgeflohen. Irgendjemand würde Suheib finden, versuchte ich meine Mutter zu beruhigen. Das Vertrackte war: Die Polizei kann man nicht einschalten, wenn man illegal auf der Flucht ist. Zum Glück tauchte mein Bruder Stunden später wieder auf und meine Mutter bedankte sich mit Gebeten.

Bei uns in der Türkei wurde das Leben allmählich gefährlicher ohne Mann im Haus. Immer wieder lauerten mir junge Männer auf und äußerten gegenüber meiner Mutter ihre Heiratsabsichten, deutlich frecher, als sie es bei meinem Vater gewagt hätten. »Sie möchte leider nicht«, sagte meine Mutter dann und ging weiter. An einem Abend vergaßen wir das Fenster zur Küche zu schließen, als wir das Haus verließen. Es war leicht gekippt und ein Nachbar nutzte die Chance und stahl unseren Ersatz-Haustürschlüssel, der innen auf der Fensterbank gelegen hatte. Es war ein Schock für uns. Wir fürchteten von nun an jede Nacht, dass er uns im Schlaf überfallen würde. Er gab ganz offen und ohne Schuldbewusstsein zu, dass er den Schlüssel an sich genommen hatte.

Währenddessen liefen mein Vater und meine Geschwister durch insgesamt elf Länder. In Holland wollten sie Asyl beantragen, aber als mein Vater die kiffenden Menschen an den Bahnhöfen sah, war er so schockiert, dass er beschloss, nach Deutschland weiterzugehen. In Hamburg wurden sie in einem Auffanglager untergebracht und stellten wie geplant den Antrag auf Familiennachzug. Die schlechte Nachricht war: Es würde viele Monate dauern, bis der Antrag bearbeitet werden konnte, die Ämter waren völlig überlastet.

Mittlerweile konnte auch ich in Izmir aus Angst vor dem Nachbarn kaum noch schlafen. Und meiner Mutter tat das Herz weh aus Sehnsucht nach meinen Geschwistern. Sie sagte: »Ein Vater kann die Mutter nicht ersetzen, wir können nicht mehr warten, wir müssen es riskieren und nach Hamburg fliehen.« Niemals wäre mein Vater damit einverstanden gewesen, dass wir uns ohne ihn, ohne einen Mann, der uns Schutz gibt, nach Deutschland durchschlagen. Meine Mutter wusste das, aber ihr Mann war weit weg und deshalb entschied sie einfach selbst und verschwieg ihm ihren Plan. Es war sicher die mutigste und heikelste Entscheidung ihres Lebens. Sie nahm Kontakt zu Schleusern auf, fremden Männern also, was sich für eine muslimische Frau überhaupt nicht gehört. Es kostete sie große Überwindung, zumal sie so ein ängstlicher Mensch ist und überall böse Absichten vermutet. Jetzt vertraute sie fremden Männern, die die Not an derer ausnutzten und zu Geld machten, unser Leben an. Aber was hätte sie anderes tun sollen? Ich werde ihr für ihren

Mut ewig danken. Bleiben war gefährlich, gehen auch. Wir saßen in der Falle.

Sie gab einer Freundin, mit der wir die letzten sechs Monate verbracht hatten, unseren Haustürschlüssel und nahm ihr das Versprechen ab, unser Haus zu vermieten und uns die Mieteinnahmen zu schicken. Später erfuhren wir, dass die vermeintliche Freundin zuerst unsere Möbel und dann unsere Mieteinnahmen an sich genommen hatte.

Es war September 2015, als wir nachts nur mit unseren Papieren, belegten Broten, Wasser und Wechselkleidern zum Strand schlichen. Der Schleuser sollte uns mit zwanzig anderen in einem kleinen Boot an die griechische Küste bringen. Eine Stunde würde die Überfahrt bei ruhiger See dauern. Für jeden von uns, also für meine Mutter, meine beiden Brüder und mich, kostete es fünftausend Euro. Wir setzten uns nervös zwischen die anderen Flüchtenden ins Boot. Aber als meine Mutter bezahlt hatte, erklärte der Schleuser, dass er das Schiff leider doch nicht steuern könne. Er würde aber dem Freiwilligen, der statt seiner das Steuer übernähme, das Geld für die Überfahrt zurückgeben. Alle riefen in Panik und Wut durcheinander. Ohne einen erfahrenen Steuermann in dieser Nussschale über das Meer zu fahren, kam uns lebensgefährlich vor. Wir konnten aber nichts tun, wir hatten bezahlt, unseren Haustürschlüssel abgegeben. Ein junger Mann aus Syrien nahm das Angebot schließlich an.

Zuerst ging alles gut. Aber nach einer Stunde zog ein Sturm auf, unser Boot schaukelte heftig, die ersten Menschen fingen an zu weinen, und meine Mutter nahm uns an den Händen und betete. Das Boot wurde hoch und runter gedrückt von den Wellen, alle Insassen schrien oder weinten. Drei Stunden lang. Jetzt werden wir sterben, jetzt ist es vorbei, die ganze Flucht, unser Mut, alles umsonst gewesen, dachte ich. Und dann drehte der Mann am Steuer durch. Wahrscheinlich wurde ihm plötzlich bewusst, dass wir in Lebensgefahr waren und er die Verantwortung übernommen hatte. Er ließ das Steuer los und weinte, er wolle nicht für den Tod so vieler Menschen verantwortlich sein. Jemand machte ihm klar, dass er jetzt durchziehen musste, sonst würden wir alle ertrinken, auch er selbst. Es war eiskalt, wir waren nass, mein vierjähriger Bruder lief blau an. Meine Mutter drückte meine Hand so fest, dass ich dachte, sie bricht mir die Finger. Sie flüsterte in sich hinein, dass sie das Leben ihrer Kinder riskiert habe. Ich weinte vor Angst und hörte immerzu ihre Stimme neben mir, ihr ununterbrochenes Beten und Weinen. Nach vier oder fünf Stunden, es war wie ein Wunder, sahen wir das Ufer von Samos. Schnell kletterten wir an einem Felsen hoch, zerlegten unser Boot mit Messern, um keine Spuren zu hinterlassen und liefen mit zittrigen Beinen zur Polizei, um uns als Flüchtlinge registrieren zu lassen.

Meiner Mutter hat die Angst auf dem Wasser mehr zugesetzt als mir. Sie sieht die Welt seit unserer Überfahrt noch dunkler und bedrohlicher, als hätten sich die Farben dieser Nacht in ihre Seele eingegraben. Noch heute sagt sie oft zu mir: »Was habe ich getan?« Ich versuche sie zu trösten und zu beruhigen, wir hatten keine andere Wahl. Ohne meine Mutter hätte ich heute keine Zukunft. Sie war so mutig und beharrlich, ich habe mir während unserer Flucht viel von ihr abgeschaut und liebe sie wie mein Leben.

Im Hadith, der Gedanken-Sammlung unseres islamischen Propheten Mohammed, gibt es eine Textstelle, die den Wert der Mutter sehr treffend beschreibt:

»Eines Tages kam ein Mann zu Muhammad«, heißt es da, »und fragte ihn: ›Wen soll ich am besten behandeln?‹ Muhammad antwortete: ›Deine Mutter.‹ Der Mann fragte:

›Und wen danach?‹ Muhammad sagte: ›Danach deine Mutter.‹ Der Mann fragte weiter: ›Und wen danach?‹ Und wieder gab Muhammad dem Mann zur Antwort: ›Danach deine Mutter.‹ Der Mann fragte nochmals: ›Und wen danach?‹ Da sagte Muhammad: ›Danach deinen Vater.‹«

Dieser Text zeigt, dass die Mutter die zentrale Figur jeder Familie ist. Sie trägt die Kinder im Bauch, sie bringt sie unter Schmerzen auf die Welt und später stellt sie ihre Bedürfnisse für die Familie zurück. Anders würde es gar nicht gehen. So hat es meine Mutter gemacht und so werde ich es später auch machen.

Unser Weg von Griechenland nach Deutschland war mühsam, anstrengend, geprägt von Angst und Sorge, oft mit körperlichen Schmerzen verbunden, auch mit Demütigungen und immer mit dem Gefühl, dem Wohlwollen anderer Menschen hilflos ausgeliefert zu sein. Wir hatten unser Zuhause verloren und das Ersatzzuhause, unsere Sicherheit, sehr viel Geld, die Nähe zu unseren Freunden und Großeltern und unsere Sprache. Wir konnten uns während der Flucht nur auf Englisch oder gar nicht verständigen, das Geld aus den Kleidersäumen wurde knapp, wir wussten nie, ob die Polizei uns aufgreifen und direkt zurückschicken würde. Für manche Strecken nahmen wir den Bus, endlose Kilometer liefen wir zu Fuß, oft nachts, damit uns niemand sah. Meine Mutter fotografierte mich einmal, als ich übermüdet im Gras saß und ins Leere blickte. Es fühlt sich merkwürdig an, heute, aus der Sicherheit und Geborgenheit, dieses Bild anzuschauen.

Für mich war die schlimmste Etappe der Weg durch Mazedonien. Wir waren in einer größeren Gruppe unterwegs und wollten in einem Wald übernachten. Unser Lager war schon aufgestellt, aber ich bekam solche Angst, als ich die wild lebenden Wildschweine grunzen hörte. Ich überredete meine Mutter, zur Polizei zu gehen. Lieber zurückgeschickt werden, als im Schlaf von wilden Tieren angefallen zu werden. Es war absurd und doch: Mich hatte der Mut verlassen. Die mazedonische Polizistin ließ uns zwei Stunden in der Kälte stehen, ehe wir ins Gefängnis gebracht wurden. Wir mussten uns bis auf die Unterwäsche ausziehen. Die Polizistin beschimpfte uns auf Englisch. »Ihr seid doch reich, warum kommt ihr zu uns?« Ich dachte, sie würde beruhigt sein, wenn ich unbekleidet vor ihr stehe, wenn sie sieht, dass ich nichts mehr besitze außer meinen Kleidern. Aber sie schimpfte weiter und ich fühlte mich so gedemütigt und entwürdigt wie noch nie in meinem Leben. Kein Mensch außer meiner Mutter und meinen Geschwistern hatte mich jemals nackt gesehen – nur diese Frau. Meine Mutter weinte und verteidigte uns, aber sie konnte auch nichts tun. Wir waren so erschöpft, als endlich ein Polizist dazukam und seine Kollegin aufforderte, uns in Ruhe zu lassen.

Nach einer Nacht im Gefängnis durften wir weiterziehen, wir hatten noch eine weite Strecke vor uns bis Hamburg. Meine Mutter ließ uns keine Sekunde aus den Augen. Musste eines von uns Kindern zur Toilette in den Wald, kam sie mit. Sie passte auf, dass alle genug aßen und schliefen und das Tempo der Gruppe mithalten konnten.

Bis sie selbst nicht mehr konnte. Sie hat keine Schilddrüse mehr, und ohne Medikamente taten ihre Gelenke weh, vor allem die Knie, wahrscheinlich waren sie längst entzündet. Bis heute leidet sie unter den Folgen dieser Fußmärsche und kann an manchen Tagen überhaupt nicht mehr gehen. Wir waren mittlerweile länger unterwegs als mein Vater und meine Geschwister. Irgendwann ließ sich meine Mutter am Wegesrand nieder und sagte zu den anderen Menschen in unserer Gruppe: »Schützt meine Kinder, nehmt sie mit, aber lasst mich hier, ich kann wirklich nicht mehr.« Zwei Männer nahmen sie an der Hand, stützten sie von da an über viele Kilometer, nur so konnte sie es überhaupt schaffen. Um die Last mit ihr zu teilen, kümmerte ich mich noch mehr als sonst um meine kleinen Geschwister. Einen Monat lang wohnten wir mitten im Wald in dem unheimlichen Häuschen eines Schleusers. Er sollte uns über die Grenze nach Ungarn bringen, verschwand aber einfach. Niemand wusste, wann er zurückkommen würde. Wir durften kein Feuer machen, die Flammen hätten uns verraten. Nachts froren wir unter unserer feuchten Kleidung, wir hatten keine Decken. Wenn wir wilde Tiere hörten, geriet ich in Panik. Ein Mittelsmann brachte uns Schokolade und Brot und irgendwann, unsere Gruppe hatte gerade entschieden zurückzugehen, stand der Schleuser plötzlich wieder vor der Tür und es ging weiter über die Grenze nach Ungarn. Von dort aus fuhren wir mit dem Zug nach Österreich. Wir hatten es fast geschafft, jetzt durfte uns nur niemand nach unseren Ausweisen fragen, gefühlt waren wir schon im Ziel, in Hamburg, in Sicherheit. Da holte uns eine Polizistin an der Grenze zu Deutschland aus dem Zug. Sie machte uns klar, dass wir auf keinen Fall illegal einreisen konnten. Die ganze Verzweiflung und Erschöpfung brachen in diesem Moment aus meiner Mutter heraus. Sie weinte und weinte, ihre Tränen liefen wie Sturzbäche, sie konnte nicht mehr aufhören. Dass unser Haus weg sei, die Autowerkstatt gestohlen, dass wir seit drei Monaten unterwegs seien, dass sie zu ihren Kindern wolle nach Hamburg und dass sie jetzt, so kurz vorher, nicht aufgeben werde. Die Polizistin verschwand. Sie sagte, sie wolle telefonieren. Sie kam zurück und schob uns einfach über die Grenze. »Seid leise, geht rüber«, flüsterte sie. Es war ein Wunder.

Wir erreichten Hamburg, ich vergesse es nie, es war der 31. Oktober 2015 und es war Halloween. Am Bahnhof liefen uns Menschen mit Masken entgegen, schwarz gekleidete Kinder mit Blut im Gesicht und in Skelettkostümen. Wir hatten in den vergangenen Wochen viele fremde Menschen und Gewohnheiten kennengelernt, aber jetzt fühlten wir uns, als seien wir in der Hölle angekommen. Mein kleiner Bruder weinte. Meine Mutter rief meinen Vater an, der bis dahin wütend war, dass wir ohne seine Erlaubnis die gefährliche Flucht über das Meer gewagt hatten. Er kam sofort, er verzieh meiner Mutter und es war wunderschön, ihn und meine Geschwister in den Arm zu nehmen, festzuhalten und immer wieder anzuschauen. Mein Vater erklärte, dass die Menschen heute verkleidet seien und sich die Deutschen normalerweise kein Blut ins Gesicht malen und sehr freundlich zu Flüchtlingen sind.

Verrückterweise konnten wir als Familie erstmal nicht zusammenbleiben. Meine Mutter, meine Geschwister und ich wurden nach der Registrierung direkt weitergeschickt in ein Auffanglager nach Berlin. Wir hatten es alle bis nach Deutschland geschafft, nun lebten wir weitere sechs Monate in zwei verschiedenen Städten. Meine Mutter fühlte sich in Berlin sofort wie zu Hause; überall Araber und Türken, es war, als hätten wir ein Stück Syrien zurückbekommen mitten in Deutschland. Mein Vater bestand aber darauf, dass wir zu ihm nach Hamburg kamen, wo es für uns Kinder behüteter sei.

Seit zwei Jahren wohnen wir schon am äußersten Rand von Hamburg in einem kleinen Häuschen nahe am Deich. Es ist sehr schön hier, wir sind froh, dass Deutschland uns das ermöglicht. Aber es fällt meinen Eltern schwer, auch mit dem Herzen anzukommen. Es gibt keine Verkehrsanbindung an die Stadt, wir besitzen kein Auto, wir haben hier keine Freunde, meine Mutter ist den halben Tag alleine zu Hause, während wir zur Schule gehen. Sie fühlt sich einsam, sie weint häufig, wenn sie an unsere gefährliche Flucht denkt. Ich sage dann, dass das die Vergangenheit war und wir jetzt in der Gegenwart leben, und hoffe, dass ihr das hilft. Sie besucht mit meinem Vater die Sprachschule, aber es fällt ihnen deutlich schwerer als mir, Deutsch zu lernen. Vor allem mein Vater übt diszipliniert Vokabeln und Grammatik, aber am nächsten Tag hat er immer alles wieder vergessen. Es ist, als wäre sein Kopf noch nicht bereit für den Neuanfang, obwohl der Wille vorhanden ist. Manchmal wirft er meiner Mutter vor, dass sie Syrien unbedingt verlassen wollte. Obwohl Dar'ā heute in Trümmern liegt, ein Schlachtfeld ist, in dem wir keinesfalls leben könnten. Als wir unser Haus verlassen hatten, bauten irgendwelche Menschen sofort die Fenster aus und nahmen sie mit. Später zog eine obdachlos gewordene Familie bei uns ein und vor einigen Monaten wurde das Haus von einer Rakete getroffen, nun stehen nur noch einige Wände. Eine Verwandte schickte uns Fotos, es tut weh, die Ruinen zu sehen. Unsere Nachbarn und Freunde sind in alle Richtungen geflohen. Oder tot. Mein Vater will es nicht wahrhaben. Er war ein angesehener Mann in Dar'ā. Hier in Hamburg lernte er zuletzt wochenlang für die theoretische Führerscheinprüfung, damit er als LKW-Fahrer den Neuanfang schaffen kann. Er bestand, und fiel dann zwei Mal hintereinander durch die praktische Prüfung. Es war so enttäuschend für ihn. Trotzdem treibt er uns ständig an, schneller und besser Deutsch zu lernen. Wer nicht lernt, wird arm – mit diesem Leitsatz wachsen arabische Jungen auf. Nicht die Mädchen! Von Frauen wird bei uns weniger erwartet, deshalb leidet meine Mutter auch so unter dem Druck, arbeiten zu

müssen. Eine Zeitlang half sie in einer Kita mit und ver-
knüpfte damit die Hoffnung auf einen Ausbildungsplatz als
Erzieherin. Aber ihre körperlichen Schmerzen in den Beinen
und ihre Ängste, die sich seit unserer Flucht über das Meer
verstärkt haben, sind zu groß. Sie musste aufgeben. Ihr fehlt
der Lebensmut, sie ist häufig krank und vermisst ihre
Freunde und vor allem ihre Eltern. Meine Mutter spricht viel
von Dar'ā, von unserem Haus, von dem Zusammenhalt mit
den Nachbarn in unserer Straße. Wir Araber brauchen die
Gemeinschaft vielleicht mehr als die Deutschen. Früher aßen
wir jeden Tag mit der Großfamilie zusammen mit rund dreißig Verwandten. Hier in Hamburg sitzen meine Eltern zu
zweit am Tisch. Das ist leichter, wenn man sich liebt. Aber
meine Schwester sagte neulich, dass sie gerade vorsichtig anfangen, liebevoll miteinander umzugehen. Vielleicht bringt
sie das gemeinsam empfundene Heimweh zusammen. Noch
sagt meine Mutter, sie würde sofort nach Syrien zurückkehren, wenn sie könnte. Sie lernt jeden Tag beim Kochen deutsche Sätze und kann sich trotzdem kein bisschen verständigen. Wie bei meinem Vater bleibt einfach nichts hängen. Ihr
fehlt die syrische Erde, sagt sie, die Luft ihrer Heimat, die ara-
bischen Gerüche und das arabische Essen. Aber sie ist stolz
auf uns Kinder, auf das, was wir in der Schule leisten, und
dass wir in Vereinen und bei unseren Freunden gut integriert
sind. Ich lernte in Hamburg schnell Deutsch, bestand den
Hauptschulabschluss für Migranten und bewarb mich um
einen Ausbildungsplatz als Pharmazeutisch-Technische As-
sistentin. Die meisten Apotheken wollen keine junge Frau
mit Kopftuch, deshalb habe ich noch keinen Ausbildungsplatz gefunden. Mein Herz ist aber voller Dankbarkeit für die
Freundlichkeit der Menschen, die mich sogar auf der Straße
grüßen, obwohl sie mich nicht kennen.

Vor anderthalb Jahren verliebte ich mich in einen palästinensischen Syrer, und weil ich keine Geheimnisse vor meiner Mutter habe, erzählte ich ihr, dass wir uns auf WhatsApp Nachrichten schreiben. Sie sagte: »Gut, ich möchte ihn gerne kennenlernen, ich rufe ihn heute Abend an.« Und das tat sie. Sie fragte Abdulrahman nach seinen Zukunftsvorstellungen, nach seiner Familie, seiner Erziehung, seiner Bildung und seinen Gefühlen zu mir. Und dann sagte sie, dass er eine freundliche Art habe und ein guter Mann für mich sei und dass wir uns treffen dürfen. Nach meinem 18. Geburtstag verlobten wir uns und vor zwei Wochen haben wir in Hamburg geheiratet. Ich trug ein weißes Brautkleid mit Reifrock, wunderschön. Unsere Verwandtschaft, die über ganz Deutschland verteilt ist, kam zu unserer kleinen Feier. Wir drehten die Musik laut auf, die Männer fassten sich an den Schultern und tanzten Dabke, den traditionellen palästinensischen Volkstanz. Es gab Pommes und Reis mit Hühnchen.

Vor einigen Tagen bin ich zu meinem Mann in die Nähe von Duisburg gezogen. Dass ich meine Mutter in Hamburg zurücklassen musste, gibt mir einen Stich ins Herz. Sie weinte so. Aber sie gönnt mir das Glück. Sie wollte immer, dass ich den Mann meines Herzens bekomme und glücklicher werde als sie.

KAPITEL 7

»Ich will es anders machen als meine Mutter«

Maren, 41, lebt seit vielen Jahren polyamor. Das heißt, sie ist mit zwei Männern gleichzeitig zusammen, weitere Kontakte zu anderen Männern sind in ihrem Beziehungskonzept möglich. Sie erzählt, wie der Umgang ihrer Mutter mit der Trennung von ihrem Vater ihre Vorstellung von Liebe und Beziehung beeinflusst hat und warum sie lange damit haderte, dass ihre Mutter keine Veränderungen zulässt.

Als meine Mutter Anfang vierzig war, so alt wie ich heute, kämpfte sie an allen Fronten. Sie war verlassen worden von meinem Vater und musste sich nach Jahren als Hausfrau mit einem kleinen Töpferladen selbständig machen, um uns drei Kinder über Wasser halten zu können. Ihr Rheuma wurde so schlimm, dass sie ihren zehrenden Alltagsstress ohne Cortison gar nicht mehr durchgestanden hätte. Der Kontrast zwischen ihrem Leben damals und meinem Leben heute könnte nicht größer sein. Mir geht es gut, ich bin gesund, habe keine Kinder, liebe zwei Männer und arbeite aus Überzeugung und gerne selbständig.

Meine Mutter sträubte sich gegen die Trennung von meinem Vater. Sie liebte ihn noch und wäre gerne mit ihm alt geworden. Als er bei uns auszog, lag ihre ganze Welt in Trümmern; ihr Gefühl, geborgen und sicher zu sein, zerbröselte. So richtig erholt hat sie sich davon nie, auch wenn meine Eltern mittlerweile eine freundschaftliche Beziehung zueinander haben. Ich vermisste damals den Kampfgeist bei ihr. Ich war fünfzehn und hätte mir gewünscht, dass meine Mutter mal auf den Tisch haut und sagt, dass ihr alle gestohlen bleiben können und sie ihr Leben jetzt alleine schafft, auch ohne Mann. Aber sie resignierte eher, und über uns allen lag so eine Schwere, die ich kaum aushalten konnte. Ich schwor mir damals, dass das Nein eines Mannes meinen Lebenssinn nie derart infrage stellen würde.

Erst viel später, ich war längst erwachsen, wurde mir klar, dass mit dem Ende der Ehe das verschüttete Kindheitstrauma meiner Mutter wieder aufbrach:

Als Achtjährige verlor sie von einem Tag auf den anderen ihr Zuhause, also Geborgenheit und Sicherheit. Die Mauer zwischen Ost- und Westdeutschland wurde hochgezogen und ihre Mutter packte in letzter Minute einen Koffer, nahm die drei Töchter an die Hand und floh mit ihnen, getarnt als Familienbesuch, in den Westen. Meine Großmutter sah in der DDR keine Zukunft für sich als Gymnasiallehrerin, sie konnte sich nicht vorstellen, in einem geistig unfreien Land zu unterrichten. Der Preis für die Freiheit war hoch. Sie mussten alles zurücklassen: die antiken Möbel, Erinnerungsstücke aus mehreren Generationen, die schöne Wohnung in der Jugendstilvilla mit Garten voller Laubbäume und Rosenbüsche und den Park direkt um die Ecke, in dem meine Mutter im Winter gerodelt war, und natürlich viele Freunde. Ihr neues Leben begann in der bescheidenen Hochhaussiedlung einer norddeutschen Großstadt. Für meine Mutter ein Schock, ein Fall aus dem Nest. Noch heute legt sie größten Wert darauf, in einer Wohnung mit Garten zu leben so wie früher, und pflegt hingebungsvoll die Pflanzen, die sie an ihre Kindheit erinnern.

Ihre neuen westdeutschen Schulkameradinnen verspotteten sie wegen ihres Dialekts und weil sie in der ersten Zeit nach ihrer Ankunft immer dasselbe Kleid trug. Sie war die Neue, die Fremde und fühlte sich noch lange neu und fremd. Ihre Mutter durfte im Westen nicht als Gymnasiallehrerin arbeiten, deshalb musste sie noch mal studieren, wurde Sonderschullehrerin und war selten zu Hause. Dreißig Jahre später verlor meine Mutter durch die ungewollte Trennung von meinem Vater wieder ihr Zuhause und ihren sozialen Status und fühlte sich wie das achtjährige Mädchen, das den Entscheidungen anderer hilflos ausgeliefert gewesen war. Als eine der wenigen geschiedenen Mütter begegneten ihr manche Paare mit Vorbehalt. Sie konnte sich auch nicht mehr so, wie sie es gewohnt war, um ihre drei Kinder kümmern, sondern musste sich nach siebzehn Jahren als Hausfrau plötzlich – genau wie ihre Mutter Jahrzehnte zuvor – eine berufliche Existenz aufbauen.

Jahrelang hatte meine Mutter dafür gesorgt, dass wir drei Kinder behütet aufwuchsen in unserem wunderschönen Mietshaus in einem ruhigen Frankfurter Stadtteil. Auf der Terrasse standen die blühenden Topfpflanzen, die ihr so am Herzen lagen, und jeden Winkel des großzügigen Gartens hatte sie mit Pfingstrosen, Narzissen und Vergissmeinnicht bepflanzt, die Hauswand war mit wildem Wein bewachsen. So romantisch die Fassade auch war – nach vielen guten Ehejahren verliebte sich mein Vater in eine Koreanerin. Bis zur endgültigen Trennung stritten meine Eltern ständig. Die neue

Frau wollte ihn mit Haut und Haaren, sie wollte heiraten und ein Kind von ihm. Aber sie wollte uns Teenager-Kinder aus erster Ehe nicht in ihrem Leben haben. Meine Halbschwester, die bald darauf geboren wurde, blieb für mich unsichtbar, streng bewacht von ihrer Mutter. Nur einmal zeigte mir mein Vater verstohlen ein paar Fotos von ihr, keine fünf Mal durfte ich ihn in seinem neuen Zuhause besuchen. Nur dann, wenn Frau und Kind im Urlaub waren. Für mich wäre es damals heilsam gewesen, in seine zweite Familie eingebunden zu werden und meine kleine Schwester aufwachsen zu sehen. Ich konnte die Trennung meiner Eltern akzeptieren, aber ich vermisste meinen Vater und hätte mich mit der Aussicht auf noch mehr Familie trösten können. Das Inbesitznehmen eines Partners, wie ich es an seiner neuen Frau erlebte, rüttelte mich auf, machte mich wütend und traurig zugleich. Ich verstand nicht, wie man sich das Recht herausnehmen kann, einen Menschen so zu vereinnahmen. Meine Mutter konnte mir meine Enttäuschung nicht nehmen, sie war viel zu sehr mit ihrer eigenen Wut auf ihren Ex-Mann und seine neue Frau beschäftigt.

Anders als mein Vater, der sich das Abgeschottetwerden ja gefallen ließ, hat meine Mutter von Natur aus ein offenes, verbindendes Wesen. Als sie jünger war, ging sie neugierig auf Menschen zu und war glücklich, wenn sich ihre Freunde, darunter viele Künstler, untereinander gut verstanden. An Weihnachten lud sie schon mal alleinstehende Menschen zu uns ein. Meinen Vater beeindruckte das zwar, zumal er sich selbst schwertat, auf andere zuzugehen und sie um sich zu versammeln, aber ihn strengte der Trubel auch an, und er war jedes Mal froh, wenn wieder Ruhe herrschte. Ihm zuliebe, weil er mit Eifersucht auf ihre kleinen harmlosen Flirts reagierte, nahm sie sich während ihrer Ehe stark zurück, verzichtete auf engere Kontakte in ihrem ständig wachsenden Bekanntenkreis und konzentrierte sich vor allem auf ihn, uns Kinder und ihre kleine private Töpferwerkstatt im Keller. Nach der Trennung verlor sie für lange Zeit ihre Freude am Netzwerken. Heute, mit zweiundsiebzig, ist sie ganz in ihre eigene Welt versunken.

Meine Eltern gingen damals verletzt und wütend auseinander, stritten erbittert auf der Anwaltsebene und unterstellten sich gegenseitig böse Absichten. Mein Vater hatte den Vorteil, dass er neu verliebt war. Meine Mutter saß mit drei Kindern alleine zu Hause. Heute würde man einem Menschen in ihrer Situation sicher spätestens zwei Jahre nach der Scheidung raten, sich therapeutische Hilfe zu holen, um den Schmerz nicht noch weiter auszudehnen. Damals wurde erwartet, dass sie sich den Kindern zuliebe zusammenreißt und Geld verdient. Ihr Schmerz war aber unendlich, sie ging ganz und gar auf in ihrem Leid, fast so als wolle sie überhaupt nicht, dass es wieder aufhört. Sie schaute aber nicht wirklich aufmerksam nach innen, das tut sie bis heute nicht, sie kam nie auf die Idee, dass es vielleicht einen Zusammenhang geben könnte zwischen den Wunden ihrer Kindheit und ihrem nicht heilen wollenden Trennungsschmerz.

Zwei Jahre nach der Scheidung brachte sie erstmals wieder einen Mann zum Abendessen mit nach Hause. Keinen festen Partner, sondern einen guten Bekannten, mit dem sie intim war. Ich war siebzehn und hatte selbst einen Freund, für mich war das ein gutes Zeichen. Aber meine Großmutter bekam Wind davon und schimpfte vor meiner Mutter über das »Hurenhaus«. Sie fand die Affäre schädlich für uns Kinder und hatte Angst, dass die Nachbarn reden. Ausgerechnet ihre Mutter also, eine Frau, die selbst keine sexuelle Selbstbestimmung erleben durfte, bremste das kleine Glück. Meine Großmutter war als junge Frau in einen französischen Kriegsgefangenen verliebt gewesen und von ihm schwanger geworden. Aber statt mit ihm durchzubrennen, verzichtete sie schweren Herzens und ging eine Vernunftehe mit einem Deutschen ein. Sie verbat sich zeitlebens das Lustvolle und wurde darüber hart und streng. Mit ihrer verträumten, weichen Tochter konnte sie wenig anfangen. Als die sich nehmen wollte, was sich meine Großmutter selbst nicht zugestanden hatte, war kein Gönnen und Mitfreuen zu erwarten. Sie machte ihr erfolgreich ein schlechtes Gewissen und meine Mutter, die noch als Erwachsene um die Liebe und Anerkennung ihrer Mutter buhlte, nahm sich die harsche Kritik zu Herzen. Sie traf den Mann zwar noch ein paar Mal, aber nur noch halbherzig. Ich fand das schade und konnte nicht nachvollziehen, dass sie sich von so einem Blödsinn ihr Glück kaputt machen ließ. Sie war neununddreißig und konnte sich doch noch nicht abschreiben. Als ich mich sieben Jahre später für eine polyamore Beziehung entschied, wäre ich nie auf die Idee gekommen, mich von meiner Mutter beeinflussen zu lassen. Allerdings hätte sie mich auch nicht davon abgehalten, glücklich zu werden. Obwohl sie selbst ihren Weg nie so richtig gehen konnte, zwängte sie ihre Kinder in kein Beziehungskorsett, nur damit andere Leute nicht redeten. Das weiß ich sehr zu schätzen.

Ihre Trauer über die unfreiwillige Scheidung von meinem Vater und die besitzergreifende Haltung seiner neuen Frau hinterließen bei mir ihre Spuren. Ich spürte schon mit siebzehn, dass ich Beziehung anders leben will. Dass ich niemanden an mich ketten werde, der eigentlich nicht bei mir bleiben möchte, und dass ich mich nicht versteigen will auf den einen Seelenverwandten, der alles für mich sein muss und mit seinem Nein alles zerstören kann.

Mit Anfang zwanzig verliebte ich mich sehr in einen Mann, den ich trotz meiner Liebe betrog. Ich fühlte mich schlecht und schuldig, genoss es aber auch, mit einem anderen zu schlafen, den ich genauso anziehend fand. Meine heimlichen Nächte waren für mich eine Bereicherung zu meiner Beziehung und kein Zeichen für zu wenig Liebe. Ich hatte nicht das Gefühl, dass ich meinem Freund durch die Seitensprünge etwas wegnahm, das nur ihm gehörte. Es fühlte sich für mich an, als könne ich mit mehr als nur einem Mann zusammen sein, mehr als einen lieben und begehren. Aber wie erklärt man das dem Partner, der von einer klassischen Beziehung ausgeht? Mein Freund wollte mich und niemanden sonst, für ihn war unsere Sexualität exklusiv. Von Zuhause kannte auch ich nur das monogame Beziehungsmodell. Meine Mutter war meinem Vater immer treu gewesen und hatte nichts vermisst. Meine Freunde und natürlich sämtliche fiktive Figuren in Filmen, Romanen und Zeitschriften legten sich auf den einen Partner fest und hofften, dass dieser eine alles geben kann: tiefe Gespräche, aufregenden Sex, gleiche Ansichten zur Erziehung der Kinder, Einigkeit in politischen Fragen, dieselben Bedürfnisse bei der Urlaubsgestaltung, einen ähnlichen Wohngeschmack und so weiter. Wenn der Partner den vielen Bedürfnissen nicht gerecht wurde oder die Sexualität mit der Zeit nicht mehr so erfüllend war, suchten sie sich einen neuen Mann oder betrogen heimlich. So wie ich. Ich schämte mich für meine Lügen, das Versteckspiel und die Heimlichtuerei. Aber ich hatte nicht den Mut zu sagen, dass mich die Enge und das gegenseitige Besitzenwollen stören. Gleichzeitig war ich eifersüchtig und unterstellte meinem Partner, fremdgegangen zu sein, wenn es sich in meinen Augen angeboten hatte. Denn ich an seiner Stelle hätte wahrscheinlich nicht verzichtet. Mein Freund wollte aber gar nicht raus aus unserer Enge, er litt nicht unter der Monogamie, er litt unter meiner Unverbindlichkeit.

Ohne dass ich ihm jemals die wahren Gründe gestand, stahl ich mich nach vier Jahren aus seinem Leben. Nach der Trennung brauchte ich Zeit für mich allein. Auch um Mut zu fassen und mir einzugestehen, dass ich anders leben wollte als meine Clique und die meisten anderen. Mit der Zeit erkannte ich, dass ich auch nicht exotischer bin als mein Umfeld, sondern nur eine Außergewöhnliche unter vielen Außergewöhnlichen. Als das gesackt war, entschied ich, dass der nächste Mann mein Bedürfnis nach parallelen Beziehungen akzeptieren müsse.

Oft trifft man, wenn man sich nach langem Hin und Her bewusst zu etwas durchgerungen hat, genau die Menschen, die zu einem passen. Ich traf Michael. Er lebte schon jahrelang polyamor. Wir gingen erstmal eine Freundschaft ein. Nach zwei Jahren verliebten wir uns und wurden ein Paar. Mittlerweile sind wir seit siebzehn Jahren fest zusammen. Als wir zusammenzogen, richteten wir uns bewusst getrennte Schlafzimmer ein, weil wir uns für Zärtlichkeit und Sex immer neu entscheiden möchten und unsere Sexualität auch unabhängig voneinander leben wollen. Vor allem aber braucht jeder von uns auch mal Zeit für sich, Phasen der Ruhe, in denen wir uns für ein paar Tage ganz zurückziehen können.

Meine Liebe zu Michael war von Anfang an so tief, dass ich in unseren ersten Beziehungsjahren intensiv an meiner Eifersucht arbeiten musste. Ich wollte ihm Freiheit lassen und selber frei sein. Aber zu Anfang saß ich grübelnd auf dem Sofa, wenn er mit einer anderen Frau ins Kino ging, stellte mir vor, wie sie sich küssten und hatte Angst, dass er mich vielleicht doch ersetzen könnte. Mit der Zeit merkte ich, dass unsere Bindung andere Partner aushält und dass auf Michael dasselbe zutrifft wie auf mich: Unsere Liebe, unser Vertrauen und unser Zusammengehörigkeitsgefühl werden nicht weniger, wenn wir noch andere Menschen lieben oder begehren oder beides. Reist Michael für ein paar Wochen mit seiner Freundin nach Italien, freu ich mich mit ihm und besuche in der Zeit meine Mutter oder meine Schwester und ihre drei Kinder. Kommt morgens eine Frau aus unserem Bad, die so ganz anders ist als ich, eher vollbusig, kurvig und temperamentvoll, und die ihm vielleicht Bedürfnisse erfüllt, die ich nicht erfüllen könnte, fühlt sich das gut an, weil ich nicht dem Stress ausgesetzt bin, einem Menschen alles geben zu müssen. Wenn ich seine Freundin mag, stört es mich auch nicht, später unter der von ihr benutzten Bettdecke zu schlafen. Wir gehen entspannt miteinander um, haben aber beide nicht ständig wechselnde Partner. Ein Leben auf der Überholspur mit Sex bei jeder Gelegenheit wäre mir viel zu stressig und ist auch nicht Sinn der Polyamorie.

Manchmal frage ich mich, ob ich polyamor lebe, weil ich insgeheim Angst habe, so wie meine Mutter zu leiden, als sie von meinem Vater verlassen wurde. Weil sie mit ihrer monogamen Liebe alles auf eine Karte setzte. Aber ich komme immer wieder zu derselben Antwort: Der Verlust von Michael wäre für mich unglaublich schmerzhaft, vollkommen unabhängig davon, dass ich seit drei Jahren auch mit Roland fest zusammen bin. Und auch eine Trennung von Roland würde ein großes Loch in mein Leben reißen.

Ich will mir bewusst keinen Panzer zulegen, nur um nicht mehr verletzbar zu sein. Gefühle machen verletzbar, aber ich will fühlen und gehe dieses Risiko ein. Und ich will durchlässig bleiben, egal, was mir das Leben gibt und nimmt. Michael ermutigte mich in unserer Anfangszeit, meine Eifersucht, meine Verlustangst und meine erotischen Phantasien zuzulassen und offen über meine Gefühle zu sprechen. Mit ihm an meiner Seite muss ich nichts wegsperren, nichts verheimlichen und nicht wie meine Großmutter auf meine Lust verzichten.

Als ich meiner Mutter vor Jahren erzählte, dass ich in einer offenen Beziehung lebe, dass ich meinen Partner nicht besitzen muss und auch nicht besessen werden will, reagierte sie sehr gelassen. »Wenn du glücklich bist, freue ich mich für dich. Wenn die Männer davon wissen und sich verstehen, finde ich das nur ehrlich«, sagte sie. Vor Kurzem sprach ich sie noch einmal auf unsere unterschiedlichen Lebensentwürfe und Beziehungsmodelle an. Da sagte sie, dass sie meine Abneigung gegen Besitzansprüche sehr gut verstehen könne und unter der Eifersucht meines Vaters gelitten habe. Einmal habe sie ihm lachend von einem Italiener erzählt, der sie in der Stadt angeflirtet hatte, und mein Vater reagierte so abwertend, dass sie erschrak. Sie sagte zu mir: »Eifersucht ist Besitzdenken, das hat nichts mit Liebe zu tun. Wie kann man einem Menschen, den man liebt, etwas missgönnen?« Aber im Unterschied zu mir, ist ihr Liebesbild sehr romantisch, mit einem Hang zur Dramatik. Sie würde sich zwar nicht dampfend und heulend wie Donna Carmen aufführen, aber sie reagierte immer eher seufzend, passiv und schwermütig auf das ihr aufgezwungene Leid. Auch suchte sie das Glück bei diesem Einen, bei der ganz großen Liebe, die vom Schicksal für sie bestimmt ist.

Mit Mitte fünfzig verliebte sie sich noch einmal. Der Mann, ein Jugendfreund aus der Schweiz, war ein ziemlicher Eigenbrötler, der viel Zeit und Raum für sich brauchte. Ich mochte ihn sehr. Aber er erkrankte unheilbar, wollte sie damit nicht belasten und zog sich von ihr zurück. So stand sie wieder Abend für Abend rauchend auf dem Balkon, das halbvolle Weinglas auf dem Tisch, den Blick schweigend in den Abendhimmel gerichtet. Niemand kam an sie und ihren Schmerz heran. Ich sehe ich mich eher wie einen Schmetterling. Ich fliege durch kleine und große Krisen, bin mal traurig, unsicher und unzufrieden, aber dann fliege ich weiter in dem Wissen, dass ich schon jetzt so viel Glück gefühlt habe und dass es das Leben auch weiterhin gut mit mir meinen wird. Wenn es mit einem Mann nicht klappt, tut das weh, ich kenne diesen Schmerz auch. Aber ich will die Absolutheit, das Opfer-Gefühl und das Drama in der Liebe nicht, so wie es meine Mutter immer wieder suchte und fand. Ich weiß einfach, dass etwas anderes für mich da sein wird, wenn der eine Mensch nicht mehr will. Die Beziehungen meiner Mutter endeten in der Summe alle enttäuschend, sie ging in der Liebe immer den Weg des Leidens. Ihre Männer hatten die Macht, sie zu zerstören. »Ich vermisse zwar manchmal eine Schulter zum Anlehnen, aber eine Beziehung kann schon sehr belastend und einengend sein«, sagte sie neulich zu mir. Es liegt aber doch an uns selbst, welchen Partner wir uns aussuchen und wie wir die Beziehung dann gestalten. Nach dem Beziehungsende mit dem Schweizer Jugendfreund rief sie mich häufiger an als sonst und sprach über ihr Leid. Sie muss gespürt haben, dass ich mit der Zeit ungeduldig wurde und ihre Resignation und fehlende Widerstandskraft nicht sehr lange ertragen konnte, und so hörten ihre Anrufe bei mir irgendwann auf. Ich verstand nicht, dass sie sich in den großen Krisen ihres Lebens keine Hilfe suchte, dass sie nicht einmal sah, wie sehr ihr Hilfe von außen gutgetan hätte. Auf Anstöße oder Vorschläge von mir, wie sie ihren Liebeskummer, die Einsamkeit, ihr Rheuma oder ihre Sehnsucht nach der alten Heimat angehen könnte, reagierte sie mit fast trotzigem

Schweigen. Sie zündete sich eine Zigarette an, nahm einen tiefen Zug und sagte, dass sie nun die Blumen gießen werde. Sie entglitt mir, sobald es konkret wurde und um Heilung ging. Seit einigen Jahren versuche ich, ihre Abwehr zu akzeptieren und mich damit abzufinden, dass sie nicht wirklich an die Wurzel will, dass sie oben an der Blüte ein bisschen herumdoktert, aber das genügt ihr dann eben auch. Warum leidet man und versperrt sich andererseits der Heilung? Vielleicht fehlt meiner Mutter der Mut und die Kraft, sich mit den echten Ursachen ihrer Bedürftigkeit zu befassen.

Jahrelang lud ich sie zu mir nach Frankfurt ein. Es sind nur dreißig Minuten mit dem Auto. Es scheiterte immer wieder an ihren endlosen Bedenken. Dass sie die Strecke nicht kenne und ihr die Autofahrt zu anstrengend sei. Dass sie zwar den Zug nehmen und vom Bahnhof zu meiner Wohnung laufen könne, ihre Knochen das aber nicht schaffen würden. Auch ein von mir bezahltes Taxi war keine Option. Mittlerweile habe ich aufgegeben zu fragen und besuche sie zu Hause. Ich bringe ihr Blumen mit und höre zu, wenn sie von ihrer Kindheit erzählt. Ich spiele mit ihr Memory oder koche für sie und versuche, die Zeit, die wir gemeinsam haben, mit schönen Dingen zu füllen. Ich bin für sie da. Aber ich kann nicht mit vollem Herzen sagen, dass sie genauso für mich da ist. Sie braucht anscheinend ihre ganze Kraft, um ihr eigenes Leben zu schaffen. Mir tut es nur so leid, dass sie nie eine Veranstaltung unseres Paradiesprojektes besuchte, ein Projekt rund um Liebe und Partnerschaft, das ich vor fünfzehn Jahren mit Michael in Frankfurt aufgebaut habe. Ich hätte sie gerne daran teilhaben lassen und mich über ihr Interesse gefreut. Zu uns kommen Menschen, die Rat suchen, weil sie ihre Beziehung öffnen wollen oder bewusst monogam leben und sich wünschen, besser mit ihrer Eifersucht und ihren Verlustängsten umzugehen. Und immer wieder kommen Menschen, die lieben und nicht zurückgeliebt werden und in eine Besessenheit oder Abhängigkeit geraten, aus der sie alleine nicht herausfinden. Michael und ich unterstützen sie bei ihrer Suche nach den Gründen für ihre Verlustängste und Besitzansprüche und helfen ihnen mit unseren eigenen emotionalen Erfahrungen.

Neben der Arbeit in der Liebesschule baue ich mir zurzeit ein zweites Standbein als Heilpraktikerin auf. Als Kind und Jugendliche war ich oft krank, litt unter Entzündungen und Kopfschmerzen und als die Ehe meiner Eltern während meiner Pubertät kaputt ging, sagte meine Hausärztin, dass sie mir noch stärkere Medikamente verschreiben könne, es aber sinnvoller fände, wenn ich ein paar psychotherapeutische Gespräche wahrnehmen würde. Ich war sofort einverstanden. Der Therapeut machte mir klar, dass es nicht meine Aufgabe sei, die Trauer und den Frust meiner Eltern aufzufangen und dass ich wohl oder übel akzeptieren müsse, dass meine Eltern in dieser schwierigen Zeit nicht wirklich für mich da sein können. So enttäuschend das auch sei, sie waren zu sehr mit sich selbst beschäftigt. Mir tat die Therapie gut, und bald ging es mir auch körperlich besser. Jetzt wollte der Psychologe auch mit meinen Eltern zu meinem Wohl ein paar Gespräche führen. Aber beide konnten sich in ihrer Wut aufeinander nur zu Einzelgesprächen durchringen und sahen erst recht keinen Grund, sich selbst psychologische Unterstützung zu holen. Für mich war die Therapie ein Schlüsselerlebnis. Ich verstand, dass sich seelisches Leid auf den Körper auswirkt und dass mir mein Körper Signale sendet, wenn ich mich überfordere. Umso schwerer war und ist es für mich zu akzeptieren, dass meine Mutter überhaupt keinen Zusammenhang sieht zwischen ihrer seelischen Verfassung und ihren rheumatischen Schmerzen, die sie regelrecht ans Haus fesseln. Lieber nimmt sie starke Medikamente und leidet dann zusätzlich unter den Nebenwirkungen. Sie so zu sehen in diesem Leidenskreislauf und ihr nicht helfen zu können, ist für mich als Tochter hart. Ihr Kranksein nimmt immer mehr Raum ein, ihr Interesse für ihre Umwelt, auch für mich, nimmt konstant ab, so wie ihre Bereitschaft immer mehr verschwindet, sich auf Neues einzulassen und sich Veränderungen gegenüber zu öffnen. »Ich hatte in meinem Leben genug Veränderungen, ich will keine mehr«, sagte sie, als wir kürzlich zum zweiten Mal in ihre ostdeutsche Geburtsstadt reisten und ich erzählte, dass ich ein anderes Hotel gebucht habe als beim ersten Mal. Sie verstand überhaupt nicht, warum es nicht dasselbe Hotel sein konnte, wozu ich etwas Neues ausprobieren wollte, wo das erste doch in Ordnung gewesen war. »Aber das ist das Leben, Mama, alles verändert sich«, sagte ich. Meine Mutter schüttelte den Kopf. Die großen Veränderungen ihres Lebens – der Umzug nach Westdeutschland, die Scheidung von meinem Vater, die Eröffnung einer Töpferei und einige Jahre nach der Scheidung ihr Auszug aus unserem Frankfurter Zuhause – waren alle nicht freiwillig zustande gekommen.

Irgendwann muss sie beschlossen haben, sich ganz auf ihre Vergangenheit zu konzentrieren. Erinnerungen können von außen nicht verändert werden. Mich nervte ihr rückwärtsgewandter Fokus. Bis ich eines Tages auch bei mir die Angst vor Veränderungen wahrnahm. Ich saß mit Michael und Roland beim Frühstück, die beiden unterhielten sich, die Stimmung war gelöst, was zu dritt nicht immer selbstverständlich ist. In diesem Moment dachte ich: So ist es schön, so soll es für immer bleiben. Und auf einmal verstand ich die Angst meiner Mutter, dass ihr genommen wird, was sie liebt und womit sie sich vertraut gemacht hat. Mir kamen lauter Situationen in den Sinn, in denen auch ich mich gegen notwendige Veränderungen gesträubt hatte. Ich war länger als mir guttat in zerstrittenen Wohngemeinschaften geblieben. Ich hatte berufliche Neuanfänge hinausgezögert. Und es vor einigen Jahren monatelang nicht geschafft, mich aus der Beziehung zu einem Mann zu lösen, bei dem ich etwas suchte, was nicht zu kriegen war. Mit ihm zu schlafen war wunderschön und innig, aber alles danach und davor war anstrengend und schwierig. Ich musste mich mühsam zwingen, aus der unbefriedigenden Beziehung herauszugehen und mich Neuem zu öffnen. Es half mir aber, mir bewusst zu machen, dass jede neue Spur in meinem Leben mit der Zeit ihren Sinn ergeben hat und dass ich darauf vertrauen kann.

Vor einigen Monaten standen wir dann zum zweiten Mal vor ihrem Geburtshaus in Ostdeutschland. Und meine Mutter, die ich kaum aus ihrer Wohnung locken kann, lief wie ein junges Mädchen wieder und wieder um die weiße Jugendstilvilla herum, schaute von allen Seiten über das Mäuerchen und die Rosenhecke in den Garten, in dem wie vor etwa fünfundsechzig Jahren herrliche Pfingstrosen und Laubbäume standen. Ich sah die Freude in ihren Augen und plötzlich wurde mir klar, dass dieses alte Haus bis heute ihr Zuhause ist und dass sie hier wirklich glücklich war.

KAPITEL 8

»Die fremde Frau war meine Mutter«

Die Mutter von Veruschka, 47, dealt mit Gras, feiert die Nächte durch und landet für mehrere Jahre in einem amerikanischen Gefängnis. Nach ihrer Entlassung wird sie mit der kleinen Tochter, deren unsicheres Wesen ihr fremd ist, nach Deutschland ausgewiesen. Als sie endlich versteht, was in Veruschka vorgeht, ist es für Mutter und Tochter fast zu spät.

Meine Mutter verschwand aus meinem Leben, da war ich vier. Man brachte mich zu meinem Vater, einem Drogendealer, von dem sie getrennt lebte und den ich kaum kannte. Mit achtzehn hatte sie sich, damals war sie ein vielversprechendes Model, wie verrückt in ihn verliebt und ihn bekifft geheiratet. Sie lebten zusammen in Kommunen, warfen LSD-Trips, hatten wenig zu essen, aber genug zu rauchen. Meine Mutter liebte ihr wildes Hippieleben. Gemeinsam zogen sie nach Hawaii, sie wurde schwanger und chillte Tag ein, Tag aus mit mir am Strand, stillte mich viele Monate, baute mit mir Sandburgen am Meer, niemals clean, aber immer voller Liebe, wie sie heute sagt. Von meinem Vater trennte sie sich, als ich anderthalb Jahre alt war. Wir zogen nach Kalifornien.

Mein Leben war unruhig und chaotisch, aber immerhin hatte ich eine Mutter, auch wenn sie selten nüchtern war. Bis zu dem Tag, an dem sie sagte: »Die Mami ist in zwei Stunden wieder da« – und für mehr als zwei Jahre verschwand.

Ich landete also bei meinem Vater. Seine Wohnung am Strand war herrlich und trotzdem war es das Schlechteste, was mir passieren konnte. Er erklärte mir, dass die Mami mit gebrochenem Bein in einer Klinik liegt, und überließ mich mir selber. Ich spielte jeden Tag stundenlang im Wohnzimmer mit meinen Barbies und stellte mir meine kranke Mutter mit dem kaputten Bein vor, die traurig war, weil sie nicht zu mir kommen konnte. Was wirklich geschehen war, ahnte ich nicht. Tatsächlich war sie nach unserer Verabschiedung in ein vornehmes Restaurant gefahren und dort von einem amerikanischen Undercover-Agenten, der sich als Surfer und Dealer ausgegeben und wochenlang mit ihr geflirtet hatte, festgenommen worden. Zuvor hatte sie ihm unter dem Tisch mit den Füßen, die wie immer in hochhackigen Pumps steckten, ein Paket mit einem Kilo Heroin zugeschoben. Es war das erste und einzige Mal, dass sie Heroin schmuggelte. Bis dahin hatte sie in ihrer grenzenlosen Naivität und Abenteuerlust lediglich massenhaft Gras und Cannabis über diverse Ländergrenzen geschmuggelt, manchmal eingenäht in meinen Lieblingsteddy. Niemand anderes als der Undercover-Polizist selbst hatte sie zu der Heroinlieferung gedrängt. Sie war ihm arglos in die Falle gegangen und wurde in Handschellen und mit Fußfesseln in den Knast gebracht.

Mein Vater zeigte mir in meinem neuen Zuhause, wie ich mir Spiegeleier zum Frühstück brate, damit er bis mittags schlafen konnte. Gegen zwanzig Uhr brachte ich mich häufig selbst ins Bett, wenn ich nicht zwischen seinen zugedröhnten Partyfreunden einschlief. Einmal öffnete ich abends die

Haustür und starrte in den Lauf einer Pistole und auf ein riesiges Messer. Zwei hochaggressive Männer schoben mich zur Seite und brüllten, dass sie mir nichts tun, aber meinen Vater jetzt töten würden. Ich musste ihn holen und versteckte mich zitternd vor Angst in seinem Schlafzimmer unter dem Bett. Gleich liegt er voller Blut auf der Couch, dachte ich und weinte leise in mich hinein. Ich traute mich stundenlang nicht aus meinem Versteck. Jetzt hast du wirklich niemanden mehr, fühlte ich. Irgendwann schlief ich ein. In der Nacht wachte ich auf, schlich ins Wohnzimmer und sah meinen Vater tiefentspannt auf der Couch liegen. Ich flüsterte, wo die bösen Männer seien. Er schrie, ich solle schlafen gehen.

Nach fünfzehn Monaten fuhr er mich zu einem Gefängnis nahe Los Angeles. Es sah mit seinen farbigen Wänden aus wie ein Hotel oder ein Kurort, ich wusste nicht, wo wir uns wirklich befanden. Meine Mutter saß auf einer Picknickbank in einem eingezäunten Hof. Ich rannte auf sie zu und erinnere noch heute die Wärterin, der die Tränen über die Wangen liefen, während sie unser Wiedersehen beobachtete. Für mich war nur wichtig, dass ihr Bein gesund war und ich sie wiederhatte. Zumindest für ein paar Stunden.

Dann musste ich zurück zu meinem Vater. Nach zweieinhalb Jahren wurde ihre zehnjährige Haftstrafe reduziert, sie wurde frühzeitig entlassen und aus Amerika ausgewiesen. Ich war sechseinhalb, als ich an der Hand einer schönen fremden Frau in ein Flugzeug stieg und im verschneiten Deutschland ankam. Die fremde Frau war meine Mutter. Sie hatte im Gefängnis weniger gehungert als ich bei meinem Vater, aber sie hatte ihr einziges Kind schmerzlich vermisst und ihre Naivität und die Drogen verflucht, die uns die Trennung eingebracht hatten.

Wir zogen zu meinen Großeltern in ein hübsches Reihenhaus nach Lübeck. Der Kontrast zwischen unserem Hippie-leben am Strand, der sexuellen Freizügigkeit und den nächtelangen Drogenpartys bei meinem Vater hätte größer nicht sein können. Bestimmt hatte sich meine Mutter ihre Tochter während ihrer Gefangenschaft anders vorgestellt als dieses unsichere schweigsame Mädchen, das ich geworden war. Was sie damals nicht wusste: Ich trug ein Geheimnis mit mir herum, das ich ihr erst mit Ende 40 offenbarte. Als ich fünf war, legte sich ein Freund meines Vaters zu mir auf die Wohnzimmercouch, auf der ich schlief, und missbrauchte mich. An diesem Abend ging der letzte Rest Urvertrauen in mir verloren. Vielleicht hätte eine feinfühlige, geduldige Vertrauensperson meine Verstörtheit wieder ins Gleichgewicht bringen können. Meine Mutter war zu sehr mit sich selbst beschäftigt.

Was auch immer ich in den folgenden Jahren versuchte: Nichts war so, wie sie es sich wünschte. Sie mochte meine Schulfreundinnen nicht. Ich sagte die falschen Sätze auf die falsche Art. Ich versuchte alles, um sie zufriedenzustellen, ich lernte in sechs Monaten Deutsch. Wäre sie zufrieden mit mir, dachte ich, würde sie weniger trinken. Dann hätten wir ein ganz normales Leben. Aber egal wie sehr ich mich anstrengte und um ihre Liebe und Aufmerksamkeit kämpfte, es reichte nie. Erst viel später verstand ich, dass sie auch im Gefängnis nicht von ihrer Drogensucht losgekommen war und unsere Jahre bei Omi in Lübeck im Dämmerzustand verbrachte. Während mir unser weitgehend bürgerliches Leben Sicherheit und Geborgenheit gab, muss es bei meiner Mutter Beklemmungen ausgelöst haben. Sie sehnte sich zeitlebens nach Abenteuer, Grenzerfahrungen und emotionalen Exzessen. Sie hasste Konventionen, Spießigkeit und Langeweile. Die Männer sind bis heute hingerissen von ihrer Schönheit, ihrer unkonventionellen Art, ihrer entwaffnenden Ehrlichkeit und ihrer Feierlust. In Lübeck gab es immer einen Kerl, der sich um sie bemühte. Sie kam in einen Raum, und der Raum war voll.

Aber ein Kind braucht etwas anderes. Ich kann mich an keine einzige innige Situation zwischen uns während meiner Kindheit erinnern, an kein Gedrücktwerden, kein abendliches Vorlesen, an keine tröstenden Worte oder liebevollen Gespräche. Und das, obwohl ihre eigene Kindheit wunderschön gewesen war und ihre Beziehung zu ihrer Mutter sehr innig. Trotzdem hatte sie mit sechzehn die Enge ihres Elternhauses sattgehabt und war auf ein Schiff Richtung England gestiegen, Hauptsache ganz weit weg. Jetzt war sie zurück in ihrer Geburtsstadt, unfreiwillig, und konzentrierte sich auf ihre wechselnden Männer, auf Jobs und vor allem auf die Party danach. Sie liebte es zu feiern, sie arbeitete in Cafés und Bars, wo Alkohol nicht als Droge betrachtet wurde, sondern als selbstverständlicher Bestandteil eines fröhlichen Abends.

Mir tat die Liebe meiner Omi gut. Sie war der erste Mensch, der mich lobte. »Das hast du fein gemacht!«, sagte sie und ich fühle noch heute diese kostbare Wertschätzung, wenn ich an sie denke. Meine Mutter lobte nie. Bis heute fällt es ihr schwer, auszusprechen, was ihr an mir gefällt. Sie lobt vor Freunden meine Kunst und zeigt ihnen stolz Fotos aus meiner Zeit als erfolgreiches Covermodel. Ich erfahre davon aber nur zufällig und wundere mich dann. Damals war ich einfach nur froh, dass es Frühstück, Mittagessen und Abendbrot gab, die Schulpflicht, Tischregeln und die Omi, die sich um mich kümmerte. Jedes ihrer Rituale fand ich wohltuend, und zu wissen, was mich am nächsten Tag erwarten würde, beruhigte mich.

Während meiner Pubertät prallte auf meine Unsicherheit das unerschöpfliche Selbstbewusstsein meiner Mutter. Sie fragte nicht, was ich fühlte. Sie erläuterte in einem Ton, der keine Widerrede zuließ, warum ich dieses oder jenes tat. Es war, als stecke sie wie ein Geist in fremden Köpfen und kenne sich mit fremden Gedanken besser aus als man selbst. Ich wagte nicht zu widersprechen und sie ahnte nicht, wie viel Wut sich hinter meinem Schweigen ansammelte. Sie meinte es nicht böse, sie machte sich in ihrer Egozentrik einfach keine Gedanken. Selbstzweifel waren ihr fremd. Ich bekam chronische Schmerzen im Rücken, in den Gelenken, in der Schulter. Die Ärzte fanden nichts. Mit funfzehn fing ich an, mit meinen Freundinnen zu trinken, und kam mit den Anforderungen des Gymnasiums nicht mehr zurecht. Ich wusste, dass ich dabei war, das Leben meiner Mutter zu wiederholen, obwohl ich den Alkohol an ihr so verabscheute. Ich musste weg von meinen feierfröhlichen Freundinnen und vor allem weg von ihr. Aber wohin? Mein Vater war in Kalifornien gerade ins Gefängnis gekommen. Aber seine Frau bot mir an, bei ihr zu wohnen. Wochenlag legte ich mir Formulierungen zurecht, wie ich meiner Mutter meine Entscheidung erklären könne, und hatte große Angst vor ihrer Enttäuschung und ihrer Wut. Schließlich sagte ich zu ihr, dass ich den High-School-Abschluss in den USA machen wolle und in Malibu wohnen könne. Sie blieb cool und versuchte nicht, mich zurückzuhalten. Vielleicht, weil sie selbst am liebsten aus der deutschen Behaglichkeit ausgebrochen wäre und wollte, dass es mir gutging.

Ich zog in die Staaten. Nun waren wir zumindest räumlich getrennt, es fühlte sich befreiend und erleichternd an, als habe sich eine gläserne Decke über meinem Kopf aufgelöst. Aber ich brauchte noch mindestens zwanzig Jahre, um mich auch innerlich von ihr zu lösen. Während sie ihren fünfzigsten Geburtstag in einer Suchtklinik feierte, baute ich mir eine berufliche Existenz als therapeutische Heilpraktikerin in Amerika auf und fühlte mich zusehends zufriedener. Rückschritte brachten nur unsere seltenen Kontakte. Sobald wir telefonierten, erklärte sie mir wieder, was ich fühle und denke und machte mich innerlich rasend. Es demütigte mich, wenn sie mich unterbrach, um meine Gedanken scheinbar pointierter und eloquenter selbst fortzusetzen. Aber ich schaffte es nicht, ihr Widerstand entgegenzusetzen. Jedes Mal schwieg ich und verbrachte anschließend Tage damit, herauszufiltern, was ich eigentlich wirklich fühle und denke. Ich war längst Mitte dreißig, da wagte ich es noch immer nicht, ihr einfach mal entgegenzuschleudern: »Nein, Mami, ich will etwas anderes sagen!« Mich blockierte die typische Angst von Alkoholiker-Kindern, dass jede Form von Abgrenzung und Gegenwehr dazu führt, dass es der Mutter schlechter gehen werde und sie wieder mehr trinken müsse. Ich wollte sie schützen, ohne dass es mir bewusst war, und ich war bereit, jedes Opfer dafür zu bringen.

Immer wieder quälte ich mich durch depressive Phasen und Selbstzweifel und kämpfte mit dem Gefühl, es nicht wert zu sein, geliebt zu werden. Meine Beziehungen endeten oft, bevor es ernst wurde. Ehe, Hauskauf, eigene Kinder? Hatte ich gefühlt nicht verdient. Zwar hatte ich meine kritische Mutter in Deutschland zurückgelassen, aber im Grunde sprach sie noch immer aus mir. Mit über vierzig besuchte ich sie in Hamburg, wo sie mittlerweile lebt. Sofort holte mich meine alte Kinderwut ein: Wieso gab sie so hemmungslos Geld für Handtaschen, Röcke und Mascara aus, obwohl ich bei meinem Vater oft nicht mal ein Mittagessen bekommen hatte, weil er gerade knapp bei Kasse war? Wie konnte sie mir meine lächerlichen überflüssigen Kilos vorhalten, wo sie selbst so dünn war, dass ich mich um sie sorgte? Ich war ständig angespannt und auf der Hut vor ihren scharfen Kommentaren. »Wieso machst du das, das ist doch blöd«, sagte sie und mir wurde schlecht. Hatte ich noch immer keinen Abstand entwickelt, konnte ich ihre spontanen Ausrufe, die mehr mit ihr als mit mir zu tun hatten, noch immer nicht abperlen lassen? Es war zum Verzweifeln.

Zurück auf Hawaii, wo ich mittlerweile wieder wohne, merkte ich, dass meine Empfindlichkeit gegen jede noch so harmlose Form von Bevormundung und Zurechtweisung, wie ich sie jahrelang bei meiner Mutter erlebte, auch meine Beziehung belastete. Formulierte mein langjähriger Freund eine Bitte oder Frage in einem Ton, der mich an die Befehle meiner Mutter erinnerte, machte ich sofort innerlich dicht. Fragte er: »Bist du dir sicher?«, sträubte sich in mir alles. Ja, ich bin mir sicher, dass ich das, was ich denke und fühle, tatsächlich denke und fühle! Ich will mich nicht mehr permanent hinterfragen lassen. Nicht von meiner Mutter, nicht von meinem Freund. Obwohl er ein großes Herz hat, obwohl wir in vielen Bereichen wunderbar harmonierten, konnte ich keine Nachsicht mehr zeigen und wollte keine Kompromisse mehr eingehen. Ich trennte mich von ihm.

Aber allmählich begann ich, meiner Mutter Grenzen zu setzen. Als sie während eines Telefonats meine rot gefärbten Haare kritisierte (»blöde Idee, niemandem steht Rot!«) und ich es nicht geschafft hatte, gegenzuhalten, erkannte ich, dass ich etwas ändern musste. An mir! Ich wollte ihren Einfluss auf mein Selbstwertgefühl stoppen. Nur wie? Ich meldete mich spontan zu einem Hot-Yoga-Kurs an. Während ich meinen immer noch chronisch schmerzenden Körper in einem stark erhitzten Raum dehnte und forderte, löste sich plötzlich etwas in mir. Den anderen Teilnehmern lief der Schweiß von der Stirn, mir liefen die Tränen. Vier Monate schwitzte und weinte ich meinen Schmerz und meine Wut heraus. Nach jeder Stunde fühlte ich mich so befreit, dass ich dem Kursleiter am liebsten hundert Dollar in die Hand gedrückt hätte. Es war die beste Therapie meines Lebens. Ich lernte zu atmen, meine Lunge zu spüren, meinen Körper zu fühlen, in mir zu Hause zu sein. Bisher hatte ich vor allem in meinem Kopf gewohnt und schon das intensive Atmen beim Yoga war mir zu emotional gewesen. Jetzt konnte ich mich erstmals selber fühlen und akzeptieren. »Ich liebe dich, es tut mir so leid, ich verzeihe dir, vielen Dank«, sagte ich wieder und wieder. Aber nicht zu meinem Freund oder meiner Mutter, sondern zu mir selbst. Ich verzieh mir, dass ich mich so lange meiner Mutter ausgeliefert hatte. Dass es mir so schwergefallen war, mich selbst zu nehmen, wie ich bin. Dass ich jahrelang versucht hatte, Zustimmung von außen zu bekommen, statt mir selber Zustimmung zu geben. In den folgenden Monaten lernte ich die Klopftherapie (kurz EFT) kennen, bei der ähnlich wie bei Akkupunktur verschiedene Punkte im Körper stimuliert werden, während man laut ausspricht, dass man es wert ist, geliebt zu werden. Auch das tat mir gut.

Mittlerweile arbeite ich als Heilpraktikerin mit Menschen, die ähnliche seelische Schwierigkeiten haben wie ich, und bin glücklich, wenn ich sie unterstützen kann. Mutig geworden durch mein neues Selbstwertgefühl, bat ich meine Mutter um eine sechsmonatige Kontaktpause. Es war schmerzhaft für sie, denn sie verstand nie wirklich, warum ich mich überhaupt so schwer mit ihr tue. Aber sie akzeptierte meinen Wunsch nach einer Auszeit, zeigte mir damit Respekt, und ich kam innerlich zur Ruhe. In diesen Wochen machte ich eine merkwürdige Entdeckung. Ich erkannte, dass ich niemanden ins Unglück stürze, wenn ich meine Stimme nutze und laut und deutlich »Nein!« sage. Als ich ein halbes Jahr später, wir hatten wieder Kontakt, erstmals zu ihr sagte: »Nein, das will ich nicht!«, fragte sie überrascht: »Wie redest du denn mit mir?« Und ich sagte ganz ruhig: »So wie du mit mir.« Es kam ihr vor, als würde ich schreien, sie war ein Nein von mir nicht gewohnt.

Ich habe viele Jahre gebraucht, um mir eine Stimme zu erlauben. Jetzt setze ich sie ein. Seitdem hat sich unsere Beziehung auf einen friedlichen, mal distanzierten und mal freundschaftlichen Kontakt eingependelt. Sie ist bald siebzig, seit zehn Jahren clean und sie bemüht sich auf ihre Weise um einen guten Kontakt zu mir. Sie hat noch einmal geheiratet, das freut mich von Herzen für sie, und sie ist vorsichtiger, vielleicht auch weicher geworden im Umgang mit mir. Ich glaube, dass ihr erst sehr spät klar wurde, was für eine schwierige Beziehung wir zueinander haben und welche massiven Auswirkungen ihre Drogensucht, das Gefängnis, die ewigen Partys und die Unbeständigkeit auf meine Kindheit und meine Seele hatten. Und wie mühsam mein Weg war, die Folgen ihres unbekümmerten Lebens für mein Leben in den Griff zu kriegen.

Ich weiß, dass ich sie nicht ändern kann, und ich versuche, meine Erwartungen nicht zu groß werden zu lassen. Sie liest mittlerweile viel, sie braucht nicht mehr das große Abenteuer und ist nachdenklicher geworden, auch was unsere gemeinsame Vergangenheit angeht. Kürzlich fragte sie mich, ob ich mit ihr über unsere Schwierigkeiten sprechen möchte. Aber das könnte ich nur, wenn wir einen neutralen Therapeuten hinzuholen, der mir die Sicherheit gibt, dass ich ausreden kann und gehört werde. Noch ist ihr das nicht geheuer, aber ich bin offen für ein Gespräch zu dritt. Manchmal denke ich, dass mein Schmerz sie immer an das erinnert, was in ihrem Leben nicht gut gelaufen ist. Und dass sie sich erst selbst verzeihen muss, keine gute Mutter gewesen zu sein, ehe sie meine Kindheitsgefühle wirklich ertragen und mit mir besprechen kann. Aber das ist ihr Teil unserer Geschichte. Ich liebe sie, aber ich schütze mich jetzt. Neulich schrieb sie mir eine dieser typischen E-Mails in ihrem harschen Ton. Kurz darauf, und das ist neu, schrieb sie eine zweite E-Mail zum selben Thema hinterher, die verständnisvoller, milder und liebevoller klang. Das hat mich gerührt.

Als ich zehn war, schrieb eine Freundin meiner Mutter in mein Poesiealbum: »Erst wenn man sich selbst liebt, kann man andere lieben.« Ich verstand nicht, was das bedeutet und ahnte erst recht nicht, wie diese Worte mein späteres Leben prägen würden. Aber im Laufe der Zeit führten die Demütigungen aus der Kindheit, meine Sehnsucht nach Anerkennung und mein Wunsch, als Erwachsene endlich Verständnis entgegengebracht zu bekommen, in mir zu der Erkenntnis, dass Selbstliebe die Basis ist, um andere lieben zu können. Ich konnte die Liebe zu mir aber erst zulassen, als ich mir Zeit und Raum für mich nahm und konsequent verhinderte, dass meine Mutter meinen Weg stört. Dann heilte ich mich selbst und war nicht mehr angewiesen auf ihre Wertschätzung. Seit ich mich liebe und zu mir selbst stehen kann, verstehe ich, dass sich meine Mutter nicht anders verhalten konnte. Ich bin ihr dankbar, dass sie mich geboren hat. Ich bin das Ergebnis ihrer wilden Träume der 1960er Jahre. Eine verrückte Vorstellung. Und ich versuche, es anders zu machen als sie und erlaube mir, mit meiner Kunst und meinem Beruf als Heilpraktikerin und Therapeutin, Dinge auszuprobieren, die sie nicht ausprobiert hat. Zuerst verschwand meine Wut auf sie. Dann verschwand meine Angst vor ihr. Jetzt bin ich frei.

KAPITEL 9

»In ihren Armen war ich plötzlich wieder das Kind«

Ihre Mutter ist für Bea, 58, schon immer Seelenverwandte und größte Unterstützerin. Als die Düsseldorferin erfährt, dass sie an einer lebensbedrohlichen Knochenmarkserkrankung leidet, sorgt sie sich nicht nur um ihr eigenes Leben, sondern auch um ihre 81-jährige Mutter. An deren Gesichtsausdruck kann sie während der qualvollen Klinikzeit ablesen, wie es gerade um sie bestellt ist.

Wie sage ich meiner Mutter, dass die Ärzte nicht wissen, ob ich in sechs Monaten noch am Leben bin? Nachts lag ich schlaflos im Bett und formulierte Sätze, Satzteile, suchte nach passenden Worten. Alleine schaffte ich es nicht, ihr die Wahrheit zu sagen. Ich bat meinen Bruder, bei dem Gespräch dabei zu sein. Wir organisierten ein kleines Familienessen und luden meine Mutter und meine 25-jährige Tochter Annabelle ein. Ich hatte zu dem Zeitpunkt schon alles gelesen, was man über meine Krankheit lesen kann. »Sekundäre Myelofibrose nach Essentieller Thrombozythämie« ist der Fachbegriff. Zusammengefasst bedeutet das: Mein Knochenmark ist kaputt. Der Arzt hatte zum Glück von Anfang an Tacheles geredet. Er sagte nie: »Das wird schon wieder!« Er sagte: »Frau Kallen, es gibt keine vollständige Heilung, Ihre einzige Chance ist eine Stammzelltransplantation.« Die Wahrscheinlichkeit, einen solchen Eingriff zu überleben, liegt je nach körperlicher Verfassung bei fünfzig Prozent. Als meine Mutter und Annabelle, mein einziges Kind, wenige Tage später mit uns am Tisch saßen, sagte ich, dass ich etwas Ernstes zu erzählen habe. Ich war seit Monaten mit verschiedenen Beschwerden bei etlichen Ärzten gewesen. Ich wusste, dass etwas nicht stimmte mit meinem Körper. Aber erst jetzt hatte ich die furchtbare Diagnose bekommen. »Ihr müsst euch mit dem Gedanken auseinandersetzen, dass es nicht gut ausgeht, dass ich es nicht schaffe. Das Risiko zu sterben ist für mich evident hoch, selbst wenn ein Stammzellspender gefunden wird, es kann so viel schiefgehen«, sagte ich. Meine Mutter schluckte. Annabelle weinte. Es war furchtbar. Wir mussten uns erst mal fangen, wieder Luft holen. Schon vor Jahren hatte mir meine Mutter gesagt, wo sie ihr Testament aufbewahrt. Längst hat sie alles für den Fall ihres Todes vorbereitet. Mit Ende siebzig macht man das. Aber ich war Ende fünfzig, und keine Mutter ist auf den Tod ihres Kindes vorbereitet, selbst dann nicht, wenn die Tochter schon lange erwachsen ist und ihr eigenes Leben führt.

In den Monaten vor der Diagnose hatte ich einen neuen Job als Sekretärin in einem Dentallabor angefangen. Bis dahin war ich mein Leben lang Wirtin gewesen. In meinem neuen Job musste ich mich mit Gebührenordnungen, Kostenvoranschlägen und Zahlen beschäftigen und dachte zuerst, dass mein Schwindel, der Nachtschweiß, die ständige Übelkeit von meiner anfänglichen Überforderung kämen. Ich träumte schon von Rechnungen und fühlte mich ziemlich angestrengt. Nach dem letzten Arztgespräch war klar: Die Rechnungen hatten nichts damit zu tun.

Meine Mutter schüttelte an diesem Abend immer wieder den Kopf. Sie sagte: »Ich habe deine Worte gehört, ich habe alles verstanden, aber ich möchte nicht darüber sprechen, dass du sterben könntest. Ich weiß, dass es nicht so kommen wird. Du bist so stark, du weißt, was auf dich zukommt, lass uns an das Leben glauben.« Dabei blieb sie in allen Phasen meiner Krankheit, auch dann, wenn ich nicht mehr wollte und nicht mehr konnte und mir der Tod deutlich näher war als das Leben. Nach unserem Essen gab ich meinem Bruder und meiner Tochter meine aktualisierte Patientenverfügung. Damit ich am Ende nicht in der Klinik liege und niemand entscheiden darf, dass man abschalten muss.

Die Suche nach einem geeigneten Spender im Zentralen Knochenmarkregister Deutschland (ZKRD) lief schon auf Hochtouren. Bei jedem Anruf zuckte ich zusammen. Jetzt haben sie ihn endlich, dachte ich. Und dann war es nur ein Anruf von Freunden. »Rund achtzig Prozent aller Stammzellempfänger finden ihren Spender in den ersten drei Monaten«, sagte der Arzt. Gut zwanzig Prozent all derer, die einen suchen, finden ihn nie. Ohne Spender würde ich sterben, das war mir sehr bewusst. Meine Mutter, die den Krieg erlebt hatte und die Flucht aus dem Osten in den Westen, die früh um zwei ihrer Geschwister trauern musste und nach einundzwanzig Ehejahren die Courage hatte, sich von meinem Vater zu trennen und alleine nochmal einen ganz neuen Lebensabschnitt anzufangen, meine Mutter hatte noch nie so viel Angst wie jetzt. Findet sich ein Spender? Wir telefonierten jeden Tag. Und dann, nach ziemlich genau drei Monaten, kam die erlösende Nachricht: »Wir haben einen!«

Ich wünschte mir vor dem Klinikaufenthalt einen letzten

fröhlichen Mutter-Kind-Nachmittag ohne die Themen Krankenhaus, Abschied und Tod. Meine Mutter lud mich und Annabelle auf ihren Balkon ein, wir tranken erst Sekt, dann Kaffee, wir aßen Kuchen und kicherten über unsere generationsübergreifenden Entenfüße. Die Sonne schien. Irgendwann sagte meine Mutter beiläufig: »Ich komme dich so oft besuchen, wie es geht, werde es aber wohl nicht jeden Tag schaffen.« Mir kamen die Tränen. Es waren Tränen der Rührung. Wir sind beide emotional, wir wissen aber auch, wann angepackt werden muss, und dann packen wir an. Zusammenklappen kann man immer noch.

Ein paar Tage später bezog ich ein Einzelzimmer in der Abteilung für Knochenmark- und Blutstammzelltransplantation der Uniklinik Düsseldorf, mein Zuhause für viele Wochen. Die Welt drang von jetzt an nicht mehr zu mir durch, oder nur noch gefiltert. Mein Zimmer war isoliert, nahezu schalldicht und wegen der Bedrohung durch Keime, Viren und Bakterien auf achtzehn Grad gekühlt. Ich fror wochenlang wie nie zuvor in meinem Leben. Vor meinem Zimmer war eine Hygiene-Schleuse; wer zu mir wollte, musste Handschuhe tragen, Mundschutz und Kittel. Die Fenster konnten nicht geöffnet werden, die Luft war gefiltert, das Wasser war gefiltert, alles war gefiltert, denn jeder noch so harmlose Infekt konnte jetzt tödlich für mich sein. Meine Aussicht, in diesem Zimmer meine letzten Tage zu verbringen, war größer als die Aussicht, es irgendwann einigermaßen gesund wieder zu verlassen. Der Plan für die nächsten sieben Tage sah so aus: Die Ärzte würden den noch vorhandenen Rest intakten Knochenmarks in mir mit hochdosierter Chemotherapie zerstören. Würde das gut laufen, kämen von irgendwoher aus der Welt die fremden Stammzellen eingeflogen und würden in meinen Blutkreislauf übertragen werden, dorthin also, wo neues Leben entstehen sollte. Die Stammzellen müssten im Knochenmark andocken, was aber alles andere als selbstverständlich ist, und das neu gebildete, hoffentlich gesunde Knochenmark würde Blutzellen bilden, mit denen ich weiterleben könnte.

Der Arzt sah es ähnlich wie meine Mutter: »Sie sind physisch und psychisch so stark. Sie packen das! Aber es werden vier bis fünf harte Wochen.« Ich war zuversichtlich und dachte auch, dass ich das schaffe mit meiner Kraft, meinem Lebensmut und meiner unglaublichen Wut auf diese Krankheit. Niemand ahnte, wie knapp es am Ende werden würde.

Dann floss auch schon rund um die Uhr hochdosiertes Gift aus mehreren Infusionsbeuteln in mich hinein. Gleichzeitig schluckte ich starke Medikamente gegen die Nebenwirkungen. Das ganze Zeug jagte mit Unmengen Flüssigkeit durch meinen Körper, damit Leber und Nieren geflutet wurden. Ich schwoll an wie ein Wasserballon, mir wurde übel, meine Glieder fühlten sich vollkommen entkräftet. Es ging so schnell. Mit einem Mal lag ich matt und schwach im Bett. Am Galgen mit den Giftbeuteln über mir strahlten grüne Lampen und tauchten mein Krankenzimmer in ein merkwürdiges Leichenschauhauslicht. Tag und Nacht leuchtete dieses fahle gespenstische Licht, es wurde nie dunkel in meinem Zimmer. Hatte sich der Inhalt eines Beutels geleert, lösten die daran befestigten Geräte Alarm aus. Weil sich nicht alle Beutel gleichzeitig leerten, schrillte es ununterbrochen. Es war schwer, Ruhe zu finden, und fast unmöglich, durch tiefen Schlaf neue Kraft zu tanken. Nach sieben Tagen war mein Knochenmark wie geplant zerstört und mein Körper schutzloser und empfindlicher als der eines Neugeborenen. In diesem Zustand würde man mich höchstens eine Woche am Leben halten können, sollte irgendetwas schiefgehen, beispielsweise mein Spender abspringen oder das Fahrzeug während des Stammzelltransports verunglücken. Ich hatte Zeit genug, mir solche Szenarien auszumalen. Mein Leben hing an einem seidenen Faden.

Es war der 14. Juni 2016, und mir war morgens schon übel, ich hatte einfach eine Riesenangst. Meine Haare hatte ich abrasiert, damit sie nicht irgendwann in Büscheln auf meinem Kissen lagen. Aber für diesen besonderen Tag wollte ich mich hübsch machen. Ich ließ mich von allen Geräten abschnallen und schaffte es mit kleinen Schritten bis ins Bad unter die Dusche. Dort seifte und cremte ich mich mit medizinischen Pflegeutensilien ein, die ich bewusst neu anbrach an diesem alles entscheidenden Schicksalstag, schminkte mir die Augen mit Wimperntusche und Konturenstift und legte mich zurück ins Bett. Jetzt konnte ich nichts mehr tun, nur vertrauen. Ihr könnt kommen, ich erwarte euch!, dachte ich. Zuerst kamen die Krankenschwestern und erklärten mir, dass ein Fax eintreffen werde, sobald der Stammzelltransport unterwegs sei, und später noch eine Info, wenn der Kurier im Flugzeug säße. Damit wusste ich, dass die Stammzellen mit dem Flieger kommen würden, und rechnete mir aus, dass es noch mindestens zwei Stunden dauern müsse, bis sie in der Klinik einträfen. Ich rief meinen Bruder und meine Tochter an, sie machten sich sofort auf den Weg. Meine Mutter hatte mich mit leiser Stimme gefragt, ob es okay für mich sei, wenn sie in dieser einen Situation nicht dabei wäre. Sie hatte solche Angst um mich. Sie tat mir so leid, ich verstand sie sehr gut. Meine Mama ging mit mir durch die Hölle.

Dann hörte ich, wie der Hubschrauber hinter dem Klinikgebäude landete. Der Hubschrauber, von dessen Fracht mein Weiterleben abhing. Angespannt saßen wir zu dritt in meinem Zimmer, ließen die Tür nicht aus den Augen, keiner sprach. Plötzlich ging sie auf, die Stationsärztin, Schwestern und ein Pfleger liefen im Eilschritt herein, stellten sich um mich herum, hantierten blitzschnell mit den medizinischen Geräten. Ich war fertig mit den Nerven. Schon liefen siebenhundert Milliliter fremde Stammzellen aus zwei Transfusionsbeuteln in mein Blut. Zwei Beutel, damit mich der Inhalt des einen vorerst rettete, sollte der andere beschädigt werden. Ich lag einfach nur da und versuchte mich selbst zu beruhigen. Und wurde mit einem Mal euphorisch. »Ich habe wirklich eine Chance, ich schaffe das, ich will das schaffen«, sagte ich voller Hoffnung zu Annabelle.

Eine Stunde später kam der Rückschlag. Ich erlitt einen allergischen Schock mit heftigem Schüttelfrost, mein Kreislauf kollabierte. Lebensgefahr. Die Ärzte merkten erst spät, dass etwas nicht stimmte, und schafften es nur sehr mühsam und in letzter Minute, mich wieder zu stabilisieren. Tagelang spürte ich den Muskelkater von den Krämpfen, die mich durchgerüttelt hatten. Aber ich lebte!

Vier Wochen lang durfte mich niemand berühren, jeder noch so winzige Keim hätte meine neue Lebenschance zunichte gemacht. Es ging mir erbärmlich. Ich konnte nichts essen oder trinken, alles, was mühsam reinkam, wollte sofort wieder raus. Durch die Durchfälle war ich so kraftlos geworden, dass ich meinen Darm nicht mehr steuern konnte und mich von oben bis unten einsaute. Meine Mutter kam jeden Tag. Sie saß mit Mundschutz, Kittel und Handschuhen auf dem einzigen Stuhl gegenüber meinem Bett und schaute mich aufmunternd an. Bevor sie ging, packte sie meine schmutzige Wäsche in einen Beutel, trug ihn nach Hause und brachte meine Nachthemden und Handtücher ultraheiß gewaschen wieder. Jedes Handtuch durfte wegen der Keimgefahr nur einmal von mir benutzt werden. Es war unglaublich heiß in diesem Sommer und gewitterte häufig, und meine fast 80-jährige Mutter lief durch Sonne und Regen zur Klinik und wieder zurück. Oft stand sie schon morgens um zehn Uhr bei mir im Zimmer und sortierte die saubere Wäsche ein.

Neun Tage nach der Transplantation lief sie eines Vormittags kurz durch die Schleuse nach draußen, um mir einen Tee zu holen. Wenige Augenblicke später flog die Zimmertür auf und die Stationsärztin, die Schwestern und ein Medizinstudent kamen herein, einer wedelte mit dem Ausdruck der Blutwerte, die ich jeden Morgen nach der Blutentnahme bekam, und die Schwester rief: »Überraschung, Überraschung, wir haben Leukos!« Ich schrie auf vor Freude. Die Stammzellen hatten angedockt, die Transplantation war erfolgreich. Meine Mutter hörte auf dem Gang meinen Schrei, drehte um, rannte wie ein Wiesel zurück, warf sich gegen meine schwere Zimmertür, die sich nur mit Karacho öffnen ließ, und schaute voller Panik in die Runde. Die Krankenschwester nahm sie sofort in den Arm und sagte: »Ihre Tochter hat die ersten hundert Leukozyten.« Wir weinten vor Freude. Es war so schön.

Nur dieses eine Mal sah ich meine Mutter weinen. In vielen anderen Situationen merkte ich nur, dass sie das Zimmer schneller verließ, als eigentlich nötig gewesen wäre, und wusste dann, dass sie draußen vor meiner Tür auf der Bank saß und mit den Tränen kämpfte. Jeden Tag sah ich die Sorge in ihrem Gesicht. Aber ihre Angst wollte sie mir nicht zeigen. Meine Mutter ist eine Mutter aus dem Bilderbuch, eine, die ihre letzte Kraft und ihre ganze Liebe hergibt, um ihrem Kind zu helfen.

Sechs Wochen nach der Transplantation kam ich an meinen absoluten Tiefpunkt, ich konnte nicht mehr. Ich lag mit dem Schlauch im Hals und acht Infusionsflaschen über mir im Bett, konnte noch immer nichts essen, übergab mich trotzdem ständig. Mir tat alles weh, manchmal schrie ich vor Schmerzen. Zusätzlich hatte ich einen Abszess an der Halswirbelsäule, der an mir entlangwanderte. Mein Körper war in sich zusammengesunken. Meine Kraft war aufgebraucht.

In dieser Phase, als mir allmählich der Kampfgeist abhandenkam, pumpten mich die Ärzte mit hochdosiertem Morphium voll, aber es half nur für wenige Stunden. Sie boten mir medizinisches Cannabis an. Ich lehnte ab aus Furcht vor der Abhängigkeit. Heute würde ich das Risiko einfach in Kauf nehmen. Auch meine Mutter war nervlich am Limit. Eines Abends schrieb sie mir per WhatsApp: »Ich heule nur noch.« Ich lebte in einem Dunst aus Schmerz und Betäubung und las jeden Morgen im Gesicht meiner Mutter, wie es um mich stand. Täglich wurde sie von ihren Freundinnen angerufen, die sich nach mir erkundigten. Bis sie ihnen sagte, dass sie nicht mehr erzählen könne und wolle, wie ich aussehe und mich quäle. »Mama braucht dringend eine Pause, um Kraft zu tanken«, schoss es mir durch den Kopf. »Sag ihr, sie soll nicht mehr kommen, sag ihr, sie soll eine Zeit lang wegfahren und sich erholen«, bat ich meinen Bruder. Und glücklicherweise fuhr sie wirklich mit ihrer Schwester für einige Tage ans Meer. Ich war so froh.

Dann war das tiefste Tief überstanden, und ich fühlte nach vier Wochen zum ersten Mal wieder die Hand meiner Mutter auf meiner Hand, noch mit Handschuhen zwar, aber das war nicht schlimm. Sie nahm mich in den Arm, sie hielt mich wie ein Baby und sagte: »Ich bin so froh, dass du da bist!« Ich fühlte mich wie ein Kind, das durch die Liebe der Mutter gerettet wird, auch wenn ich im Krankenhaus sechsundfünfzig Jahre alt geworden war. Und auch wenn es einigermaßen bescheuert klingt: Sie rettete mir wirklich das Leben. In meinen schlimmsten Wochen konnte ich loslassen und wurde von ihr aufgefangen. Sie war da. Sie war einfach immer da.

Nach und nach kam mein Appetit zurück. Ich wünschte mir Mamas Gurkensalat, nichts anderes. Ich sehnte mich nach kalter, frischer Gurke. Das Klinikpersonal dachte, dass ich spinne. Immerhin war ich wochenlang künstlich ernährt worden, mein Magen war geschrumpft und hochempfindlich geworden, und nun wollte ich ungekochtes Gemüse essen. Meine Mutter fackelte nicht lange, sie schaute, dass sie mir Gurkensalat machte. Es durfte kein Pfeffer und nur wenig Salz dran sein, nur saure Sahne, ein bisschen Zucker und Zitronensaft. Ich aß die ganze Portion und hatte danach furchtbares Bauchweh. Aber es tat so gut. Als Nächstes war mir nach Kartoffelsalat, und so lief meine Mutter nach Hause und kam mit einer Mini-Portion selbstgemachtem Kartoffelsalat zurück.

Wir waren schon immer eng gewesen, meine Mutter und ich, obwohl ich es ihr früher nicht leicht gemacht habe mit meinem Dickschädel und meiner irren Lebenslust. Zum Beispiel als ich, das einzige Arbeiterkind eines vornehmen Düsseldorfer Mädchengymnasiums, in der achten Klasse keine Lust mehr hatte zu lernen. Ich war mit einem Peng in die Pubertät gekommen und wollte lauter tolle Dinge ausprobieren, statt mir über Mathe und Latein Gedanken zu machen. Zuerst blieb ich sitzen und ein Jahr später wurde ich von der Schule verwiesen. Da rettete sie mich mit ihrer Liebe und Geduld und machte mir Beine. Ich hätte ziemlich perspektivlos dagestanden, fünfzehn Jahre alt und kein Schulabschluss. Meine Mutter aber rannte von Pontius zu Pilatus, um ihren trotzigen Teenager wieder in die Spur zu bringen. Irgendwann hatte sie den Schulleiter einer Hauptschule mit ihren flehentlichen Versprechungen, wie einsichtig und lernwillig ich mittlerweile sei, so weit, dass er gegen alle Regeln bereit war, mich für ein Jahr aufzunehmen. So durfte ich zumindest den Hauptschulabschluss machen. Die Prüfungen waren lächerlich einfach, ich war ja auch nicht über Nacht dumm geworden, sondern bockig. Also durfte ich anschließend auf die weiterführende Schule gehen, bestand die Mittlere Reife und konnte doch noch eine Ausbildung beginnen.

Sie sollte mich noch oft vor meinem Übermut schützen. Mit neunzehn verliebte ich mich in einen dreiundzwanzig Jahre älteren Mann aus unserer Kleingartensiedlung. Ein Skandal. Er war verheiratet, seine Familie bekannt im Ort, natürlich tuschelten alle. Mein Vater rastete aus, beschimpfte mich, fing die Liebesbriefe meines Freundes heimlich ab und legte sie der betrogenen Ehefrau vor. Er hoffte wohl, dass die Affäre so ein schnelles Ende finden werde. Meine Mutter schaffte es während ihrer langen Ehe nur selten, sich gegen meinen autoritären Vater zu behaupten. Aber dieses eine Mal, als es um das Glück ihrer Tochter ging, fasste sie Mut und scherte aus. Sie beschloss, sich erstmal selbst davon zu überzeugen, dass ich nicht sehenden Auges in mein Unglück renne und vereinbarte ein Gespräch mit meinem Freund. Sie fühlte ihm auf den Zahn und kam zu dem Ergebnis, dass unsere Liebe echt und beidseitig sei und deshalb von allen anderen akzeptiert werden müsse. Ich zog mit meinem Liebsten zusammen, und meine Mutter zog bei meinem Vater aus. Ihre vorausgegangenen jahrelangen Zankereien, die Meinungsverschiedenheit über meine Beziehung, seine Ausraster und die abgefangenen Briefe hatten bei ihr zu einer endgültigen Entscheidung geführt. Sie trennte sich.

Nach vierundsiebzig Tagen durfte ich die Klinik verlassen.

Es war noch lange nicht vorbei, vielleicht ist es nie vorbei, aber ich hatte die Transplantation überlebt und es geht erstmal weiter für mich. Die Schmerzen in meinen Knochen bringen mich bis heute oft an den Rand des Wahnsinns, sie sind der blanke Horror. Es fühlt sich an, als würde man eine Tunnelbohrmaschine mit unglaublichem Druck von innen durch mich durchbohren, während man mich gleichzeitig zusammenpresst. Mein altes unbeschwertes, schmerzfreies Leben ist vorbei.

Wieder zu Hause in meiner Düsseldorfer Wohnung fing ich mir eine Infektion nach der anderen ein, mal war es Influenza B und mal die Noroviren und dann wieder eine Lungenentzündung. Bis heute bringt mich jeder scheinbar harmlose Infekt in die Notaufnahme, dort kennt man mich schon. Mein Blutsystem ist einfach fragil, ich bin nicht mehr die aktive Bea, die alles rockt. Einigermaßen gut leben, das ist mein Wunsch, zu mehr reicht meine Kraft nicht. Dass Weiterleben überhaupt möglich ist, dafür bin ich dankbar. Ich hatte rückblickend ein tolles Leben und ich bereue nur eine einzige Entscheidung: Annabelle bei meinem Exmann zurückgelassen zu haben, als sie sieben Jahre alt war und ich nach Mallorca zog. Das würde ich heute ganz sicher anders machen und kann es mir nur schwer verzeihen. Ich war bis dahin Vollzeitmutter gewesen, gerne und mit Leidenschaft; aber ich konnte schlecht aushalten, dass sich mein Exmann nach unserer Trennung schnell neu orientierte. Für eine Frau Ende dreißig ist das ganz schön schwach, aber so war es. Vielleicht war in mir noch ein Rest Hoffnung, dass wir es doch wieder hinkriegen. Er dagegen wollte einen klaren Cut und verliebte sich dann neu. Daraufhin beschloss ich, ebenfalls neu anzufangen und zwar in Spanien, weit weg.

Annabelle blieb beim Papa und dessen liebevoller neuer

Frau und war der Mittelpunkt der kleinen Familie. Es ging ihr immer gut, sie macht mir bis heute keinen Vorwurf. Trotzdem ist dieses Kapitel der dunkelste Teil meiner Geschichte. Meiner Mutter erzählte ich erst einen Tag vor dem Abflug von meinem Umzug nach Spanien. Sie war überhaupt nicht begeistert, sorgte sich um Annabelle und wunderte sich, dass ich mein Kind alleine ließ. Dennoch kritisierte sie mich nie. Sie sagte: »Wer bin ich, dass ich über dich urteile? Du bist meine Tochter, ich stehe hinter dir.«

Mindestens einmal pro Woche fuhr sie in den folgenden Jahren von Düsseldorf nach Mülheim an der Ruhr, um für Annabelle nach der Schule da zu sein und den Kontakt zu ihrem Enkelkind zu halten. Manchmal riefen mich die beiden gemeinsam an. Es zerriss mir jedes Mal das Herz, in diesen Momenten nicht bei ihnen sein zu können. Ich verpasste Annabelles Schulzeit und Pubertät und schüttete mich mit Arbeit zu. Heute weiß ich, es war zu viel Arbeit. Jeden Tag stand ich von morgens bis in die Nacht in der Bar, die ich leitete. Meine Gäste waren mein Leben. Meine Tochter kam in den Ferien zu mir, liebte ihre Sonnenscheinmama am Mittelmeer, mit der sie Boot fahren und Quatsch machen konnte, bei der es warm und lustig war. Und doch: Heute, wenn wir wieder einmal dicht an dicht auf dem Sofa sitzen mit unserem Kuschelbedürfnis, merke ich, wie viel gemeinsame Zeit uns verloren ging. Wir sind nur glücklich, dass wir uns haben. Wir drei Frauen, meine Tochter, meine Mutter und ich, haben eine besondere Verbindung zueinander. Meine Mutter und ich greifen sogar im selben Moment zum Hörer und wollen uns das Gleiche erzählen. Wir kochen das Gleiche zur selben Zeit, manchmal ist es uns beinahe unheimlich. Der Gedanke, dass sie irgendwann nicht mehr da sein wird, ist für mich das pure Grauen.

KAPITEL 10

»Ich möchte sie stolz machen«

Luisa, 29, arbeitet seit Jahren erfolgreich als Influencerin. Sie verdient mit ihren Posts auf Instagram und YouTube längst besser als ihre Mutter, eine renommierte Kinder- und Jugendpsychotherapeutin. Luísa Lión, so ihr Künstlername, wird mit Zuneigung und Anerkennung überhäuft – von Fremden. Ausgerechnet ihre Mutter kann mit ihrer Leidenschaft für Handtaschen, Beautyprodukte und Social-Media wenig anfangen.

Es gibt Töchter, die finden es okay, dass ihnen die Eltern das Leben finanzieren, und dann spricht auch nichts dagegen. Ich wollte das nie. Dass ich fünfhundert Euro zu meinem einjährigen Schüleraustausch in Amerika und fünfhundert Euro zu meinem Führerschein selbst dazu verdiente, fand ich schon damals okay. Es war für mich Ansporn, eigenes Geld zu verdienen. Ich kapierte früh: Wenn ich etwas haben will, muss ich etwas tun. Und ich wollte immer etwas haben.

Mit zehn Jahren malte ich Steine an und verkaufte sie in der Nachbarschaft. Mit zwölf passte ich auf Babys auf. Mit vierzehn schrubbte ich fremde Toiletten. Mit fünfzehn verkaufte ich Würstchen und Popcorn im Tierpark, mit sechzehn Eis, mit siebzehn mixte ich Cocktails im Beach Club.

Am Anfang gab es fünf Euro die Stunde, am Ende deutlich mehr. Es fühlte sich für mich immer schon gut an, Umsatz zu machen und dadurch finanziell unabhängiger zu werden von meinen Eltern. Meine Mutter wäre niemals mit mir losgezogen und hätte T-Shirts, Haarspangen oder irgendeinen Schnickschnack für mich gekauft, wenn ich nicht wirklich etwas brauchte. Ob ich mein Geld für Schnickschnack ausgab, kommentierte sie zum Glück nicht. Sie ließ mich machen, obwohl ihr meine Begeisterung für Shopping nie geheuer war.

Während des Studiums zahlten mir meine Eltern rund vierhundert Euro, die für Miete und Mensa reichten. Alles andere, was ich zum Ausgehen, Anziehen und Spaßhaben brauchte, verdiente ich mit meinen Jobs selbst. Ich wollte das so, weil ich Freunde hatte, die nur dank Bafög studieren konnten und nichts von ihren Eltern bekamen. Es wäre mir peinlich gewesen, mich komplett finanzieren zu lassen. Im September 2009 legte ich mir einen Lifestyleblog zu und nannte ihn *Style Roulette*. Bloggen galt damals als cooles und spannendes Hobby, ich hatte nicht den Plan oder die Hoffnung, meinen Lebensunterhalt damit zu verdienen. Es machte mir Spaß, in günstigen Klamottenläden Blusen, Shirts und Ketten auszusuchen, zu Hause vor dem Spiegel zu Outfits zusammenzustellen, mich darin zu fotografieren und die Looks auf meinen Blog zu stellen. Die ersten hundert Leser hatten sich schnell angesammelt und es wurden wöchentlich mehr. Die Mädels mochten meine Styling- und Beauty-Tipps. Schon bald postete ich nicht nur Mode, sondern schrieb lange Texte über meinen Alltag, meinen Sport, über angesagte Clubs und meine Lieblingscafés und vor allem über mich selbst. Wen ich liebe, was ich esse, wo ich ausspanne, warum ich glücklich oder traurig bin. Anfangs lief der Blog so nebenher. Irgendwann lief das Amerikanistik- und Kommunikationswissenschaften-Studium nebenher. Ich merkte, dass ich als angesagte Bloggerin interessant werden könnte für Firmen, die ihre Produkte bewerben wollen. Dafür musste meine Leserzahl aber weiter wachsen. Instagram gab es noch nicht.

Lernte ich gerade nicht für irgendwelche Klausuren die Visionen amerikanischer Präsidenten oder transkulturelle Kommunikationsstrategien auswendig, schrieb ich Beauty- und Fashionfirmen an und erkundigte mich, ob ich ihre Produkte testen und auf *Style Roulette* vorstellen könne. Bald brachte mir der Postbote die ersten riesigen Pakete mit Lippenstiften und Wimperntusche, und nach einem Jahr bekam ich vierzig Euro für eine Linkeinbindung. Ich hatte mit meiner Passion Geld verdient, ich war begeistert. Aus vierzig Euro wurden hundert und ein Jahr später hatte ich schon tausend Euro mit Bloggen verdient. Sechs weitere Monate später schmiss ich meinen Studentenjob. Warum bei schönem Wetter im dunklen Büro eines Professors Excel-Tabellen erstellen, wenn es lukrativer ist, meine Businesspower in mein eigenes Projekt zu investieren?

In den Semesterferien besuchte ich meine Eltern in Hamburg und versuchte ihnen zu erklären, was ein Blog ist und warum mir Firmen hochwertige Handtaschen und tolle Kosmetik schenken und Geld bezahlen, damit ich mich mit ihren Produkten fotografiere. Ich schaute in das ratlose Gesicht meiner Mutter. Sie verstand nicht, wozu das gut sein und wohin das führen sollte. Sie hätte lieber gewusst, nach welchem Semester ich den Bachelor machen werde und welche Seminare mich so richtig erfüllen. Auf dem Weg in den Italienurlaub legte sie kurze Zeit später einen Zwischenstopp bei mir in München ein. Während wir gemütlich beim Italiener Pizza aßen, erzählte ich ihr, dass ich demnächst eine richtig harte Prüfung bestehen müsse. Sollte ich durchfallen, erklärte ich, würde ich mein Studium canceln, weil es mich ohnehin langweilte und ich meine Energie dann doch besser ausschließlich in meinen Blog steckte. Sie ließ die Pizza sinken und schaute mich entgeistert an. Dann fing sie sich und statt sich aufzuregen und zu meckern, sagte sie: »Luisa, wir quatschen jetzt nicht weiter. Du holst deine Karteikarten mit dem, was du schon vorbereitet hast, und ich frage dich ab. Vielleicht hilft dir das für die Prüfung.« Fünfzehn Minuten später gingen wir an der Isar spazieren, und während ich die Zusammenhänge der amerikanischen Frauenbewegung herunterbetete, überprüfte sie auf meinen Karteikarten Fachbegriffe und Daten. Ein paar Funken ihrer Begeisterung für mein Prüfungsthema, das mich bisher eher kalt gelassen hatte, sprangen sogar auf mich über. Ich bestand die Prüfung. Meine Mutter war wahnsinnig erleichtert. Sie sagte am Telefon: »Luisa, du kannst werden, was du willst, aber unabgeschlossene Projekte sind unterbewusst Stress für den Körper!« Auch wenn ich mir von meiner Mutter nicht gerne reinreden lasse, vertraue ich ihrem psychologischen Knowhow. Ich zog also das Studium durch, organisierte mir aber für die Semesterferien Praktika in angesagten PR- und Social-Media-Agenturen. »Super, du baust dir selbst ein duales Studium«, sagte sie, und ich spürte, wie sie mitfieberte und stolz war auf mein Durchhaltevermögen. Meine Motivation zog ich trotzdem nicht aus bestandenen Prüfungen, sondern aus meinem Blog. Die ersten Marketingmanager von großen Beauty- und Sportfirmen luden mich nach Paris und Stockholm ein, damit ich Lidschatten und Turnschuhe testete und online vorstelle. Mit der Zeit kamen Einladungen in Luxusressorts nach Marrakesch, New York und Barcelona hinzu, und meine Mutter wunderte sich, dass ich mir als Studentin solche exklusiven Trips ins Ausland leisten konnte. Sie blieb skeptisch, fragte nicht wirklich nach und ich war enttäuscht, dass sie mir nicht vertraute. Eigentlich konnte das, was ich da hochzog, doch nur gut werden. Einfach weil ich es machte, ihre Tochter.

2013 war mein Blog bereits so bekannt, dass mich die Produzenten der Reality-Show »Shoppingqueen« für eine Münchner Folge buchten. Mega! Meine Mutter saß mit meinem Vater vor dem Fernseher in ihrem Hamburger Häuschen auf dem Land und sah zu, wie ich mir im Wettkampf mit anderen Kandidatinnen ein Outfit aus mehreren Einzelteilen zusammenkaufte. Auf dem Bildschirm gab ich gerade mehrere tausend Euro für eine Designertasche aus, da klingelte mein Handy. »Wieso ist dir eine Handtasche so viel wert? Überleg mal, was du Sinnvolles mit diesem Geld anstellen könntest! Findest du das noch verhältnismäßig?«, zeterte meine Mutter. Ich war frustriert. Wildfremde Mädchen sprachen mich auf der Straße auf meinen coolen Blog, mein Styling und später auf meinen Fernsehauftritt an und meiner Mutter war ich fast peinlich wegen eines Handtaschenkaufs. Warum sind wir bloß so unterschiedlich, was ist da falsch gelaufen?, dachte ich enttäuscht. Und beschloss, mich einfach weiter an meiner Tasche zu freuen, auch wenn ich eine Mutter habe, die lieber in den See springt, als zu shoppen. »Merkst du, dass du mit deinem Blog den Konsum anheizt?«, fragte sie bei unserem nächsten Telefonat. Was sollte ich antworten? Ich liebe Konsum!

Meine Mama ist ein liebenswerter Hippie, ein bisschen öko und extrem skeptisch, wenn es um materielle Dinge geht. Sie würde nie Geld ausgeben für teure Kleider oder Schminke, schon gar nicht für Markenprodukte. Sie nimmt den Wanderurlaub in Österreich statt des Fünf-Sterne-Ressorts an der Côte d'Azur. So ist sie einfach. Sie liebt ihre Familie, ihren Garten, Literatur und Yoga, sie fährt mit dem Fahrrad zur Arbeit und zum Einkaufen, weil ihr Auto kaputt ist und sie nicht einsieht, wozu sie ein neues braucht. Was sie tut, macht sie mit Liebe und einer unglaublichen Ruhe. Ich frage mich manchmal, wie man so fröhlich und ausgeglichen sein kann, wenn man beruflich mit so schweren Themen wie Missbrauch, Trauer, Angst, Autismus und Gewalt zu tun hat. Für sie ist es erfüllend, in ihrer Praxis für Kinder- und Jugendpsychotherapie mit Schwerpunkt Traumatherapie ihren Patienten zuzuhören und zu helfen. Ihr Beruf ist ihre Berufung. Dafür bewundere ich sie, auch wenn es mir schwerfällt, ihr das zu sagen.

Ich glaube, es ist für einen konsumkritischen Menschen schwierig, sich für eine Influencerin zu interessieren und zu begeistern. Selbst wenn es die eigene Tochter ist. Auf den ersten Blick bin ich der Gegenentwurf zu meiner Mutter. Ich verdiene mein Geld mit Glanz und Glitzer, liebe moderne Hotels, kann mich stundenlang mit Kosmetik und Mode beschäftigen und kenne mich super aus im Online-Business. Und das ist der Knackpunkt zwischen uns. Meine Mutter verstand anfangs überhaupt nicht, was ich da eigentlich mache, statt einfach nur leidenschaftlich zu studieren. Sie kommt aus einer strenggläubigen katholischen Akademikerfamilie, sie ist die Jüngste von fünf Geschwistern. Mit Selbstverständlichkeit trug sie die Kleider der Älteren auf, es gab in ihrem Elternhaus überhaupt keinen Luxus. Sie empfand sich als Mutter schon rebellisch und verschwenderisch, weil sie mir Lackschuhe kaufte, die ihre Mutter niemals befürwortet hätte.

Einmal stand sie in einer Drogeriekette vor einer Pappfigur von mir und war total verdattert. Ich hatte gerade in einer Kooperation mit einer Kosmetikfirma ein Duschgel nach meinen Duft- und Designvorstellungen entwickelt. Meine Mutter machte ein Selfie mit ihrer Papptochter und schickte es mit einem Zwinker-Smiley in unsere Familien-WhatsApp-Gruppe. Es waren eher solche Zufälle, durch die sie merkte, dass es beruflich gut lief bei mir und ich mehr auf die Reihe kriege, als schöne Klamotten zu posten.

Als ich den Bachelor geschafft hatte, konnte ich mich endlich ganz auf mein Business konzentrieren. Ich baute meine Accounts auf Instagram und YouTube aus und versuchte den Flow, der durch meine Fernsehpräsenz entstanden war, mitzunehmen und täglich mindestens ein, besser zweimal zu posten. Nicht mehr von München aus, sondern aus Los Angeles, wohin ich für ein Jahr zog. Die User liebten meine Videoclips über L. A., über mein Singleleben und meine regelmäßigen Follow-Me-Around-Videos, in denen ich quasi mit ihnen zusammen die Gegend erkundete. So wurde ich, während ich eigentlich weg war, in Deutschland noch bekannter. Zurück in München bot mir das Redaktionsteam von RTL II an, in der Reality-TV-Show *Mjunic* mitzumachen. Für ein knappes Jahr zog ich 2016 mit vier anderen Bloggerinnen in eine Münchner WG. Wir filmten uns jeden Tag selbst und bestückten zusätzlich unsere jeweiligen Social-Media-Kanäle. Die Handykamera kam mit zum Friseur, zu Businessmeetings und zum Wohnungsputz. Ich drückte auf Aufnahme, wenn ich verheult vor Liebeskummer im Bett lag, wenn ich auf dem Laufband schwitzte oder im Club feierte. Mehr als vierhundert Tage lang wurde unser öffentliches Tagebuch abends online gezeigt. Weil die Show so erfolgreich lief, kam sie zusätzlich ins Fernsehen. Ich fühlte mich wohl in unserer WG, wir Mädels entwickelten enge Freundschaften, aber es reichte mir allmählich mit der Filmerei. Irgendwann bekam ich das Gefühl, mein Leben nur noch gefiltert durch die Handykamera wahrzunehmen. Ich sah nur noch das, was für die Follower interessant sein könnte, und wusste gar nicht mehr, was eigentlich mich selbst interessiert. Wer bin ich – abgesehen von Luísa Líon? Was macht mich glücklich, was ist mir wichtig – abgesehen von Social Media? Ich hatte mich selbst aus dem Blick verloren.

War ich zu Besuch bei meinen Eltern, spürte ich die Skepsis meiner Mutter. »Warum habe ich bloß so eine Medientochter, warum will Luisa unbedingt in der Öffentlichkeit stehen?« Ausgesprochen hat sie diese Worte nie, ich befürchtete aber, dass sie so dachte. Weil ich so anders bin als die Tochter, die sie sich wahrscheinlich vorgestellt hat. Es hätte mich beruhigt, wenn ich ein Zeichen von ihr bekommen hätte, dass sie bei allem Nichtverstehen meines Berufs doch weiß, dass ich es auf meine Art schon rocke. Sie konnte aber nie wissen, wie viel Interesse und Nähe ich gerade brauche und vor allem: wie viel ich überhaupt aushalten konnte. Es hatte Zeiten gegeben, in denen ich meine Mutter überhaupt nicht in mein Leben gelassen hatte. Als ich in der zehnten Klasse für ein Jahr nach Amerika ging, rief ich höchstens einmal im Monat zu Hause an. Während meines Studiums hielt ich sie nur unregelmäßig über meine Pläne und mein wachsendes Business auf dem Laufenden. Hätte sie meine täglichen Berichte auf Instagram, YouTube und Snapchat verfolgt, wäre uns das beiden wie Stalking vorgekommen. Klar, es gibt Mütter von Kolleginnen, die immer genau wissen, auf welches Jeanslabel die Tochter gerade steht, in welchem Club sie mit wem abhängt, was ihre Schuhe kosten. So eine Mutter ist meine Mutter nicht. Zum Glück! Sie sagt: »Wenn du mir etwas erzählen möchtest, ruf mich an, ich will es nicht über

Instagram erfahren!« Sie ist keine Freundinnen-Mutter, sie ist eine Mutter-Mutter. Ich würde nie auf die Idee kommen, mit ihr meinen Sex oder den letzten Krach mit meinem Freund zu besprechen. Und sie würde mich nicht danach fragen. Das fühlt sich für mich gut und richtig an.

Sitzen wir am Wochenende abends zusammen auf dem Sofa, weil ich sie in Hamburg besuche, fragt sie mich früher oder später, ob es möglich sei, dass ich mein Handy mal dreißig Minuten weglege. Ich weiß, sie hat Recht. Aber um langfristig als Bloggerin überleben zu können, braucht man Content. Ständig. Mal poste ich Videos von meinem schlafenden Hund, mal zeige ich den Followern meine neue Schlafzimmerlampe oder nehme sie mit zum Kochen in die Küche. Fremde, Freunde, ehemalige Lehrer, Menschen, die im Haus gegenüber wohnen, alle können mich dabei begleiten. Meiner Mutter ist das fremd. Als Therapeutin ist sie es gewöhnt, sich in kleinen Schritten das Vertrauen ihrer Patienten zu erarbeiten. Alles, was ihr erzählt wird, bleibt streng vertraulich. Wie soll sie verstehen, dass ich nicht einfach eine Freundin anrufe, wenn ich darüber nachdenke, mir die Brust verkleinern zu lassen, sondern meine Gedanken und Sorgen zusätzlich Tausenden mir unbekannten Usern erzähle, also der Anonymität des Internets? »Du machst dich so schutzlos«, sagt sie und ich weiß, dass sie sich um mich sorgt.

Mein Privatleben ist mein Beruf geworden. Es gibt keine Trennlinie mehr. Es macht mich eben glücklich, mich mitzuteilen. Ich mag die Rückmeldungen fremder Menschen, die Likes, das Interesse der Masse, selbst wenn nicht immer alle Reaktionen positiv sind. Einmal sagte meine Mutter: »Du würdest sofort alles stehen und liegen lassen und vom Ende der Welt zu mir gejettet kommen, sollte ich in eine Klinik eingeliefert werden.« Aber sie wisse nicht, ob ich dasselbe auch für mich selbst tun würde, also ob ich bei meiner ganzen Flut an Arbeit noch erkenne, wann ich Erholung und Zuwendung brauche.

Als die WG-Fernsehshow *Mjunic* eingestellt wurde, war ich beinahe erleichtert und gönnte mir von da an einen bewussten Tag in der Woche ohne Posts. Aber der Spaß am Unterhalten ist ein Sog. Für meine Follower bin ich eine Art virtuelle große Schwester, das Girl next door, mit dem sie sich vergleichen, von dem sie sich Styling-Tipps abgucken, an dem sie sich auch moralisch orientieren. Als mein amerikanischer Exfreund vor drei Jahren unsere Kurzbeziehung beendete, erzählte ich auf meinem YouTube-Kanal, wie traurig ich bin. Ich wollte anderen Frauen mit Liebeskummer Mut machen; deshalb teilte ich mit ihnen auch meine Erkenntnis, dass man sich Liebe niemals erarbeiten kann, dass man versuchen sollte, Menschen zu finden und zu lieben, bei denen man sich nicht erst anstrengen muss, um zurückgeliebt zu werden. Nach diesen offenen Gedanken bekam ich extrem viel Feedback, bestimmt auch, weil für meine Follower meine Grundmessage, die in vielen meiner Posts durchkommt, ganz wichtig ist: Versuche dich selbst liebenswert zu finden und dich zu akzeptieren mit all deinen Macken. Das kann ich nur glaubwürdig verkörpern, wenn ich mit gutem Beispiel vorangehe und mich zeige, wie ich bin: auch bei Liebeskummer, auch mal ungeschminkt oder verheult, mal mit Pickeln und mal ausgelassen im Dirndl auf der Münchner Wiesn. Eben mit der gesamten Gefühlspalette. Aus diesem Grund thematisierte ich auch schon meine Unsicherheit wegen meiner kurvigen Figur und sprach öffentlich über meine überstandene Essstörung.

Das Thema Essen war der große Konfliktherd meiner Kindheit. Als Kindergartenkind kriegte ich Blumenkohl,

Brokkoli oder Erbsen nicht herunter. »Ohne Gemüse kein Nachtisch«, sagte meine Mutter, und weil ich Nachtisch wollte, exte ich den Brokkoli mit Wasser unzerkaut oder schob ihn wie ein Hamster in die Backen und spuckte alles nach dem Mittagessen ins Waschbecken und spülte es weg.

Meine Mutter legte Wert auf eine gesunde und vor allem umweltschonende Ernährung. Unsere Joghurts kaufte sie zuckerfrei und im Glas. Dass wir nur deshalb keinen Süßigkeiten-Schrank hatten, weil meine Mutter sich Chips und Schokolade selbst nicht einteilen kann und wie ich dazu neigt, alles auf einmal zu essen, gestand sie mir erst später. Als Kind marschierte ich kurzerhand zu meinen Freundinnen, klaute aus deren Süßigkeiten-Schränken und aß heimlich. Heimlich essen, Essen wieder ausspucken, alles auf einmal runterschlingen – das wurde in der Pubertät zu einem echten Problem. Als ich mit zwölf als eine der Ersten im Freundinnenkreis Brüste bekam, schämte ich mich. Ich lieh mir Bücher mit Erfahrungsberichten von magersüchtigen Mädchen, die den Leserinnen zeigen sollten, wie man aus dem Teufelskreis herauskommt. Ich filterte die Info heraus, wie die Mädchen so sensationell schnell abgenommen hatten. Im Internet fand ich ein Chat-Forum, in dem sich essgestörte Teenies über die perfektesten Kotz-Techniken austauschten und sich Tipps gaben, wie man mit einer Ananas über den Tag kommt. Ich wurde süchtig nach diesen Chats und feierte mich zusammen mit einer Freundin für jedes verlorene Kilo. Meine Mutter bekam von all dem nichts mit. Bulimie passiert im Verborgenen, lässt sich gut verstecken, ist für Angehörige nur schwer zu überwachen. Bei unseren gemeinsamen Familienmahlzeiten aß ich normal. Für meine Fressattacken kaufte ich mit eigenem Geld haufenweise Eis und verschlang es in meinem Zimmer. Nach ein paar Jahren konnte ich mich ohne Hilfe meines Fingers auf Knopfdruck übergeben. Als ich nur noch sechsundvierzig Kilo wog, schlug meine Mutter Alarm und überredete mich, zusammen mit ihr und meinem Vater zu einer Psychologin zu gehen. Dabei kam heraus, dass ich Schwierigkeiten hatte, als einzige Tochter neben zwei jüngeren Brüdern zu bestehen. Aber so wirklich gelöst wurde mein Essproblem nicht. Ich wollte ja auch keine Hilfe von meiner Mutter, ich wollte überhaupt nicht geheilt werden, sondern einfach dünn sein. Als ich nach dem Abi in München studierte, übergab ich mich eines Abends so heftig, dass mein ganzer Hals wehtat. Erschöpft kauerte ich auf dem kalten Badezimmerboden, die Tränen liefen mir über das Gesicht, ich zitterte vor Kälte und Verzweiflung. Ich fand mich hässlich, die Kotzerei sinnlos, mein Leben schrecklich, aber ich konnte nicht aufhören. Es war so demütigend. Vielleicht muss man erst am tiefsten Punkt ankommen, um sich wieder zu fangen. Noch während ich weinte, dachte ich: Du kannst hier noch ewig sitzen, dir den Po abfrieren und dir einreden, dass du dumm und wertlos bist. Dann ändert sich nie etwas. Oder du stehst jetzt auf und tust es nie wieder! Ich stand auf und beschloss, mich nie wieder zu übergeben. Wenn ich etwas beschließe, ziehe ich es durch. Am nächsten Tag kaufte ich mir Obst und Gemüse und versuchte von da an, das Fastfood wegzulassen, normale Mengen zu essen und Sport zu treiben. Zusammen mit einer Freundin gründete ich die Firma *Our clean Journey*. Wir wollten uns gegenseitig motivieren, natürliche Lebensmittel ohne Zusatzstoffe und Geschmacksverstärker zu kaufen und auf Fleisch und Alkohol zu verzichten und richteten uns einen Instagram-Account ein, um Rückmeldungen auf unsere Rezepte zu bekommen. Das Thema kam zu unserer Überraschung so gut an, dass wir gleich noch ein Kochbuch schrieben über Detox, also Entgiften durch Weglassen ungesunder Lebensmittel. Ich fragte meine Mutter, ob sie mit mir eine Woche lang meine Rezepte testen wolle. Sie sagte begeistert zu und seitdem, also seit drei Jahren, isst sie jeden Morgen das Müsli-Rezept aus meinem Kochbuch mit Chia-Samen, aufgetauten Früchten, Haferflocken und gekochtem Wasser.

Das Thema Essen war jahrelang ein Machtkampf unter vielen zwischen uns. Ich war drei, als ich im Türkeiurlaub morgens um acht Uhr ein Eis forderte. Wir hatten gerade gefrühstückt, deshalb sagte meine Mutter: »Es gibt jetzt kein Eis!« Ich schrie so lange, bis das halbe Hotel zusammenkam. Ein Urlauber drückte meinen Eltern beklommen Geld für ein Eis in die Hand. Meine Mutter wehrte lachend ab und erklärte, dass es nicht um Geld gehe, sondern um Erziehung, um das richtige Maß und schlicht und ergreifend um Eis als unpassendste Mahlzeit am Morgen. Als die Leute das Interesse an meinem Gebrüll verloren hatten und verschwanden, hörte ich sofort auf zu schreien. Ich setzte mich in den Sand und spielte friedlich mit meinen Förmchen. Meine Mutter schaute mich kopfschüttelnd an. »Wenn sie was will, gibt sie alles.« Zwei Jahre später hatte ich noch immer diese Schreianfälle, warf mich auf den Boden, tobte und brüllte, wenn ich etwas nicht bekam. Einmal war meine Mutter so erschöpft, dass sie sich zu mir auf den Boden setzte und fragte: »Luisa, wie kann ich dir helfen, was ist wirklich los?« Und ich sagte: »Mama, einmal am Tag muss ich einfach schreien.« Erst mit meinem Auszug von zu Hause und meiner Zufriedenheit im Job wurden unsere Machtkämpfe seltener.

Seit meinen Fernsehauftritten kennen mich auch die Töchter der Freunde meiner Eltern, und bei einer halben Million Followern, die sich inzwischen angesammelt haben, kann es gut sein, dass auch Patienten meiner Mutter darunter sind.

Diese Nebenwirkung meines Berufes hat sie stillschweigend akzeptiert. Zum Glück gibt es mittlerweile aber auch schöne Momente für sie, ausgelöst durch mein erfolgreiches Business. Vor einiger Zeit bekam sie von einer Bekannten einen Artikel aus dem *Hamburger Abendblatt* zugeschickt, das mir ein Porträt gewidmet hatte. Die Bekannte schrieb ihr: »Du hast ja eine interessante Tochter!« Kurz darauf lud ich meine Mutter zu einer Massage in ein nobles Hamburger SPA ein und als wir wieder herauskamen, liefen wir einer Studentin in die Arme, die durch einen Instagram-Post von mir über meinen Mutter-Tochter-Wellness-Abend Bescheid wusste und extra zum SPA gelaufen war, um mich kurz zu treffen und mir »Danke« zu sagen für die vielen Livechats, die ihr Leben seit neun Jahren begleiten. In solchen Momenten spüre ich, wie stolz Mama auf mich ist, auch wenn ich keine Anwältin, Ärztin oder Lehrerin geworden bin. Manchmal denke ich, dass ich sie einfach mal mitnehmen sollte zu einem Shooting nach Dubai oder Japan, irgendwohin, wo sie noch nie war. Vielleicht wäre es sogar spannend für sie zu erfahren, wer meine Kunden sind und warum ich für welche Marken brenne und vielleicht sollte ich ihr auch mal die zehn Mitarbeiter vorstellen, die mittlerweile für mich in den zwei Agenturen arbeiten, die ich gegründet habe; eine Weiterbildungsplattform und eine Management-Agentur. Dann würde sich eine Situation wie neulich auf Mallorca, wo unsere Unterschiedlichkeit wieder so unerbittlich aufeinander knallte, vielleicht vermeiden lassen. Meine Eltern, mein Freund, meine Brüder und ich feierten dort den Geburtstag meiner Mutter. Wir hatten uns in einer Airbnb-Wohnung eingemietet. Das mache ich häufig, weil es günstig ist und ruhiger und geräumiger als in vielen Hotels. Alles lief gut. Bis wir am Abfahrtstag die Bude aufräumten. Meine Mutter wollte, dass ich den Müll wegbringe. Ich sagte, dass das nicht nötig sei, weil man in Airbnb-Wohnungen eine Reinigungskraft bezahlt, die den Müll zur Deponie bringt. Wir müssten nur aufräumen und alles korrekt hinterlassen. Sie schaute mich wütend an. Es war dieser Blick, der ihr ganzes Unverständnis ausdrückte. Sie fand mich unsozial, verwöhnt und konsumgesteuert. Sie sagte, dass ich die einfachsten Regeln des sozialen Miteinanders nicht kenne. Ich stand vor ihr, so enttäuscht und verärgert über ihre übertrieben kritische Sicht auf mich. Wir kriegten uns richtig in die Wolle. Ihr ganzes Misstrauen gegen meinen Beruf brach heraus, es war so frustrierend. Ohne dass wir uns nochmal umarmt hätten, reiste ich ab.

Meine Mutter ist der liebste Mensch der Welt, sie würde niemals einer Fliege etwas zuleide tun. Sie ist unglaublich sozial, das hat sie mir und meinen jüngeren Brüdern immer vorgelebt. Aber manchmal übertreibt sie es etwas, ist übersozial, sozialer als sozial. Bei mir blieb an diesem Tag das Gefühl hängen, dass ich wieder auf die Konsumgöre reduziert werde. Das Bild von der kleinen Prinzessin aus meiner Kindheit dominierte wieder in ihrem Kopf. Damals nannten sie mich »Fräulein Rottenmeier«, weil ich so viel Drama machte, wenn ich etwas nicht bekam. Auch heute will ich mir noch schöne Dinge kaufen und dafür nehme ich viel Arbeit und Stress in Kauf. Aber ich kenne meine Grenzen und würde mich nie auf Kosten anderer bereichern. Meine Mutter brachte mir bei, andere so zu behandeln, wie ich selbst behandelt werden will. Das nehme ich sehr ernst und es wäre so schön, wenn sie das sehen könnte, auch wenn ich fasziniert bin von materiellen Dingen.

Zu Weihnachten schenkte ich ihr mal ein kleines Armband aus meiner Schmuckkollektion. Ich hatte »Beste Mama«

in das Silberplättchen eingravieren lassen und band es ihr um, als wir vor dem Weihnachtsbaum standen. Sie war so gerührt und trägt es bis heute jeden Tag. Ich möchte ihr so gerne etwas zurückgeben, ich will sie stolz machen und manchmal setze ich mich damit richtig unter Druck. Früher wollte ich sogar Therapeutin werden, so wie sie. Auch in meinem Beruf ist die Therapeutin gefragt. Zum Beispiel, wenn mir meine Leserinnen ihre Sorgen schreiben oder mir ihre Suizidgedanken anvertrauen. So etwas überlese ich nicht einfach, es berührt und beschäftigt mich. Oft rufe ich dann meine Mutter an und frage sie um Rat. Sie erklärt mir, wie ich die Frauen am besten anspreche und wohin ich sie verweisen kann, und ich glaube, sie freut sich, dass ich ihren Rat suche und schätze. Es bedeutet ihr bestimmt mehr als die Kosmetikprodukte, die ich ihr mitbringe. Die probiert sie zwar aus, aber eigentlich braucht sie das ganze Zeug nicht.

Letztes Jahr wollte ich mir eine Drei-Zimmer-Wohnung als Altersabsicherung in meinem Hamburger Lieblingsviertel kaufen. Meine Mutter half mir wochenlang mit ihrem Fachwissen. Sie besichtigte Wohnungen, sprach mit Maklern, traf sich mit meiner Steuerberaterin, schaute meine Finanzen durch, rechnete und kalkulierte und alles mit einer solchen Leidenschaft, dass ich dachte: So richtig unterschiedlich sind wir eigentlich nur auf den ersten Blick. Sie braucht nicht wie ich die Bestätigung, am Ende des Tages Umsatz gemacht zu haben. Aber sie beißt sich fest, wenn sie für etwas brennt, gibt dreihundert Prozent und hat einen Businessdrive, der mich eigentlich nicht wundern dürfte, schließlich ist sie seit Jahrzehnten mit einer gut laufenden Praxis selbstständig. Am Ende kaufte ich dank ihrer Beratung eine wunderschöne Sechsundsiebzig-Quadratmeter-Wohnung in super Lage und ließ sie aufwendig renovieren. Wieder half mir meine Mutter, whatsappte mir Fotos von Bodenfliesen und Wasserhähnen und kümmerte sich vor Ort um die Handwerker. Als alles unter Dach und Fach war, bummelten wir erleichtert und zufrieden über den Weihnachtsmarkt. Ich spürte, dass in diesen Wochen etwas in ihr passiert war. Ich glaube, ihr wurde bewusst, dass man sich mit neunundzwanzig Jahren keine Wohnung kaufen kann, wenn man nichts anderes leistet, als Lippenstifte und Hotpants in die Kamera zu halten, und dass sie sich um mich keine Sorgen machen muss. Ich gehe meinen Weg, auch wenn es ein anderer ist als der, den sie für sich selbst ausgesucht hat. Sie hakte sich bei mir unter und steuerte die Schmalzkuchenbude an. Ich schaute in ihr glückliches Gesicht und dachte: Ich will wirklich keine andere Mutter, ich habe die beste der Welt!

KAPITEL 11

»Es war nicht meine Aufgabe, sie zu retten!«

Sie haben eine schwierige Beziehung, von Anfang an. Als Michèle, 24, vor drei Jahren für einige Zeit den Kontakt zu ihrer psychisch labilen Mutter abbricht, die so viel Fürsorge von ihr einfordert, versucht sich diese das Leben zu nehmen. Sie wird gerettet. Michèle grenzt sich von nun an noch konsequenter ab. Sie will Tochter sein und nicht Mutter. Daraufhin schluckt ihre Mutter erneut eine Überdosis Tabletten.

Um meine Mutter zu verstehen, muss man etwas über ihre Jugend wissen. Sie wurde mit siebzehn ungeplant schwanger. Ihre Eltern zwangen sie, ihr Baby abzutreiben. Sie wollte es unbedingt behalten, obwohl sie noch so jung war, aber sie hatte keine Chance. Als sie sich ein paar Jahre später ein Kind von ihrer Jugendliebe wünschte, erklärte ihr ein Gynäkologe, dass bei der Abtreibung irgendetwas schiefgegangen sein musste und sie sich damit abfinden solle, keine Kinder mehr bekommen zu können. Das war ein furchtbarer Schlag für meine Mutter, der sie noch lange beschäftigte. Sie träumte wie viele junge Frauen aus schwierigen Verhältnissen früh von der eigenen, der besseren Familie und davon, zu lieben und geliebt zu werden.

Und dann wurde sie doch noch schwanger, zwei Jahre später. Ihr Freund wollte das Baby aber nicht. Sie wollte es trotzdem behalten, auch um ihn an sich zu binden. Noch bevor es auf der Welt war, trennten sie sich, und sie verliebte sich in einen anderen Mann. Aber dieses Kind, das muss sie sich damals geschworen haben, würde sie nie wieder hergeben, es würde für immer ihr gehören, egal, was passiert. Und dieses Kind war ich. Sie umklammerte mich wie einen Teddy, den man braucht, weil man sonst ganz alleine ist. Ich erinnere nur wenig aus meiner Kindheit, aber fast alles, was ich noch weiß, ist mit Strafen und Verboten und ihrem Besitzanspruch verbunden. »Wenn du jetzt nicht lieb bist, darfst du morgen nicht beim Theaterstück deiner Klasse mitmachen«, sagte sie, und die unterschwellige Botschaft, die bei mir ankam, war, dass ich nur liebenswert bin, wenn ich funktioniere. Funktionierte ich nicht, strafte sie bevorzugt mit sozialer Isolation: kein Schwimmbad, kein Spielplatz, keine Treffen mit Freundinnen, die für mich so wichtig waren.

Sie war mir so nah, immer so dicht an mir dran, dass es mir die Luft abdrückte. Als ich sechzehn war, bestand sie noch immer darauf, mich von der Schule abzuholen. Sie hatte sehr viel Zeit, nur wenige Freunde und eine große innere Leere, zumal sie ihren Beruf wegen ihrer Krankheiten nicht ausüben konnte. Ihr Lebenssinn war ich.

Manchmal, wenn ich darum gebeten hatte und außerdem lieb genug gewesen war, durfte ich nach der Schule noch zwei Stunden mit meinen Freundinnen oder meinem Freund zusammen sein. Spätestens um sechs Uhr musste ich zurück zu ihr in unsere einsame Wohnung. Da wartete sie schon auf mich. Es gab keine Stunde in der Woche, in der ich ohne sie zu Hause war, sie war immer schon da. Sie verbot mir, meine Zimmertür zu schließen, und während ich duschte, musste die Badezimmertür einen Spalt offenbleiben. Diese Regel begründete sie mit ihrer Sorge, dass ich mich heimlich rasieren könne. Rasieren ging für sie gar nicht, das hatte für sie irgendetwas mit Sexualität zu tun. Allein die Vorstellung, dass ich irgendwann missbraucht werden könnte, war für sie unerträglich, und auch wenn sie nie darüber sprach, vermute ich, dass sie selbst Missbrauchserfahrungen machen musste. Je älter ich wurde, desto schlechter konnte ich ihr Bedürfnis nach Nähe ertragen. Eine Freundin sagte mal: »Michèle, du hast eigentlich immer Hausarrest.« Ich versuchte, ihr zu entkommen und sie krallte sich noch fester an mich. Abends musste ich mit ihr vor dem Fernseher sitzen. Wollte ich zur Toilette, hatte ich zu fragen. Wir stritten häufig.

Die Tage, die ich bei ihrem Exfreund, meinem Ziehvater, für mich ist er mein ganz normaler Vater, verbrachte, waren für mich heilsam. Er war der Mann, der während der Schwangerschaft mit meiner Mutter zusammengekommen war und bis zu meinem fünften Lebensjahr bei ihr blieb. Ich fühlte mich von ihm geliebt, respektiert und verstanden. An einem Sonntagabend, ich war sechzehn, kam ich von einer entspannten Woche bei ihm zu meiner Mutter zurück. Ich wollte noch einen Film auf YouTube für die Schule schauen, dann duschen und schlafen. Meine Mutter sagte: »Du warst tagelang weg, jetzt verbringen wir den Abend zusammen.« Ich musste aber diesen Film gucken. »Du kannst mitschauen«, sagte ich, aber das wollte sie nicht. Sie ging auf mich zu und riss mir den Computer weg. Wir rangelten.

Sie schrie: »Geduscht wird heute nicht mehr!«

Ich schrie: »Ich dusche, wann ich will.«

Dann bekam ich Angst, die Stimmung war so aufgeladen, so aggressiv, ich spürte, dass ich wegmusste, sonst würde es richtig eskalieren. Deshalb ließ ich den Computer los, ging in mein Zimmer und rief meinen Vater an. Ich bat ihn, mich sofort abzuholen. »Mama dreht durch!«, sagte ich.

Mein Vater ist Verwaltungsbeamter bei der Polizei. Er hatte an diesem Abend Schichtdienst, er konnte nicht losfahren. Also rief ich meinen Freund an. Der kam sofort. Zu meiner Mutter sagten wir, er werde mich zu meinem Vater bringen. Mit Klamotten und Schulsachen verließ ich ihre Wohnung. Sie blieb zeternd und drohend in der Tür stehen, riss sich aber vor meinem Freund so weit zusammen, dass sie mich zumindest gehen ließ. Statt zu meinem Vater zu fahren, zog ich bei meinem Freund und dessen Mutter ein, die mich liebevoll aufnahmen. Sie gaben mir einen eigenen Haustürschlüssel, ein echter Schatz für mich, zum ersten Mal konnte ich in meinem Leben ein- und ausgehen, wann und wie ich wollte. Es war eine Befreiung. Wie Atmen ohne Steine auf der Brust.

Unsere Teenie-Beziehung überstand das Zusammengepferchtsein in seinem Kinderzimmer nicht. Wir trennten uns. Ich wurde siebzehn und zog in ein soziales Wohnprojekt mit Ein-Zimmer-Wohnung inklusive Bad und Küche und einem Sozialpädagogen als Ansprechpartner.

Einkaufen, kochen, sich das Haushaltsgeld selbst einteilen und nebenbei das Gymnasium schaffen – es war ganz schön viel auf einmal. Weil Nudeln billig sind, kochte ich jeden Tag Nudeln. Und aß sie alleine. Während ich mein Leben lang unter permanenter Aufsicht gestanden hatte, kam ich jetzt am Nachmittag in eine leere Wohnung und saß abends alleine vor dem Fernseher. Ich vermisste meine Mutter nicht, aber das Alleinsein machte mir zu schaffen. Genauso die Verantwortung für mich selbst, für mein bevorstehendes Abitur. Jeder Infekt legte mich lahm, oft fühlte ich mich antriebslos und leer und schaffte es morgens nur mühsam oder gar nicht aus dem Bett.

Irgendwann schlugen mir meine Lehrer, alarmiert durch meine vielen Fehltage, vor, das Schuljahr zu wiederholen. Das wollte ich nicht. Ich entschied mich, mir lieber das Fachabitur anerkennen zu lassen. Dafür musste ich noch ein zwölfmonatiges Praktikum als Erzieherin an einer Grundschule und Kita absolvieren. Statt Tangentengleichungen zu bestimmen, gab ich von jetzt an Förderunterricht und leitete Bastelkurse. Der Druck fiel von mir ab und langsam krabbelte ich aus meinem Loch wieder heraus. Und verliebte mich.

An meinem achtzehnten Geburtstag pinkelte ich, halb übermütig, halb besorgt, auf einen Schwangerschaftstest. Positiv! Ich war schwanger, unglaublich! Ich freute mich so, auch wenn ein Kind eigentlich zu früh kam. Die Frage war nur: Wie sage ich es Mama? Sie würde durchdrehen. Es gab wenig, das ihr mehr bedeutete als gutes Benehmen und Ansehen vor anderen Menschen. Auch wenn sie von Hartz IV lebte, wollte sie auf keinen Fall mit dem eher ungebildeten Teil unserer Familie, in dem frühe Mutterschaft die Norm und nicht die Ausnahme war, in einen Topf geworfen werden. »Wenn du sie weiterhin so behandelst, wird sie spätestens mit achtzehn keinen Kontakt mehr mit dir haben wollen«, sagte mein Onkel mal zu ihr, weil sie ständig an mir herummeckerte. Daraufhin sagte sie: »Aber dann weiß sie sich immerhin zu benehmen!«

Zuerst erzählte ich meinem Ziehvater, dass ich schwanger war. Er riet mir: »Sprich mit deiner Mutter, bevor sie es von selber merkt.« Ich fasste allen Mut zusammen und zeigte meiner Mutter ein paar Tage später angespannt das Testergebnis. Sie schaute mich entsetzt an. Und dann passierte etwas so Schönes, dass ich es nie vergessen werde. Ihr Schock schwenkte in Vorfreude um, vollkommen unerwartet für mich. Sie lief fröhlich plappernd in den Keller, um nachzuschauen, ob meine alten Babysachen noch in der Kiste lagen. Ich war so glücklich über ihre ungewohnte Leichtigkeit. Sie wäre eine wirklich gute Oma geworden. Aber ich verlor das Baby in der zehnten Woche.

Nach zwölf Monaten übernahm mich die Schule als eine Art Mädchen für alles und ich verdiente erstmals eigenes Geld. Ich konnte mir eine eigene kleine Wohnung leisten und mein Leben fing an, sich zum Guten zu wenden. Da begann meine Mutter, lauter unsinnige Dinge zu tun. Obwohl sie von Arbeitslosengeld lebte, kaufte sie sich mit dem Geld aus ihrer Lebensversicherung, die sie spontan aufgelöst hatte, ein kleines Holzhäuschen in einer Wochenendsiedlung. Ihre jahrelange On-und-off-Beziehung Paul, sozusagen ein weiterer Stiefvater von mir, der sie bisher in sämtlichen Krisen aufgefangen hatte, konnte sie nicht an dem Hauskauf hindern. Er lag mit einer lebensbedrohlichen Lungenembolie auf der Intensivstation und merkte nun, dass ihm die Kraft fehlte für den Irrsinn meiner Mutter und die damit verbundenen nervenaufreibenden Beziehungsdramen. Er trennte sich aus dem Krankenhaus von ihr, obwohl er sie liebte. Da drehte sie durch, stellte sich stundenlang unter sein Fenster, hackte seine Passwörter, mailte ihm laszive Fotos von sich. Nach sechs Monaten begann es ihr langsam besser zu gehen. Bis ihre Stimmung ins andere Extrem kippte und sie beinahe euphorisch wurde. Sie hatte nämlich nach Jahren mit mysteriösen Gelenkschmerzen einen Arzt gefunden, der sie ernst nahm und Rheuma diagnostizierte. Endlich war sie nicht mehr die Verrückte mit den eingebildeten Schmerzen, es gab einen Namen für ihr Problem und außerdem bekam sie Medikamente. Voller Lebensfreude meldete sie sich zu einer Kur an, verliebte sich dort und verlobte sich auch gleich. Es war immer ihr Wunsch gewesen, anzukommen und zu heiraten, also Liebe für immer. Jetzt war sie ganz nah dran.

Wenn wir telefonierten, hörte ich die Euphorie in ihrer Stimme. Aber ich hatte schon zu viele ihrer Tiefs mitbekommen, es ging mir alles zu schnell. Am Ende würde ich den großen Knall und die Enttäuschung alleine auffangen müssen und das machte mir Angst. So versuchte ich sie vorsichtig zu bremsen in ihren hohen Erwartungen.

Nach ein paar Wochen war die Liebe bereits wieder vorbei und meine Mutter entlobt. Es war ihr Leben, es waren ihre Gefühle und nicht meine. Ich beschloss, mich noch mehr abzugrenzen und auf mein eigenes Leben zu konzentrieren, auch wenn ich spürte, dass sie von mir gesehen und unterstützt werden wollte. Aber ich wollte Tochter sein und nicht Mutter. Nach unseren Telefonaten war ich oft genug gestresst und erschöpft durch meine Wohnung gelaufen. Ihre Not und unsere Krisengespräche wurden mir einfach zu viel. Ich schlug ihr eine Pause voneinander vor und fragte sie, ob sie nicht doch eine Therapie machen wolle. Drei Monate ohne Kontakt und danach fangen wir noch mal bei null an, das war mein Vorschlag. Ich würde versuchen, meine Kindheit noch besser zu verarbeiten, und sie würde versuchen, mir meinen fluchtartigen Auszug zu verzeihen. Ich war ganz ruhig, als ich ihr das vorschlug, und mir absolut sicher, dass wir keine andere Chance miteinander hatten. Aber sie konnte es nicht akzeptieren.

Drei Tage später schluckte sie eine Überdosis Tabletten. Sie wollte sich das Leben nehmen. Zwei Jahre zuvor hatte sich ein Junge aus meiner Klasse umgebracht. Wir waren nicht befreundet gewesen, trotzdem war ich schockiert. Ich verstand nicht, wie er das tun konnte und warum sein Leben so ausweglos gewesen war. Hätte ich ihm helfen können? Ein

Jahr nach dem Suizid dieses Jungen warf sich mein bester Freund vor einen Zug. Er war sofort tot. Jetzt verstand ich die Welt nicht mehr. Ich war für ihn da gewesen, wir hatten so oft geredet, und trotzdem. Warum immer gleich sterben? Ich war tieftraurig und grübelte monatelang über diesen sinnlosen Tod. Dann beschloss ich, mich selbst zu retten. Von jetzt an würde ich zwischen meinen Bedürfnissen und denen anderer Menschen strikt trennen. Ich habe keine Kontrolle darüber, ob ein anderer aus dem Leben gehen will oder nicht; es ist seine Entscheidung und nicht meine und ich bin nicht verantwortlich für die Gefühle anderer. Von da an kam ich besser klar.

Jetzt hatte meine Mutter zu diesem Mittel gegriffen, vorher aber noch eine SMS an Paul, ihren Exfreund, geschrieben. Darin stand: »Pass gut auf meine Tochter auf!« Paul erkannte sofort die Gefahr und alarmierte den Notarzt. Der brach ihre Wohnungstür auf. Sie fanden sie noch atmend. Im Krankenhaus pumpten sie ihr den Magen aus. Meine Mutter lebte. Aber ich empfand kein Mitgefühl und keine Sorge, auch keine Schuld. Nur Enttäuschung und Traurigkeit. Ich bat Paul, sich gut um Mama zu kümmern, und sagte klipp und klar, dass ich aus dieser Sache rausgehalten werden wolle. Ich konnte die aufgezwungene Verantwortung nicht mehr aushalten. Paul bestand darauf, dass ich meine Mutter im Krankenhaus besuche und ihr neuen Lebensmut gebe. Ich weigerte mich, ich wollte sie nicht sehen. Sie hatte mit ihrem Tablettencocktail in Kauf genommen, mich zu verlassen. Für immer. Oder wollte sie mit einem kalkulierten Suizidversuch und der Rettung in letzter Minute Druck auf mich ausüben? Beides fand ich unerträglich. Paul überredete mich, oder eigentlich zwang er mich, mit ihm ins Krankenhaus zu fahren, weil er als Ex-Freund keine Auskunft von den Ärzten bekommen würde und mich dafür einfach brauchte. Er versprach mir, dass ich nicht mit ihr sprechen müsse.

Schließlich gab ich nach. Im Krankenhaus stand aber kein Arzt für ein Angehörigengespräch zur Verfügung. Ich fragte auf Druck von Paul eine Krankenschwester, ob die Dosis ausgereicht hätte, um wirklich zu sterben. Die Schwester druckste herum, offensichtlich wusste sie nicht, ob sie mich schonen müsse oder ob ich die Wahrheit verkrafte. Ich interpretierte ihre Worte so, dass es nie wirklich lebensbedrohlich für meine Mutter gewesen war. Mittlerweile denke ich aber, dass sie wirklich sterben wollte und ich die Aussage der Schwester so auslegte, wie es für mich erträglicher war. Paul schickte mich in ein Zimmer, in dem angeblich das Arztgespräch stattfinden sollte. Ich ging gutgläubig hinein und stand auf einmal ungewollt am Bett meiner Mutter. Bleich, rot umränderte Augen, die Arme kraftlos auf der weißen Bettdecke. Sie schlief. Noch während ich unschlüssig dastand und sie anschaute, wachte sie auf. Ihre Augen irrten desorientiert im Raum herum. Dann sah sie mich, schloss sie wieder und flüsterte: »Oh, nein, es hat nicht geklappt.«

Es war so unerträglich. Meine Mutter wäre lieber tot als mit mir hier in diesem Raum zu sein.

Ein paar Augenblicke zögerte ich noch, aber dann verließ ich, ohne ein Wort zu ihr zu sagen, das Zimmer und die Klinik. Ich hatte mich durch eine harte Kindheit gekämpft und ihrem Kontrollwahn entzogen, ich hatte meinen Schulabschluss ohne Hilfe einigermaßen geschafft und einen Job als Erzieherin bekommen. Und meine Mutter warf alles hin, weil sie mit sich selbst nicht klarkam. Und alle erwarteten, dass ich sie retten würde.

In den folgenden Tagen passierte irgendetwas in ihr. Jedenfalls rief sie aus dem Krankenhaus ihre Ex-Schwiegermutter und alle möglichen Freunde an, zu denen sie den Kontakt im Laufe der Zeit wegen Streitigkeiten abgebrochen hatte. Sie entschuldigte sich reihum, versuchte Beziehungen zu kitten, wollte wohl nochmal von vorne anfangen. Nur bei mir rief sie nicht an. Wahrscheinlich fehlte ihr der Mut. Für mich fühlte es sich an, als würde sie keinen Grund sehen, sich auch bei mir zu erklären und vielleicht sogar zu entschuldigen. Frustriert erzählte ich Paul, wie enttäuschend es sei, dass ich anscheinend als Einzige nicht angerufen wurde.

Aber meine Gefühle waren mal wieder völlig unwichtig. Wichtig war für Paul nur, dass ich meiner Mutter beistand und ihm half, ihr Häuschen auszuräumen, damit er den irrsinnigen Kauf für sie rückgängig machen konnte. Ich sagte: »Nein!« Ich versuchte ihm zu erklären, dass ich meine Kraft brauche, um meine eigenen Probleme zu lösen und unglaublich verletzt sei, dass ich die Einzige bin, die von ihr nicht angerufen wurde. Offenbar erzählte er ihr von meiner Enttäuschung, denn am selben Abend rief sie nun doch an. Sie sagte: »Es tut mir leid, dass du mich in diesem Zustand in der Klinik sehen musstest, aber wärest du mehr für mich da gewesen, hätte es nie so weit kommen müssen.« Es war, als würde sie mir ins Gesicht schlagen. Sie versuchte mir die Schuld an ihrem Suizidversuch zu geben. Ich hasste es so, wieder und wieder zuständig gemacht zu werden für ihre Sorgen und Probleme. Ob sie wirklich glaube, dass ihre neunzehnjährige Tochter dafür verantwortlich sei, dass sie nicht mehr leben wollte, fragte ich sie. Trotz meines Schmerzes und meiner Wut blieb ich ruhig und kontrolliert. »Ich bin dafür nicht verantwortlich! Ich bin nicht schuld an deinem Suizidversuch«, sagte ich. Dann drückte ich sie weg, kauerte mich in eine Ecke meines Sofas und weinte. Irgendwann piepte mein Handy. Es war eine WhatsApp meiner Mutter.

Sie schrieb, dass ich zwar keine Schuld habe, aber dass ich ihr nun mal nicht helfen und keinen Kontakt haben wolle und was ich denn erwarte, wie es ihr damit gehe. Ich löschte die Nachricht.

Meine Mutter wurde aus dem Krankenhaus entlassen und in die Psychiatrie eingewiesen. Von mir hörte sie in diesen Tagen nichts. Ich konzentrierte mich auf meinen Alltag, meinen Job, meine Freunde. Wir gingen abends feiern, spielten Gesellschaftsspiele, saßen in Cafés herum. Es war schön. Ich hatte zum ersten Mal seit Jahren keinen Freund und kam sehr gut mit mir allein zurecht. Und genau da traf ich Lennert, ein Bär von einem Mann. Überall Haare, grüne Augen, ruhig und besonnen und Vater einer dreijährigen Tochter, von deren Mutter er schon länger getrennt lebte. Alles an ihm war anders als ich. Vor allem seine Gelassenheit und seine Neigung, keine Pläne zu machen, das Leben einfach entspannt zu nehmen und mittendrin ruhig mal den Kurs zu ändern. Am 28. Dezember 2013 hatten wir unser erstes Date, vier Tage später waren wir ein Paar. Meine Mutter, ihre verletzenden Vorwürfe, ihr Suizidversuch, die Erwartungen von Paul, alles rückte angenehm weit weg. Sie war in der Psychiatrie, Fachleute kümmerten sich um sie, ich konnte durchatmen und Lennert kennenlernen. Nach zwei Wochen erfuhr ich so nebenbei von meiner Oma, dass sich meine Mutter auf eigenen Wunsch aus der Psychiatrie entlassen hatte. Ich wollte mich mit ihrer Entscheidung nicht beschäftigen.

Weitere sieben Tage später, es war ein Sonntagabend, ging ich früh ins Bett, weil ich am nächsten Tag um sechs Uhr morgens die Frühschicht in der Schülerbetreuung übernommen hatte. Aber ich konnte nicht einschlafen. Ich knipste das Licht an und wieder aus und fand keine Ruhe. Meine Gedanken blieben bei meiner Mutter hängen. Sollte ich mich doch bei ihr melden? Es war Januar und eigentlich war mein Plan, bis zu ihrem Geburtstag am 12. Februar unsere Kontaktpause durchzuziehen. Eine Stimme in mir sagte in dieser Nacht: »Ruf sie an!« Mein Verstand riet mir, es nicht zu tun, weil dann alles sofort von vorne beginnen würde. Bis fünf Uhr morgens lag ich schlaflos im Bett, dann stand ich auf und fuhr zur Arbeit.

Es war der 21. Januar 2014. Gegen acht Uhr morgens kam eine Kollegin, ich war jetzt entbehrlich und wollte sofort weg von den vielen Kindern, dem Trubel, dem Lärm. Ich weiß nicht warum, aber ich fühlte: Ich bin hier gerade am falschen Ort! Ich fuhr zu Lennert. Kaum war ich in seiner Wohnung, rief mich Paul auf dem Handy an. Wo ich sei, er wolle mich treffen und mir etwas sagen. Ich mag es nicht, wenn man mir etwas ankündigt und ich warten muss, bis es endlich besprochen wird. Deshalb weigerte ich mich, ihm Lennerts Adresse zu geben. Ich sagte, er solle es mir sofort sagen, jetzt, am Telefon. »Mama ist tot«, sagte er. Ich ließ das Handy auf den Boden fallen. Meine Welt brach zusammen. Nie wieder habe ich so geweint. Sie war meine Mutter, trotz allem. Lennert hob das Handy auf, schaute mich fragend an, ich nickte nur und so gab er Paul seine Adresse. Dann hielt er mich fest.

Sie hatte wieder Tabletten genommen. Dieses Mal war sie nicht rechtzeitig gefunden worden. Unbedingt, wirklich unbedingt, wollte ich sie noch einmal sehen. Paul ist Bestatter. Also kümmerte er sich sofort um alles. Aber er wollte mir die Leiche und ihren von den Tabletten veränderten Körper nicht zumuten. Ich versuchte ihm klarzumachen, dass ich ihren Tod nicht begreifen könne, ohne sie zumindest einmal gesehen zu haben. Es war mir so wichtig. Aber ich konnte mich nicht durchsetzen. Er meinte es gut mit mir, er wollte mich schützen, ich weiß. Trotzdem verfolgen mich bis heute

Albträume, die ich vielleicht nicht hätte, wäre ich noch einmal bei ihr gewesen. Ich sehe sie in meinen Träumen durch exotische Länder reisen, weit weg von mir, ihrer egoistischen Tochter, zu der sie keinen Kontakt haben will. Es geht ihr super in diesen Träumen, aber mir geht es schlecht, wenn ich mit dem Gefühl aufwache, dass meine Mutter froh ist, weit weg von mir zu sein.

Mein Halt in den folgenden Tagen und Wochen war Lennert mit seinem riesigen Verständnis, seiner Ruhe und seiner Liebe, die ich erwidere. Wir kümmern uns bis heute gut umeinander. Wir streiten auch mal, aber wir schaffen es immer, wieder gegenseitig auf uns zuzugehen. Ohne Lennert hätte ich die erste Zeit nach dem Tod meiner Mutter nicht überstanden.

Meinen Schuldgefühlen versuchte ich keine Chance zu lassen. Immer wieder sagte ich mir, dass der Rucksack meiner Mutter zu groß war, ihr Rheuma, ihre Depressionen, ihre schwierige und nie aufgearbeitete Kindheit, ihr Kontrollzwang und ihre Sehnsucht, bedingungslos geliebt zu werden. Manchmal frage ich mich trotzdem, ob es anders gekommen wäre, wenn ich den Kontaktabbruch nicht konsequent durchgezogen hätte oder mich in der Nacht, als sie starb und ich wach lag, gegen alle Vernunft bei ihr gemeldet hätte. Aber was bringt das? Vielleicht wäre der zweite Suizidversuch noch zu verhindern gewesen, aber der dritte dann nicht mehr. Und anders als mein Stiefvater, der sich bis heute Vorwürfe macht, will ich mir diese Last nicht aufladen.

Für die Trauerfeier in der Friedhofskapelle wählte ich die Lieder aus und Paul übernahm alles Organisatorische und bezahlte zum Glück auch alles. Von der Ankunft am Friedhofstor über die Trauerrede und das Händeschütteln bis zu dem Moment, als wir endlich wieder fahren konnten, liefen mir die Tränen. Ich wurde von einer bleiernen Traurigkeit heruntergezogen, registrierte aber zugleich, dass meine Mutter, so wie ich sie kannte, hier gar nicht betrauert wurde. Es war, als ginge es um einen ganz anderen Menschen oder nur einen Teil von ihr. Die Trauergäste waren voller Mitgefühl für mich und meinen Schmerz, aber es fühlte sich irgendwie schief an, weil ich merkte, dass niemand von ihnen auch nur ansatzweise ahnte, wie belastet unsere Mutter-Tochter-Beziehung gewesen war und wie sehr ich unter ihren ganzen Problemen gelitten hatte. Trotzdem versuchte ich an diesem Tag und auch später noch, das Bild, das die anderen von ihr hatten, nicht zu zerstören. Weil ich weiß, wie wichtig ihr immer ihr Ansehen war.

An den Vorbereitungen für das anschließende Begräbnis beteiligte ich mich nicht. Paul hatte mich gefragt, ob ich mich langfristig um ihr Grab kümmern werde, und weil ich es nicht versprechen konnte und wollte, wurde sie verbrannt, was ich aus tiefstem Herzen ablehnte. Statt ein großzügiges und repräsentatives Grab zu bekommen, was meiner Mutter bestimmt viel bedeutet hätte, wurde sie in einem sehr bescheidenen und kaum sichtbaren Urnengrab bestattet. Den Grabstein suchte ich aus, aber bis heute bin ich nicht einmal auf dem Friedhof gewesen. Ihr Erbe musste ich ablehnen, um nicht ihre Schulden zu übernehmen. So blieb mir von meiner Mutter nichts als einige wenige gerahmte Bilder, die ich aus ihrer Wohnung schmuggeln konnte.

Es tut mir bis heute weh, dass sie mich freiwillig zurückgelassen hat. Ich begreife nicht, wie sie das tun konnte. Ich denke, ihr war einfach nicht bewusst, wie verletzend ihre Vorwürfe für mich und wie erdrückend ihre Erwartungshaltung an mich waren. Sie wollte nichts Schlechtes für mich, sie kam nur einfach mit ihrem Leben nicht klar und wünschte sich von mir all die Liebe und Aufmerksamkeit, die Sicherheit und den Respekt, nach denen sie sich ein Leben lang gesehnt hatte. Ich bin überzeugt davon, dass kein Mensch etwas tut, um einem anderen zu schaden. Menschen tun etwas, damit es ihnen selbst bessergeht. Aber das verstand ich erst, als ich selber Mutter wurde.

Zwei Jahre später, nach der Geburt von Bruno, so heißt mein heute dreijähriger Sohn, litt ich unter einer Wochenbettdepression. Auch sein Geschrei machte mich fertig, ich konnte es nicht ertragen. Entweder er schrie oder er schlief, andere Babys lagen zufrieden in der Wiege. Für Bruno war nichts gut genug. Weder das Tragetuch, noch die Bauchmassage, weder Pupsen noch Füttern. Er schrie. Ich fühlte mich so hilflos, und diese Hilflosigkeit machte mich wütend, denn sie erinnerte mich an all die Situationen, in denen ich meiner Mutter ausgeliefert war. Will Bruno mich ärgern?, fragte ich mich misstrauisch, wenn er brüllte, obwohl ich ihn schon stundenlang im Tuch durch die Wohnung getragen hatte. Bei Facebook verfolgte ich in diversen Müttergruppen die Tipps und Hilferufe erschöpfter Mütter von Schreikindern und entdeckte Artikel über gewaltfreie Kommunikation und das innere Kind in uns, das tobt und weint und Angst hat und unser reflektiertes Denken überstimmt. Da verstand ich erst, dass Brunos Schreien nicht gegen mich gerichtet war. Dass er schrie, weil er überreizt war und dass ich mir einfach nur vornehmen konnte, liebevoll für ihn da zu sein, egal was passiert.

Meine Bedürfnisse, seine Bedürfnisse, meine Zweifel, ob ich wirklich eine gute Mutter bin, meine Erinnerungen an meine Mutter und die Angst vor einer Wiederholung, alles ging durcheinander. Mit der Zeit gelang es mir aber besser, die Hintergründe zu begreifen.

Denke ich heute an meine Mutter, fühle ich immer häufiger eine Art friedliches Verständnis. Vielleicht hat sie gehofft, dass ich es ohne sie leichter habe. Und es stimmt ja auch: Ich muss heute nicht mehr über ihre Probleme nachdenken, niemand zieht mehr an mir und beschimpft mich. Und weil sie nicht mehr da ist, kann ich, so bitter das auf der einen Seite auch sein mag, unbeeindruckt von äußeren Einflüssen meinen Weg zu mir selber gehen. Niemand redet mir mehr in meine Gefühle und meine Gedanken zu meiner Kindheit rein.

Aber ich vermisse ihre Stimme, ich vermisse es, Rückmeldungen von ihr zu bekommen, und es tut mir so leid für sie, dass sie nur zweiundvierzig Jahre alt wurde und dass sie nie mit ihren Enkelkindern spielen oder in der Hängematte mit ihnen kuscheln konnte. Sie hätte das gemocht. Knapp zwei Jahre nach Bruno kam unsere heute einjährige Frida auf die Welt. Ich beschäftige mich viel mit meinen inneren Dämonen, mit meiner Wut und meinem Kindheitsschmerz, damit ich Bruno und Frida ein Leben ohne Angst und Enge ermöglichen und sie wirklich frei lassen kann. Und wenn meine Freunde zu mir sagen, dass ich so geduldig und liebevoll mit den Kindern bin, frage ich mich, ob meine Mutter heute stolz auf mich wäre.

KAPITEL 12

»Meine Mutter wurde ein anderer Mensch«

Die Mutter von Anke, 54, ist alleinerziehend und nach der Arbeit mit der Pflege der bettlägerigen Oma beschäftigt. Für ihre Tochter hat sie weder Zeit noch Geduld. Viele Jahre fühlt sich Anke ihrer Mutter fremd. Bis die heute 79-Jährige ihre Wohnung verkauft, ihre Möbel verschenkt und in ein Wohnmobil zieht. Ist das wirklich meine Mutter?, denkt Anke seitdem oft.

Sie breitete ihre Landkarte auf meinem Esstisch aus, strich sie glatt und zeigte mir ihre geplante Route. Meine Mutter wollte weg, weit weg, endlich mal die Welt sehen und zwar allein, in einem Wohnmobil. Sie war neunundsechzig und eigentlich, so sahen es ihre Ärzte, unheilbar krank, so kurz vor Pflegeheim. Zum Glück glaubt sie nicht alles, was man ihr erzählt, und eines wusste sie genau: Ein Pflegefall würde sie nicht werden, alles, nur das nicht. Dabei sah es genau danach aus. Ihr Körper zerstörte aus irgendeinem Grund ihre Gelenkkapseln, sie lösten sich einfach auf. Sie bekam künstliche Fingergelenke, hatte zusätzlich zwei Infarkte und zwei Hörstürze. Jahrelang nahm sie haufenweise Tabletten und wurde trotzdem immer kränker. Aber sie misstraute den Nebenwirkungen der Medikamente und sagte eines Tages zu sich: »Es reicht! Weg mit den blöden Pillen!« Gegen den ausdrücklichen Rat der Ärzte, die befürchteten, dass sie tot umfallen würde, ließ sie das ganze Zeug über fünf Jahre ausschleichen. Ich war froh, dass sie zumindest nicht alles an einem Tag in den Mülleimer schmiss.

Meine Mutter ist zäh. Nach sieben Jahren ohne Medikamente ging es ihr so gut wie nie. Sie verkaufte ihre Haushälfte und legte sich von dem Geld einen Fiat Dukato zu, so einen Kastenwagen in Blau. Den ließ sie zu einem Wohnmobil ausbauen. »Hier drinnen werde ich jetzt wohnen und die Welt bereisen«, erklärte sie mir. »Du willst in ein Auto ziehen mit Sack und Pack?«, fragte ich. Genau das wollte sie. Ich versuchte erst gar nicht, ihr das auszureden. Meiner Mutter kann man nichts ausreden. Ich sagte zu meinem Mann: »Halleluja! Andere Frauen in ihrem Alter schieben den Rollator vor sich her, und meine Mutter will auf Weltreise gehen in einem blauen Bus!«

Ihr gesamtes Leben musste in das Auto gequetscht werden. Es gab Tage, an denen sie mehrere Möbel auf einmal verschenkte. An anderen Tagen konnte sie sich nur unter Tränen von den Briefen und Fotos aus einer Schublade trennen. Vor allem an ihren Büchern hing ihr Herz, aber es konnte nur mit, was auf einen Tapeziertisch passte. Manche Briefe verbrannte sie im Wald und verbuddelte die Asche. »Rituale tun der Seele gut«, sagt sie immer. Als alles unter der Erde oder verschenkt war, kam sie für ein paar Tage bei mir vorbei, besuchte anschließend Freunde und Verwandte in verschiedenen deutschen Städten und dann ging es los Richtung Frankreich, Spanien und Portugal.

Während ich schlaflose Nächte hatte, weil mich die Bilder in meinem Kopfkino irre machten, weil ich meine zarte, eins fünfundfünfzig Meter kleine Mutter nachts mit leerem Tank, Reifenpanne, Grippe oder ohne Geldbeutel an einer einsamen Straßenkreuzung ohne Handyempfang sitzen sah, half sie bester Dinge bei der Olivenernte in einem portugiesischen Dörfchen mit und durfte dafür kostenlos parken. Als der Winter kam, fuhr sie weiter nach Marokko. »Wäre ich jung, würde ich nicht alleine reisen, da könnte vieles schiefgehen«, versuchte sie mich zu beruhigen. »Mit knapp siebzig kann man das schon machen, da ist man im richtigen Reisealter.«

Seit knapp zehn Jahren ist sie mittlerweile pausenlos auf Tour. Sie bekommt nur eine kleine Rente, deshalb stellt sie sich im Ausland jottwede in die Landschaft und duscht in Schwimmbädern. Das ist günstig. Irgendwelche Menschen, die sie unterwegs kennenlernt, laden sie abends zum Grillen ein. Und wenn keine Einladung reinkommt, öffnet sie halt eine Dose Bohnen und isst alleine in ihrem Bus. Niemals könnte ich so leben, wirklich niemals.

Meine Tage müssen alle gleich aussehen, ich plane alles haarklein durch. Frühstücken, Arbeiten, Putzen, Waschen, mit dem Hund Laufen, Kochen, Schlafen. Ich habe gerne dieselben Menschen um mich, meinen Mann, mit dem ich alles teile, und meine Söhne und von mir aus auch die Schwiegermutter. Bei mir steht oder liegt nichts herum, wo es nicht hingehört. Alles ist tipptopp. Was ich mir überhaupt nicht vorstellen kann, ist, tagelang wie meine Mutter durch die Wüste zu reisen, mit mir selbst alleine zu sein und den ganzen Tag über mein Leben nachzudenken. Um Gottes Willen, ich wüsste nichts mit mir anzufangen. Mich interessieren fremde Länder zwar auch, aber ich muss sie nicht bereisen. Ich freue mich über den Sonnenuntergang bei uns am Watt in Ostfriesland.

Die Kehrtwende im Leben meiner Mutter kam für mich überraschend. Sie war schon beinahe verbittert, weil sie ewig für andere Menschen Verantwortung getragen hatte. Immer diese Kümmerei! Irgendwann hat der sozialste Mensch Oberkante. Zuerst pflegte sie vierzehn Jahre lang ihre krebskranke Mutter, meine Oma, obwohl die beiden überhaupt keinen Draht zueinander hatten. Meine Mutter ist das elfte von vierzehn Kindern, sie hasste ihre Mutter als Kind regelrecht. Sie sagt, sie wäre früher am liebsten mit den Zigeunerfamilien mitgegangen, da hätte sie mehr Aufmerksamkeit bekommen als zu Hause. Sie wurde von ihrer Mutter einfach übersehen und musste frech und aufsässig sein, damit sie überhaupt jemand wahrnahm. Gegen Ende ihres Lebens entschied sie sich für genau dieses freie Leben ohne Wohnsitz und Sicherheit, das sie schon als Kind so spannend fand.

Als ihre Mutter krank und bettlägerig wurde, hatte keines der anderen Geschwister Zeit oder Lust, sie zu pflegen. Ausgerechnet meine Mutter fühlte sich zuständig. Vielleicht wollte sie ihrer Mutter beweisen, dass sie doch nicht überflüssig und unwichtig war, oder etwas gutmachen, sie war ja alles andere als ein braves Kind gewesen. Das deutete sie mal an. Wir zogen also zu meiner Oma ins Haus, in die obere Etage. Mama bereitete ihr morgens die Mahlzeiten zu, ging dann zur Sparkasse arbeiten und wenn sie abends fix und fertig nach Hause kam, versorgte sie zuerst ihre Mutter. Sie verlegte eine Klingel von ihrem Bett durch das gesamte Treppenhaus bis in Omas Schlafzimmer und wurde jede Nacht ein paar Mal rausgeklingelt. Dann rannte sie.

Einmal sagte ich zu ihr: »Du bist überhaupt keine richtige Mutter!« Heute tut mir das leid. Aber sie war ja nie da. Arbeiten, Pflege, Arbeiten. Sie übersah mich genauso wie ihre Mutter sie übersehen hatte – und ich war ihr einziges Kind.

Sie war furchtbar streng. Mit zwölf musste ich den Haushalt führen, alles außer Kochen. Niemals hätte ich vergessen zu staubsaugen oder ihr die Stirn geboten. Ich hatte einen Heidenrespekt vor ihr, sie strahlte so eine Autorität aus. Was sie sagte, das war so. Sie ist Sternzeichen Steinbock: eigenwillig, zielstrebig, gradlinig. Ich erinnere eine einzige Situation, in der ich Widerworte gab. Daraufhin sprach sie mehrere Tage nicht mit mir. Von da an gab ich keine Widerworte mehr.

Als Teenager erzählte ich ihr meine Sorgen nicht mehr, sie war mir ganz fremd geworden. Als Oma dann starb, war ich zweiundzwanzig. Jetzt hätten wir uns wieder annähern können. Aber sie musste unbedingt ihre ältere Freundin Johanna, den Drachen, zu uns holen und wieder arbeiten, pflegen, arbeiten. Wieder bis zum bitteren Ende. Ich fragte meine Mutter damals: »Hast du nicht mal langsam genug gepflegt?« Meine Mutter antwortete: »Ich habe es ihr nun mal versprochen und jedes Versprechen, das man nicht einhält, ist kein geschlossener Regenbogen.« So sieht sie das bis heute. Ich war acht, als sie mich neben zwei Koffer ins Auto setzte und mit mir kurzerhand in den Schwarzwald nach Bad Dürrheim fuhr. Es war kein Urlaub, es war das Ende ihrer Ehe und ein Neuanfang für uns am anderen Ende Deutschlands. In einem Rot-Kreuz-Kinderheim war eine Stelle als Putzfrau frei geworden, verbunden mit dem Angebot, ein kostenfreies Zimmer für zwei Personen zu bewohnen. Sie war ja keine Putzfrau, aber sie versuchte immer, die Aufgabe, die in dem Moment anstand, besser zu machen als jeder andere. Egal, was für eine Aufgabe das war.

Die Leiter des Kinderheims merkten schnell, dass sie überqualifiziert war. Sie bekam den Job der Wirtschafterin und erledigte schon bald Büroarbeit, statt zu putzen. Johanna, fünfundzwanzig Jahre älter als meine Mutter, war die Leiterin der Wäscherei. Sie förderte meine Mutter und meine Mutter konnte ihre dominante, ich will mal nicht sagen: herrschsüchtige Art ganz gut ab. So kam das mit den beiden. Nach zwei Jahren verließen wir das Kinderheim wieder und zogen zu meiner Oma ins Haus; und als Oma gestorben war, holte meine Mutter Johanna zu uns. Acht Jahre betüddelte sie Johanna von vorne bis hinten. Gut fand ich das nicht. Dass Johanna eine ganz furchtbare Kindheit hatte und vergewaltigt worden war von den Russen, entschuldigte in meinen Augen ihr unfreundliches Wesen überhaupt nicht. Sie war es als ehemalige Wäscherei-Leiterin gewöhnt, Angestellte unter sich zu haben und die Ansagen zu machen. Sie war so fordernd und undankbar, und meine Mutter so liebevoll und geduldig. Ich finde, wenn der eine nur bedient und der andere nur nimmt, stimmt irgendetwas nicht.

Ich wohnte damals bei meinem Mann, war schwanger mit Pascal und todunglücklich in meiner Ehe. Mein Mann entpuppte sich nach Pascals Geburt als Kontrollfreak, er überwachte alles: Wo ich hinging, mit wem ich mich traf, wie viel ich wog. Jede Bewegung musste durch seine Zensur. In der Schlussphase sperrte er mich zu Hause ein. Wenn du jahrelang von deiner Mutter klein gehalten wirst, hast du nicht die Kraft, dich aus einer Abhängigkeitsbeziehung zu einem Mann zu befreien. Aus mir war ein unsicherer und schüchterner Mensch geworden, außerdem war ich körperlich klein und zart, mein Mann über eins neunzig und kräftig. Würde mich heute jemand so mies behandeln, würde ich sagen: »Du kannst mich mal gernhaben!«, und die Biege machen. Damals konnte ich das nicht.

Meine Mutter wollte mit meinen Problemen nicht belästigt werden, sie war schon voll und ganz mit ihrer Arbeit und Johanna beschäftigt. Vor meiner Hochzeit hatte sie versucht, mich zu überzeugen, nach ihrem strengen Regiment erstmal ein Jahr alleine zu wohnen. Sie sah das Unheil wohl schon kommen, weil ich bei ihr aus- und gleich beim nächsten dominanten Menschen einzog. Aber ich hörte nicht auf sie. Als ich über meine furchtbare Ehe mit diesem Kontrollmenschen jammerte, sagte sie: »Die Suppe, die du dir eingebrockt hast, die löffelst du auch selber wieder aus.«

Das war hart, aber vorwerfen kann ich ihr das nicht. Sie hatte ja Recht, ich musste es alleine schaffen und das tat ich auch, als ich meinen heutigen Mann kennenlernte. Ein echter Glücksfall! Mein Ex schubste mich aus Eifersucht einmal quer durch das Badezimmer, und da war der Moment gekommen. Ich packte meine Sachen, verließ unsere Wohnung und kam nie wieder. Es brauchte allerdings Jahre, bis ich mir mit Hilfe meines neuen Partners ein stabiles Selbstbewusstsein aufgebaut hatte.

Meine Mutter ging nach acht Jahren Pflege auf Kur, und Johanna kam vorübergehend in ein Pflegeheim. So blöd sich das anhört, aber ich dachte: Komm da nie wieder raus, nie wieder! Ich bekam die Ansage von meiner Mutter, Johanna jeden Tag zu besuchen. Am ersten Tag brachte ich ihr mit meinem Sohn Pascal Apfelsinen vorbei. Am zweiten Tag setzte ich aus. Als ich am dritten Tag wieder hinfuhr, dieses Mal ohne Pascal, weil der mit dem Papa angeln war, sagte Johanna: »Das kleine Arschloch ist nicht mitgekommen?« Am vierten Tag war ihr Bett leer. Manche Wünsche werden wahr.

Die Heimleitung rief meine Mutter in der Kur an und die brach zusammen, konnte aber gottseidank um drei Wochen verlängern. Ich musste den Rollstuhl und die anderen Johanna Sachen aus dem Pflegeheim holen. Wir sprachen nie wieder über Johanna, das Thema war für mich durch. Wenn mich etwas belastet, schiebe ich es weg. Meine Mutter ertränkte ihren Kummer über Johannas Tod ein paar Monate lang in Alkohol. Dass ich gerade wieder schwanger war, tröstete sie nicht. »Sieh mal zu, dass dich deine Schwiegermutter mit dem Baby unterstützt, wenn du wieder arbeiten musst«, sagte sie. Ein bisschen mehr Vorfreude hatte ich mir schon gewünscht, aber ich sagte mir einfach: »Diese Frau hat wahrscheinlich ein für alle Mal genug gepflegt.« Ich verkaufte damals in einem großen Kaufhaus alles von Damenmode bis hin zu Haushaltsartikeln. Ewig zu Hause beim Kind bleiben, das konnte ich mir nicht leisten. Aber kaum war Felix geboren, wurde er das absolute Goldkind meiner Mutter und ist es bis heute. Sie ging wieder zur Arbeit, aber an den Wochenenden holte sie ihre Enkelsöhne ab und kümmerte sich liebevoll um sie. Das fand ich schön. Wir waren ihr nicht weniger wichtig als die alte Johanna. Wahrscheinlich ist es auch ein Unterschied, ob man sich um einen grimmigen alten Menschen kümmert oder um ein Baby, das so viel Liebe zurückgibt. Die Härte, die ich von klein auf an ihr wahrgenommen hatte, und die Bitterkeit, die durch die jahrzehntelange Pflegearbeit dazugekommen war, weichten durch Felix auf. Sie wurde eine tolle Oma, lieb und geduldig, so wie sie als Mutter nie gewesen war.

Ich war ein ungewolltes Kind und nach dem ersten Sex ihres Lebens entstanden. Sie war neunzehn, nicht aufgeklärt, mein Vater acht Jahre älter. Sie hatte sich nicht gewünscht, schwanger zu werden, aber wegen mir mussten meine Eltern heiraten, obwohl sie sich kaum kannten. Ich besitze ein kleines Foto von ihrer Hochzeit. Ein gutaussehender junger Mann mit blauen Augen im Anzug und eine zierliche junge Frau im Kostüm, beide in Schwarz, wie auf einer Beerdigung. Sie lächeln, immerhin. Wahrscheinlich dachte mein Vater, dass bald der Sohn zur Welt kommt. Leider wurde ich eine

Tochter, er war schwer enttäuscht. Gingen wir spazieren und jemand fragte, wie ich heiße, sagte ich mit Selbstverständlichkeit: »Bruno.« Mein Vater nannte mich so, ganz im Ernst. Er fuhr mit mir regelmäßig zum Flughafen. Dort musste ich die Boeing 737 beim Starten und Landen bewundern und sämtliche Flugzeugmodelle auswendig lernen. Wie das noch sitzt: Boeing 7–3-7. Das Schlimmste an der Ehe meiner Eltern war die Mutter meines Vaters. Sie sagte zu ihrem Sohn: »Sei vorsichtig, deine Frau tut dir Gift ins Essen!« Irgendwann hatte meine Mutter die Schnauze voll von den Intrigen und dem Gestichel und haute mit mir in den Schwarzwald ab, wo wir Johanna trafen. Meinen Vater habe ich nicht vermisst, und er mich anscheinend auch nicht.

Als meine Söhne auf der Welt waren, wollte ich nochmal einen Anlauf starten nach jahrelanger Sendepause. Ich rief ihn an und verabredete einen Besuch in seiner Wohnung. Er hatte sich ja immer so sehr einen Sohn gewünscht, ich dachte, da könnten ihn die Enkelsöhne interessieren. Als er mir im Unterhemd die Tür öffnete, wäre ich am liebsten wieder abgedreht. Wir tranken ein Bier zusammen, er erzählte mir von seinen Krankheiten und wollte nichts wissen über mich und meine Söhne. Nicht mal ein Foto wollte er sehen. Ich bin nie wieder hingegangen, es hatte ja keinen Zweck. Dafür näherte ich mich wieder an meine Mutter an. Das ging nicht von heute auf morgen, es war ein langsamer Prozess. Es ist ja nie etwas Unverzeihliches zwischen uns vorgefallen, wir hatten nur den Kontakt zueinander verloren über ihrer ganzen Kümmerei. Ich war ihr dankbar, dass sie mir mit Felix half und sich später sehr um Pascal kümmerte. Als Jugendlicher wohnte er sogar eine Zeit lang bei ihr. Sie machte ihm klare Ansagen und war konsequenter als ich, aber trotzdem liebevoll.

Als sie mir vor zehn Jahren, mit Ende sechzig, ihre Reisepläne verkündete, war ich in Sorge, dass sie so ganz auf sich allein gestellt sein würde ohne mich und meinen Mann. Und wir ja auch ohne sie. Damit ich mich nicht so viel sorgen müsse, erklärte sie mir, dass sie den jungen Marokkanern Zigaretten gibt, damit die auf ihr Wohnmobil aufpassen und ihr Schutz geben. Das beruhigte mich etwas. Kürzlich sagte sie: »Falls mir etwas zustößt in Marokko, sag den Behörden, sie sollen mich irgendwo verscharren, bloß keine teure Überführung nach Deutschland.« Bei solchen Sätzen zucke ich noch immer zusammen. So etwas will man als Tochter einfach nicht hören. Neulich hatte sie drei Tage Magen-Darm-Probleme, weil sie wieder am falschen Ende gespart und eine Dose aufgemacht hatte, die nicht mehr gut war. In den Spuck-Pausen setzte sie sich ans Steuer, ihr Kuscheltier auf dem Schoß, und fuhr zum nächsten Punkt ihrer Route. Sie schlägt sich wirklich durch, das muss ich schon sagen. Nur isst sie etwas karg, oft Fladenbrot mit Öl und ein Süppchen aus der Dose. Aber sie sagt, dass die Sonne sie nährt. Dabei kommt sie immer klapperdürr aus Marokko zurück und nimmt bei mir in Ostfriesland erstmal fünf Kilo zu.

Erwische ich meine Mutter in Marokko telefonisch und frage, was sie so treibt, dann sagt sie: »Ich stehe gerade in meiner Küche und mache mir etwas zu essen!« In Wirklichkeit steht sie im Campingbus vor zwei Herdplatten. Es ist ja alles Miniatur. Das Waschbecken klappt man herunter, der Esstisch ist versenkt, den Fahrersitz dreht man so zurück, dass er zugleich ihr Esstisch-Stuhl ist, ihr Kleiderschrank ist in die Wand eingelassen und der ganze hintere Teil des Wohnmobils besteht aus ihrem Bett. Die Enge gibt ihr Sicherheit, sagt sie, sie fühlt sich so muckelig in dem Auto wie ein Embryo in der Gebärmutter. Wo sie hinfährt, entscheidet sie spontan. Mal nach Finnland, weil sie dort noch nie war, oder nach Norwegen, weil sie jemand dort hin eingeladen hat. Sie lernt ständig neue Menschen kennen auf irgendwelchen Campingplätzen, und meistens wollen die dann von meiner Mutter in ihren Heimatländern besucht werden.

Vor fünf Jahren fing sie an darüber nachzudenken, was später mit ihrem Leichnam passieren sollte. »Ich will auf keinen Fall von Würmern aufgefressen werden«, sagte sie und überschrieb ihren Körper der Universität Essen. Dafür musste sie der Uni von ihren knapp tausend Euro Rente fünfhundert Euro zahlen, damit die ihren Leichnam abholt, wenn es so weit ist. Das war es ihr aber wert. »Dann können Medizinstudenten an mir üben«, erklärte sie mir und grinste schief. Ich fand das überhaupt nicht lustig, also dass sie kein Grab haben will und ich keinen Ort bekomme, an dem ich an sie denken kann. Sie möchte aber nicht, dass ich fünfundzwanzig Jahre lang Blumen pflanze und den Stein abwische. Mit dem Thema Pflege ist sie wirklich durch.

Einmal stand sie an einer Klippe und überlegte, ob sie springen sollte. Nicht weil sie lebensmüde ist, überhaupt nicht, sondern weil sich das Problem mit dem Altwerden auf die Weise gelöst hätte. Ihr Problem ist: Sie muss entscheiden, wo und vor allem wie sie leben wird, wenn sie das Lenkrad nicht mehr greifen kann mit ihrer schlimmen Arthrose. Ihre Finger hängen ja nur noch an Bändern. Wenn sie schwer hebt, könnten sie abreißen. Bis zu ihrem letzten Tag mit dem Bulli durch Marokko reisen, wird vielleicht nicht klappen.

Ich schlug ihr vor, in unsere Nähe zu ziehen. Das will sie aber nicht. Auch ihre Schwester bot ihr das an. Das will sie aber auch nicht. Ihre Freiheit ist ihr wichtig. Für ihre Freiheit gab sie sogar ihre letzte Liebe auf.

Vor drei Jahren verliebte sie sich noch einmal richtig in einen älteren Mann aus Wuppertal, den sie bei einem Wohn-mobiltreffen kennengelernt hatte. Helmut. Sie rief mich an und sagte: »Ich muss dir was erzählen, ich habe einen Freund.« Ich sagte: »Na, das ist doch toll!« Sie sagte: »Aber so richtig mit allem Drum und Dran.« Ich sagte: »Frollein, komm mir mal nicht mit einem Kind nach Hause!« Wir lachten. Ich bin so froh, dass sie ihren Humor wiedergefunden hat. Der war ihr zeitweise abhandengekommen.

Helmut wollte, dass sie zu ihm zieht. Sie hatte mit der Liebe gar nicht mehr gerechnet und weil sie so froh über die unerwartete Liebe war, tat sie das auch. Er hatte viel Geld, ein großes Haus, einen Luxus-Wohnwagen, sie hätte es sich schön machen können bei ihm. Irgendwann kam das Thema Sterben auf den Tisch und sie erzählte ihre Pläne von der Leichnam-Spende für die Uni Essen. Der Helmut sagte: »Nee, das mit der Uni streichen wir mal«, und versprach ihr ein stattliches Grab und ein tolles Begräbnis. Meine Mutter rief daraufhin bei der Uni an, meldete ihren Leichnam ab und ließ sich die fünfhundert Euro zurücküberweisen. Aber dann passierte nichts mehr, ihr Freund kaufte kein Grab, ich vermute, er verstand die Eile nicht. Sie wollte das aber geklärt wissen, es lag ihr wirklich auf der Seele. Nach ein paar Mona-ten reichte es ihr, sie rief die Uni Essen an und überwies das Geld zurück. Einige Monate später hat sie sich dann von Hel-mut getrennt. Aber nicht wegen des Grabes. Ihr ging das Hausfrauenleben auf den Keks: aufstehen, frühstücken, ein-kaufen, kochen, schlafen und am nächsten Tag wieder alles von vorne. Darüber war sie ja nun gerade erst hinweggekom-men dank des Wohnmobils. Sie merkte, dass sie mit Helmut wieder in die alte Rolle fiel, Verantwortung für andere über-nahm, sich kümmerte, Haushälterin, Köchin und Pflegeper-sonal in einem war. Das wollte sie aber gerade nicht mehr.

Helmut konnte sich nicht vorstellen, aus seinem großen Haus aus- und in ihr kleines, verschachteltes Wohnmobil einzuziehen. Umgekehrt wären sie in seinem Luxus-Wohnmobil nicht in verwinkelte Bergdörfer gekommen, die sie mehr interessieren als die Touristenroute. Es fiel ihr sehr schwer, der Helmut war wirklich eine große Liebe. Am Ende trennte sie sich aber und stieg wieder in ihr Auto. Sie sagt immer, dass das Licht in Marokko so besonders ist, dass ihr Sonne während des europäischen Winters guttut und sie ihre Freunde aus aller Welt nicht aufgeben könne und auch die Wanderungen durch die Natur nicht; und dass sie durch das Reisen immer in Bewegung sei und ihr Körper und ihre Seele das brauchen.

Neulich schickte sie mir aus Marokko zwei Fotos von sich, eins mit Hut und eins mit Tuch auf dem Kopf. Ich schrieb zurück: »Sieht schick aus!« Sie schrieb, dass sie beim Friseur war. Ich: »So schlimm?« Als nächstes kam ein Foto ohne Hut und Tuch. Hilfe! So eine Frisur hätte ein Kleinkind schneiden können: Hier eine Treppe, dort eine Treppe und hinten eine lange Strähne. »Hat nur drei Euro gekostet bei einem Männerfriseur«, tippte sie hinterher. Und dann: »Kennst du Zsa Zsa Gabor? Die trug auch immer Tuch, ich jetzt auch.« Ich hätte Heulkrämpfe gekriegt und mich vergraben, bis die Haare wieder ordentlich nachgewachsen sind. Zum Glück ist meine Mutter nicht eitel.

Sie erklärte mir mal, dass sie sehr an sich arbeiten musste, um zu werden, wie sie heute ist. Bevor sie bei Konflikten urteilt, sich aufregt oder überhaupt irgendetwas tut, stellt sie sich eine kleine Triangel vor. Jede der drei Ecken hat eine Bedeutung, nämlich »meins«, »seins« und »das Universum«. Sie sagt: »Ich frage mich immer zuerst: Ist es meins, ist es seins oder ist es Sache des Universums?« Mit dieser Lebensregel kommt man sehr weit, man mischt sich nicht ein, wird nicht übergriffig und kümmert sich gut um sich selbst. Dass ich so ganz anders bin als sie, dass ich nicht reisen will und nicht im Schwimmbad duschen, das ist für sie in Ordnung. »Solange du dich weiterentwickelst, finde ich alles gut, was du machst«, sagte sie kürzlich, als sie bei mir zu Besuch war. Und dann verschwand sie nach draußen in den Garten, um ihre fünf Tibeter zu tanzen und sich mit geschlossenen Augen im Kreis zu drehen ohne umzufallen.

KAPITEL 13

»Endlich konnte ich Mitgefühl mit ihr empfinden«

Sigrid, 58, ist verzweifelt, als ihr Mann sie überraschend verlässt. Sie ist Ende dreißig und sucht jahrelang nach den Gründen für ihren nicht enden wollenden Schmerz. Erst als sie herausfindet, dass die urplötzliche Trennung von ihrer Mutter als anderthalbjähriges Kind die eigentliche Ursache für ihren seelischen Schmerz ist, können ihre Wunden heilen.

Es ist für mich in der Rückschau faszinierend, dass ich mich bis zum Zeitpunkt der Trennung von meinem Mann bärenstark fühlte. Ich ahnte nicht, welche Bedeutung meine schwierige Kindheit und meine distanzierte Beziehung zu meiner Mutter für mein Leben als Erwachsene hatte. Für mich war alles super. Auf meinen Sohn, den ich mit in die Ehe gebracht hatte, war ich unglaublich stolz. Ich verdiente gut im Job, wir waren alle gesund und ich dachte, dass mich mental nichts aus den Socken hauen kann.

Nach zehn Jahren Ehe wollte mein Mann unbedingt ein Haus bauen. Es war sein Traum, nicht meiner, aber ich trug das kostspielige und zeitaufwendige Projekt ihm zuliebe mit. Als das Haus gerade anderthalb Jahre stand, wir waren nun über beide Ohren verschuldet, verhielt er sich plötzlich so eigenartig, ganz anders als sonst, distanzierter, innerlich verändert. Ich fragte ihn immer wieder, was los sei, aber er redete um den heißen Brei. Ich hörte aber nicht auf zu fragen, also erzählte er mir irgendetwas von einem Problem, über das er nicht sprechen könne. Nachts lag ich wach und grübelte. Mit Ungereimtheiten komme ich überhaupt nicht klar. Ich will wissen, was los ist. Einige Wochen später fuhren wir gemeinsam in den Urlaub. Er war nach wie vor ungewöhnlich in sich gekehrt. Plötzlich hatte ich eine Eingebung. Eine Kollegin meines Mannes war kürzlich zurückgekehrt an ihren Arbeitsplatz. Ich wusste auf einmal, was Sache war: Zwischen ihr und ihm war etwas am loskochen. Ich sagte ihm auf den Kopf zu, was ich vermutete. Er gab es sofort zu und zog nach unserem Urlaub zu Hause aus.

Mein Sohn war fünfzehn, mitten in der Pubertät, er sah meinen Mann als seinen Vater an, die beiden hatten eine besondere, sehr liebevolle Bindung. Die neue Situation war so beschissen. Wir hatten das Haus, die Schulden, und auf einmal war unsere Ehe hinüber. Unter mir brach alles zusammen. Das Schlimmste aber war der unbeschreibliche Schmerz, der aus der Tiefe kam. Ein kaum erträglicher innerer Schmerz. Ich war nur noch ein Häuflein Elend. Konnte ich endlich einschlafen, war die Nacht um drei Uhr morgens für mich schon wieder vorbei. Weil in mir alles drunter und drüber ging: Die Angst, das Haus nicht mehr bezahlen zu können und in einigen Jahren nach dem Auszug meines Sohnes alleine dort wohnen zu müssen, die Angst vor dem Alleinsein, der wahnsinnige Schmerz in meinem Herzen. Hellwach saß ich dann im Bett, an Schlaf war nicht mehr zu denken. Einmal schrieb ich meinem Mann einen Brief über meine ganze Verzweiflung. Dass ich seinen Hausbauwunsch unterstützt hatte, aber im Hinterkopf schon wusste, wo das zweite Kinderzimmer hinkommt. Dass ich gehofft hatte, das Haus bedeute für uns ein gemeinsames Kind und jetzt säße ich da, alleine, perspektivlos und von ihm um meinen Traum gebracht von einer größeren Familie. Ich schickte den Brief nie ab. Aber vom Aufwachen bis zum Einschlafen fühlte ich mich, als stürze ich in einen schwarzen Tunnel, knalle unten auf und sterbe. Mit aller Kraft versuchte ich, dieses Gefühl nicht mehr zu haben. Aber es ließ sich nicht wegschieben, keine Ablenkung half. Und dann tat ich, was man in so einer Not leider tut, wenn es sich irgendwie anbietet: Ich lief gute drei Monate später dem nächstbesten Mann in die Arme. Es war ein Fehler, aber es fühlte sich genau richtig an. Mein Schmerz verschwand fast unmittelbar. Ich atmete auf. Dieses Gefühl, wieder vollständig zu sein, nicht mehr als bloße Hälfte durch die Welt zu irren, war erleichternd und wohltuend. Es war, als würde mich jemand aus dem schwarzen Tunnel holen und auf einen weichen Wattebausch betten. Der neue Mann war die Schmerztablette, die ich dringend gebraucht hatte. Endlich konnte ich mich wieder auf meinen Beruf konzentrieren, ich brauchte mein sicheres Gehalt jetzt erst recht.

Mein neuer Partner gehörte schon länger zu meinem Bekanntenkreis. Jeder wusste, dass seine Ehe hinüber war, er war schon lange bereit zum Absprung. Er kam aber nicht weg von seiner Frau, weil er zu wenig verdiente, um die Scheidung zu bezahlen und zwei Haushalte zu finanzieren. Nun zog er zügig bei mir ein. Ich war für ihn das Trittbrett, mit dem er seiner finanziellen und partnerschaftlichen Misere entkam. So finanzierte ich in meiner großen Bedürftigkeit ohne zu zögern den Großteil seiner Scheidung und unseres gemeinsamen Lebens. Ich warf mich ihm geradezu vor die Füße, weil ich dachte, dass ich ohne ihn an meiner Trennung zerbreche. Ohne es zu merken, geriet ich in eine furchtbare Abhängigkeit zu meinem neuen Partner. Ich brauchte ihn wie eine Droge gegen meinen Schmerz, obwohl ich nach und nach erkannte, dass er mich hauptsächlich als finanzielle Unterstützung ausgesucht hatte.

Gegenseitige Benutzung funktioniert auf Dauer nicht, und mit Liebe hatte unsere Beziehung wenig zu tun. Obwohl er weder besonders liebevoll noch respektvoll zu mir war, fand ich anfangs alles gut. Er sollte nur keine Anstalten machen, mich zu verlassen. Seinen ausgewachsenen Hang zum Luxus tolerierte ich, auch wenn ich ihn nicht teilte. Eines Morgens eröffnete er mir, dass ihm gerade nach einem Schickimicki-Urlaub in den Bergen Österreichs sei. Solche Trips konnte ich mir aber, nachdem ich ihm so großzügig bei der Scheidungsfinanzierung geholfen hatte, nicht mehr leisten. »Na, gut«, sagte er. »Dann buche ich für mich alleine.« Und das tat er. Es war für mich ein Stich ins Herz. Ich sagte nichts und nahm es hin. Vier Jahre ging unsere Beziehung einigermaßen gut. Dann häuften sich die Probleme. Oft ging es ums Geld. »Warum muss dein Sohn unbedingt studieren?«, nörgelte er, weil mir die monatlichen Zuschüsse zum Studium wichtiger waren als ein kostspieliges Wellness-Wochenende mit ihm. In solchen Momenten wusste ich, dass ich mich trennen musste. Aber ich schaffte es nicht. Meine Panik, mein Leben alleine nicht in den Griff zu kriegen, war zu groß. Deshalb versuchte ich mit allen Mitteln, das Klima zwischen uns zu verbessern, ihm alles recht zu machen, nur bloß keine Trennung. Verschwand er nach dem Sonntagsfrühstück für den Rest des Tages zum Tennis oder zur Radtour mit Kumpels statt mit mir an den See, war ich enttäuscht, schluckte meine Gefühle aber herunter. Nur kein Streit! Um ihn zufrieden zu stellen, lud ich seine Kinder aus erster Ehe in unseren Urlaub ein, auch wenn ich die kostbare Pause von meinem stressigen Job lieber ruhiger verbracht hätte. Ich wurde immer kleiner, sah meine eigenen Bedürfnisse nicht mehr. Zwar beobachtete ich diese ungute Entwicklung an mir selbst, aber ich schaffte es nicht, etwas zu ändern. Immer öfter fragte ich mich im Stillen, warum die Trennung von meinem Ehemann eine so unendliche Verlustangst in mir auslösen konnte, dass ich noch immer mit den Folgen zu tun hatte.

Mein mittlerweile erwachsener Sohn freundete sich im Studium mit einem einige Jahre älteren Psychologen an. Die beiden Männer sprachen wohl auch über mich, und irgendwann sagte mein Sohn zu mir, dass es ja eigentlich kein Wunder sei, wie panisch ich auf drohende Trennungen reagiere nach allem, was ich als Kind erlebt habe. »Hast du mal über eine Therapie nachgedacht, um deine Kindheit aufzuarbeiten?«, fragte er. Ich schaute ihn überrascht an. Eine Therapie? Ich sollte jede Woche einem fremden Menschen gegenübersitzen und meine Ängste und den ganzen Schmerz hervorkramen, egal, ob ich dafür gerade den Kopf frei hatte oder nicht? Am nächsten Morgen müsste ich dann nach einer durchheulten Nacht mit verquollenen Augen ein Meeting leiten. Auf keinen Fall! Mit Schaudern dachte ich an den Kollegen, der nach einem Burnout nie mehr befördert worden war mit dem heuchlerischen Argument der Chefs, dass man ihn lieber nicht nochmal überfordern wolle. Ich wusste genau, was mir im Büro blühen würde, wenn ich psychische Schwäche durchscheinen ließe. Außerdem musste ich ja weiterhin Haus und Studium bezahlen, ich konnte mir nicht noch zusätzlich den Verlust des Arbeitsplatzes erlauben. Aber mein Sohn ließ nicht locker. In den folgenden Monaten sprach er immer mal wieder meine Kindheit an. Bis ich einsah, dass ich zumindest privat und ohne Therapie herausfinden sollte, ob es einen Zusammenhang gab zwischen meiner Trennungsangst, meinen Erlebnissen in der Kindheit und vielleicht sogar meiner schwierigen Beziehung zu meiner Mutter.

Meine Mutter war zu dieser Zeit nach einer Darmkrebsoperation, einer Chemotherapie und der anschließenden Reha wieder zu Hause und galt als erfolgreich behandelt. Der Krebs war weg und sollte auch nicht zurückkommen. Sie kam aber mental nicht damit klar, dass sie von nun an für den Rest ihres Lebens mit einem ausgelagerten Darm leben musste. Das Schlimme war für sie gar nicht ihr neuer Alltag mit dem ausgelagerten Darm, sondern die Vorstellung, dass sie ein Problem hatte, das nicht zu lösen sein würde, also dass niemand auf der Welt in der Lage war, ihr zu helfen. Darüber geriet sie in eine solche Angst und fühlte sich so hilflos und verlassen, dass sie stundenlang regungslos im Bett lag und kaum noch Anteil nahm am Leben um sie herum. Dabei war sie erst Ende sechzig und geistig und körperlich eigentlich fit. Öffnete ich die Tür zu ihrem abgedunkelten Zimmer mit den schweren Holzmöbeln und dem uralten Kachelofen, der schon ewig nicht mehr benutzt worden war, sah ich sie in ihrem Blümchen-Nachthemd matt im Bett liegen, die Haut vorschnell gealtert, die dünnen Haare streng zurückgekämmt, die Arme abgemagert. Oft erschrak ich und dachte, sie sei tot. Aber sie stellte sich nur tot und versuchte so, ihre Angst unter Kontrolle zu kriegen. Die Angst verfolgte sie schon ihr ganzes Leben, genau gesagt, seit einem lebensbedrohlichen Bombenangriff in ihrer Jugend während des Zweiten Weltkrieges. Jetzt war sie, ausgelöst durch das Darmproblem, mit voller Wucht zurückgekommen.

Sie so zu sehen, gefangen in ihrer Angst, war auch ein Signal für mich. Mir wurde beim Anblick meiner Mutter klar, dass verdrängte Gefühle, egal ob Angst oder Schmerz, über Jahre im Verborgenen in uns schlummern und plötzlich durch einen akuten Anlass wieder zum Vorschein kommen können. Meine Mutter hatte in ihrem Alter nicht mehr die Kraft, sich ihrer Angst zu stellen. Sie erstarrte regelrecht und wurde in den folgenden Jahren dement, ihr Gehirn schaltete sich ab. Was aber war mit mir und meiner Angst? Mir war inzwischen klar, dass ich mich nicht aus Liebe, sondern aus seelischer Not beim nächstbesten Mann eingenistet hatte und mir seit Jahren einzureden versuchte, dass diese Beziehung meine Rettung und mein Glück im Unglück sei. Aber ich war nicht glücklicher geworden, ganz im Gegenteil. Ich war etwas über vierzig und wollte auf keinen Fall enden wie meine Mutter.

Ihre psychischen Probleme begannen als vierzehnjähriges Mädchen 1945 in Berlin, kurz vor Kriegsende. Sie half in einer Fleischerei aus, ihre Schule gab es nicht mehr. Warnende Sirenen, wie sie in den ersten Kriegsjahren Bombenangriffe angekündigt hatten, gab es auch nicht mehr. Fielen Bomben, blieb meistens keine Zeit, sich in den Kellern in Sicherheit zu bringen. Die Bomben fielen ohne Vorwarnung in Häuser, in denen gerade gekocht, gespielt oder gearbeitet wurde. An diesem für das Leben meiner Mutter ganz entscheidenden Tag im Februar 1944 fiel eine Bombe direkt auf die Fleischerei, in der sie gerade Waren sortierte. Es krachte furchtbar, Feuer loderte auf und meine Mutter, die hinten in der Küche saß, schaffte es nicht nach draußen, der Weg war vom Feuer versperrt. Sie muss Todesangst ausgestanden haben. Irgendeine gute Seele wusste, dass sie dahinten noch saß, schnappte sich eine Decke, rannte durch die brennenden Räume, packte sie, wickelte sie in die Decke und trug sie durch das Feuer hinaus. Sie hatte großes Glück, wenn man so will. Sie trug keine äußeren Verletzungen davon, ihr Körper war in Ordnung. Aber in ihrer Seele war etwas gerissen. Nur merkte das niemand, und kurz vor Kriegsende gab es ohnehin keine Therapien und kein Mitgefühl für eine Jugendliche, die immerhin äußerlich heil davongekommen war. »Sei froh, dass du noch lebst«, hieß es. Ihre Menstruation setzte erst vier Jahre später mit Hilfe von Medikamenten ein, da war sie bereits achtzehn. Offensichtlich reagierte ihr Körper schon damals bei extremer psychischer Bedrohung mit einer Art Schockstarre.

Fünf Jahre funktionierte sie nach außen unauffällig weiter. Mit zwanzig brach sie zusammen und musste in die Psychiatrie eingeliefert werden. Ihre Eltern machten ein großes Geheimnis um ihre Erkrankung, sie wollten das psychische Problem ihrer Tochter nicht wahrhaben und holten sie gegen ärztliche Anweisung frühzeitig nach Hause. Als sie kurz darauf meinen Vater kennenlernte, erfuhr er weder von ihr, noch von seinen Schwiegereltern von ihrer labilen Psyche. Sie heirateten und meine Mutter wünschte sich nun ein Kind, aber es klappte jahrelang nicht. Also eröffneten sie gemeinsam einen Tante-Emma-Laden, der meiner Mutter sehr ans Herz wuchs. Mit achtundzwanzig wurde sie doch noch schwanger. Mit mir. Alles schien gut, aber nichts war gut. Als sie neunundzwanzig und ich anderthalb Jahre alt war, kam das nicht geheilte Trauma zurück.

Ich saß gerade in meinem Laufgitter im Schlafzimmer, da holte meine Mutter eilig mehrere Eimer aus der Küche, füllte sie hektisch mit Wasser und stellte sie auf den Holzboden. Sie öffnete das Fenster, warf Kissen, Decken und Möbel nach draußen, so dass die Leute auf der Straße erschraken und bei meinem Vater klingelten. »Ihre Frau schmeißt die ganze

Wohnungseinrichtung auf die Straße«, riefen sie. Er rannte nach oben, er hatte Angst, dass sie als nächstes mich herunterwirft. Später beschrieb er mir, wie meine Mutter die Wände anfasste und ihm erklärte, sie seien schon heiß, das Feuer werde lebensgefährlich sein. Mein völlig erschrockener Vater rief die Feuerwehr. Nicht, damit sie löschte, es gab ja keine Flammen. Sie nahmen meine Mutter mit und brachten sie in die geschlossene Psychiatrie. Dort blieb sie drei Jahre. Mich brachte mein Vater zu seiner Mutter.

Meine Oma wurde über Nacht meine neue Bezugsperson. Ich fühlte mich von ihr geliebt und umsorgt. Aber nach drei Jahren durfte meine Mutter zuerst probeweise und dann endgültig wieder nach Hause. Jetzt wollte sie natürlich ihr Kind zurück. Meine Oma versuchte mit allen Tricks und allem Druck, mich zu behalten. Sie war der Meinung, dass ich es in ihrem schönen Haus mit Garten besser habe als bei meinen Eltern, die eher beengt in der Innenstadt lebten und genug zu tun hatten mit der Genesung meiner Mutter und ihrer Liebesbeziehung nach drei Jahren Ausnahmezustand. Es krachte ordentlich zwischen den Fronten. Meine Eltern setzten sich schließlich durch, holten mich zurück und meine Oma durfte mich nun ein knappes Jahr nicht sehen. »Wenn die Mama komische Sachen macht, kannst du es mir sagen«, sagte sie noch und erklärte mir, dass meine Mama schon mal durchgedreht war. Damit versetzte sie mich natürlich in große Unruhe, das erinnere ich sehr gut, auch wenn sie das sicher nicht beabsichtigt hatte.

Ich verlor also in meiner frühen Kindheit gleich zwei Mal meine engste Bezugsperson von einer Minute auf die andere. Zuerst meine Mutter, die urplötzlich aus meinem Leben verschwand. Und dann meine neue Mutter, die Oma, die drei Jahre später ebenfalls unfreiwillig von mir getrennt wurde.

Was geht in einem kleinen Kind vor, wenn es die Mama verliert, wenn es von seiner wichtigsten Bezugsperson verlassen wird, wenn es schreit und weint und die Mutter trotzdem nicht zurückkommt? Als ich selbst Mutter geworden war, wehrte ich mich intuitiv dagegen, meinen Sohn gegen seinen Willen auch nur für wenige Stunden irgendwo abzugeben. Ich nahm den Spott der anderen hin und ließ mich nicht beirren. Vielleicht wollte ich meinem Kind unbewusst eine Wiederholung unserer Familiengeschichte ersparen.

Auch wenn meine Mutter mir ein neues großes Bett schenkte und mich aus dem Kindergarten, den ich furchtbar fand, wieder abmeldete, blieb sie mir fremd. Vielleicht auch deshalb, weil ich nach den heftigen Verlusterfahrungen gefühlsmäßig dicht machte, kein Vertrauen mehr hatte, mich wieder neu auf eine Mutter einzulassen. Das Gefühl, geborgen zu sein, das ich als Erwachsene noch immer suchte und brauchte, hatte ich eher bei meiner Oma gefunden.

Nach zwei Jahren bekamen meine Eltern noch mal eine Tochter. Das neue Kind war ihre Chance auf einen Neuanfang. Meinem Vater war nach der Einlieferung meiner Mutter von den Ärzten nahegelegt worden, sich zu trennen. Das hatte er abgelehnt. Solange die Aussicht bestünde, dass sie wieder normal werden würde, wollte er an der Ehe festhalten. Mit dem neuen Kind konnte sie ihm etwas zurückgeben, und ich spürte mit meinen sieben Jahren, wie überlebenswichtig meine kleine Schwester für meine Mutter war und bis zu ihrem Tod blieb. Dagegen fühlte ich mich, als habe man mich in die Welt gesetzt und nun solle ich selber sehen, wie ich klarkomme. Ich war überflüssig. Meine Mutter tat nichts, um mir ein Gefühl von Wichtigkeit und Zugehörigkeit zu geben. Als Jugendliche haute ich bei Konflikten oder wenn ich Trost und Nähe brauchte, zu meiner Oma ab und die erzählte mir dann auch von der frühen Traumatisierung meiner Mutter. Auch meine Mutter sprach später kurz und sachlich über ihre Zeit in der Klinik.

Ich hatte mich mein gesamtes Leben aber nie gefragt, wie sich die Trennung von meiner Mutter und meiner Oma auf meine Psyche ausgewirkt hatte. Hätte mich mein Mann nicht verlassen, wäre der Stein nie ins Rollen gekommen und mir wäre nie klargeworden, warum meine Beziehung zu meiner Mutter zeitlebens so distanziert blieb. Während ich weiterhin mit meinem Trostpflaster zusammenlebte, lag ich nachts wach und dachte darüber nach, ob ich mit anderthalb Jahren, als mich meine Mutter verließ, dieselbe schmerzhafte Erschütterung in mir gespürt hatte wie bei der Trennung von meinem Mann vierzig Jahre später. War der heftige Schmerz also schon die ganzen Jahre in mir gewesen, gut verschlossen in irgendeiner Ecke und nur durch meinen Mann wieder zum Vorschein gekommen? Würde er noch mal herausbrechen, wenn ich erneut verlassen werde? Fügt uns ein anderer gar keinen Schmerz zu, ist der Schmerz schon da und wartet nur darauf, ausgelöst zu werden?

Ich versuchte mich scheibchenweise von meinem Freund zurückzuziehen, immer gerade so weit, bis ich die Verlustangst und den Schmerz wieder spürte. Zu Festen bei Freunden ließ ich ihn alleine gehen und traf mich wieder häufiger mit meinen Freundinnen. Abends ging ich aus, ohne ihm zu sagen, wann ich wiederkomme. Ich testete meinen Schmerz, und mein Freund wunderte sich und zog sich ebenfalls immer weiter zurück. Parallel beschäftigte ich mich mit dem Leben meiner Mutter, las Bücher über die Kinder und die Enkel der Kriegsgeneration, damit ich die äußeren Umstände und ihre seelischen Folgen besser verstehen konnte. Ich stieß auf die wissenschaftliche Theorie vom ererbten Trauma, von unerklärlichen Ängsten in uns, die ihren Ursprung nicht in unserer Kindheit haben, sondern an uns weitergegeben werden von unseren Vorfahren, ohne dass wir es wissen. In einer Facebook-Gruppe für und von Kriegsenkeln las ich die Erfahrungsberichte von Töchtern kriegstraumatisierter Mütter. Jedes Mal, wenn ich meine Eltern besuchte, fragte ich meinen Vater nach den schönen und schweren Situationen seines gemeinsamen Lebens mit meiner Mutter, die mittlerweile völlig dement war. Wie war sie als Ehefrau gewesen, wie hatte er sie als Mutter empfunden, mit welchen gesellschaftspolitischen, wirtschaftlichen und psychischen Schwierigkeiten hatte sie zu tun gehabt? Je mehr ich über sie erfuhr, je besser ich die Zusammenhänge verstand, desto leichter fiel es mir, mich in sie einzufühlen.

Abends saß ich oft mit meinem Sohn in der Küche und erzählte ihm, was ich herausgefunden hatte. Er hörte gespannt zu, er wollte alles wissen. Wir stellten uns gemeinsam vor, wie es sich anfühlen muss, nach drei Jahren Psychiatrie wieder in den Alltag zurückzukehren und ein fremd gewordenes Kind, das weinend nach der Oma ruft, im Spielzimmer sitzen zu haben.

So ging das ein paar Jahre. Dann machte ich eine überraschende Entdeckung: Nachdem es mir endlich gelang, Mitgefühl mit meiner Mutter aufzubringen, schaffte ich es auch, Mitgefühl mit mir selbst als Kind zu haben, mit diesem hilflosen kleinen Mädchen, das so viel Verlust zu verkraften hatte. Als mein Vater in einem unserer Gespräche erzählte, dass ich damals fröhlich brabbelnd und nicht weinend im Gitter gesessen hatte, als meine Mutter den Hausrat aus dem Fenster warf, fühlte ich in mir eine große Erleichterung.

Je mehr ich über meine Kindheit erfuhr, desto mehr Verständnis konnte ich für meine Verlustangst aufbringen, die mich im Alltag noch immer schmerzte, aber manchmal auch ungeduldig machte. Ich versuchte mir bewusst zu werden, dass ich, die erwachsene Sigrid, nicht mehr abhängig bin von einem Menschen so wie damals als Kind. Dass ich heute souverän, mutig und finanziell unabhängig bin, und eine Trennung ertragen kann. Meine Aufarbeitung dauerte knapp zehn Jahre. Vielleicht wäre dieser Prozess mit therapeutischer Hilfe schneller gegangen, aber darauf kam es nicht an. Immer neue Fragen fielen mir zu meiner Kindheit und meiner Mutter ein. Ich stellte sie meinem Vater gezielt an Tagen, an denen ich wusste, dass ich die Antworten auch verkrafte. Nach jedem Gespräch ging es mir ein kleines bisschen besser, meine Trennungsangst schrumpfte und mir wurde klar: Ich versuchte noch immer, im Nest meines Partners Unterschlupf zu finden. Das drohende Beziehungsaus fühlte sich an wie ein drohender Fall aus seinem Nest. Eine Beziehung funktioniert aber nur, wenn jeder sein eigenes Nest mitbringt und man zwei Nester zu einem großen zusammenfügt.

Mein Freund ging nun auch immer öfter ohne mich aus, wurde gleichgültiger und irgendwann zog er nach einem letzten großen Streitgespräch tatsächlich bei mir aus. Der Schmerz kam mit derselben Wucht wie zehn Jahre zuvor. Wieder fühlte ich mich wie ein halber Mensch: klein, schwach und abhängig. Aber anders als bei der Trennung von meinem Ehemann konnte ich das Ausmaß meiner Angst und Trauer jetzt einordnen und wusste, dass ich einfach stur mit meiner Eigentherapie weitermachen musste und mich so am Ende selbst retten würde. Ich war innerlich bereit loszulassen.

Als Neu-Single lief ich beim Einkaufen im Supermarkt planlos an den Regalen vorbei und wusste nicht, was ich in den Einkaufswagen legen sollte. Jahrelang hatte ich gekauft, was meinen Partnern schmeckte. Aber was aß ich eigentlich gerne? Genauso merkwürdig fühlte es sich an, wenn ich mich einen ganzen Tag nur um mein Wohl gekümmert hatte. Aber genau das war notwendig, um herauszufinden, was ich überhaupt fühlte und mir wünschte von meinem Leben – auch ohne einen Mann an meiner Seite.

Meine Mutter starb mit zweiundsiebzig Jahren. Es tat mir leid, ich war traurig, aber nicht annähernd so traurig wie bei meinen Trennungen. Ich traf meinen Vater nun noch häufiger und fragte und fragte. Unsere Eltern, die den Krieg miterlebten, wollen über ihre schlimmen Erfahrungen oft nicht sprechen, weil sie die traumatischen Erlebnisse aus Selbstschutz von sich abgespalten haben. Wir Jüngeren denken dann, dass sie ihre Schuld verheimlichen oder dass sie nichts mehr mit der politischen Geschichte unseres Landes zu tun haben wollen. So einfach ist es aber nicht, das wurde mir allmählich klar. Sie haben auch große Angst vor dem Schmerz und erinnern deshalb vieles nicht mehr. Mein Sohn gehört dagegen zu einer Generation, die viel offener mit dem psychischen Befinden umgeht, die nicht mehr angestrengt verdrängt, die genauer hinschaut, auch in sich selbst. Das beeindruckt mich sehr.

Ich versuche bis heute, die damaligen Ereignisse nicht nur zu verstehen, sondern wirklich nachzufühlen. Nur mit dem Fühlen kommt man, was das Verzeihen angeht, weiter. Und Verzeihen war der entscheidende Schritt auf meinem Weg zur Heilung. Nachdem ich verstanden und nachgefühlt hatte, verzieh ich allen, bei denen ich dachte, dass etwas zu verzeihen ist. Meinen Eltern, meiner Oma, meinem Ex-Mann und meinem Ex-Partner und mir selbst, weil ich mich viel zu lange nicht um mich selbst gekümmert hatte.

Als ich damit durch war, ging es mir wieder gut. Der Schmerz löste sich endgültig auf. Ich hatte neues Vertrauen in das Leben oder in Gott entwickelt, egal wie man das nennen mag. Ich verstand, dass oft Gutes aus Schwerem entsteht. Auch die Zeit an der Seite meines Trostpflasters war nicht umsonst gewesen und gehört zu meiner Geschichte dazu. Man muss eben erstmal den Mut finden, sich seinen Themen zu stellen.

Mein Vater ist mittlerweile fünfundachtzig. Er hat in den letzten Jahren schwere Krankheiten überstanden. Vor zwei Jahren fragte ich ihn, ob er zu mir ziehen möchte in die ehemalige Etage meines Sohnes. Er hat jetzt zwei Zimmer für sich mit einem separaten Bad, das Wohnzimmer und die Küche teilen wir uns. Er kauft selbständig ein, kocht für sich und sitzt mittags am liebsten im Garten auf der Terrasse und sagt, dass er noch nie so schön gewohnt hat. Für mich ist unsere WG etwas Besonderes.

Zehn Jahre sind seit der Trennung von meinem Trostpflaster vergangen, mir geht es gut. Aber ich beschäftige mich noch immer mit meiner Kindheit und empfinde es als großes Glück, dass ich meinem Vater ab und an noch ein paar Fragen stellen kann. »Hättest du Mama auch geheiratet, wenn du vorher über ihre Traumatisierung informiert worden wärest?«, fragte ich ihn neulich während unseres gemeinsamen Sonntagsfrühstückes. »Wahrscheinlich eher nicht«, sagte er leise. Ich war überrascht. Und beschloss, ihn irgendwann, sollte sich wieder ein stimmiger Moment ergeben, auch zu fragen, ob er manchmal gedacht habe, dass es ohne mich, also ohne das erste Kind, für die Gesundheit seiner Frau und somit für seine Ehe besser gelaufen wäre. Wie auch immer seine Antwort ausfallen wird; heute kann ich damit leben.

KAPITEL 14

»Die meisten Brücken lassen sich mit Empathie schlagen«

Unstillbare Sehnsucht nach Liebe, Angst vor zu viel Nähe, Wut auf die Chefin, Eifersucht auf die Nachbarin, Traurigkeit, Verlustangst, Neid – schmerzhafte Gefühle kennen wir alle. Dass sie mit der Beziehung zu unserer Mutter zusammenhängen können, darauf kommen wir oft erst in der Lebenskrise, während einer Therapie oder beim Lesen psychologischer Ratgeber.

Diplom-Psychologin Stefanie Stahl arbeitet in freier Praxis in Trier und schreibt Bücher über Bindungsängste, zwischenmenschliche Beziehungen und das brüchige Selbstwertgefühl als Ursache vieler Alltagsprobleme. In ihrem vielbeachteten Bestseller *Das Kind in dir muss Heimat finden* zeigt sie, wie uns die Prägungen aus frühester Kindheit bis ins hohe Erwachsenenalter begleiten – meist ohne dass wir es merken. Unsere Mutter, die allererste Beziehung unseres Lebens, spielt dabei eine tragende Rolle.

Frau Stahl, folgendes Szenario: Eine vierzigjährige Freundin von mir wird nach einer Kurzzeitbeziehung verlassen

und weint sich monatelang die Augen aus. Sie fühlt sich wertlos und zurückgewiesen, sie spürt den Schmerz auch körperlich, nichts geht mehr. Dabei waren es doch nur einige wenige Treffen und ein bisschen Knutschen, keine Heiratspläne, keine Langzeitbeziehung. »Eigentlich total übertrieben«, findet meine Freundin selbst und doch fühlt sie sich auf einmal mutterseelenallein. Und das ist das Stichwort: Was hat die Mutter dieser Frau mit dem großen Schmerz zu tun, ist sie etwa schuld?

Schuld hat sie nicht, da kann ich alle Mütter von Frauen und Männern mit Beziehungsproblemen gleich vorweg entlasten. Dass es einen Zusammenhang gibt zwischen der unverhältnismäßigen Trauer dieser Frau und ihrer Mutter ist aber gut möglich. Um das herauszufinden, müssten wir uns ausgiebig mit ihrer Kindheit befassen. Es gibt genug Frauen, die unter fehlender Zugewandtheit ihrer Mütter litten und als Erwachsene von ihren Partnern, auch potentiellen Partnern, diese Mutterliebe unbewusst einfordern.

Und das geht schief. Aber erst in der großen Krise, wenn wir uns selbst oder unsere Mitmenschen nicht mehr verstehen, suchen wir Hilfe bei Psychologen. Die fragen uns dann: »Wie steht es eigentlich mit Ihrer Beziehung zu Ihrer Mutter?« Dabei kämen wir doch selbst niemals auf die Idee, dass wiederkehrende Probleme aus dem Alltag ausgerechnet mit der Mutterbeziehung zu tun haben könnten.

Ich finde es absolut erstaunlich, dass sich viele Menschen überhaupt nicht oder erst sehr spät mit der Frage beschäftigen, welche Auswirkungen ihre Kindheit und speziell die Mutterbeziehung für ihre Psyche und ihr erwachsenes Leben hat. Dabei liegt die Frage, wie uns die Mutter geprägt hat, doch sehr nah. Lieber kehrt man seine Ängste jahrelang unter den Teppich, schiebt den schwierigen Partner vor oder den unmöglichen Chef, um sich nicht die schmerzhaften Gefühle genau anschauen zu müssen. Es muss ja gar nicht immer eine Therapeutin sein, die einen Blick auf unbearbeitete Kindheitswunden lenkt. Man kann einfach mal ein psychologisches Buch in die Hand nehmen, sich mit den Geschwistern oder Eltern über die Kindheit austauschen und sich fragen, welche Umstände dazu führten, dass die Eltern eben genau diese Art von Eltern wurden und was das mit einem selbst gemacht hat.

Ein Buch lesen und über die Kindheit nachdenken kommt mir relativ ungefährlich vor. Brenzlig im Sinne von schmerzhaft wird es doch erst, wenn man sich noch einmal in alte Kindheitsgefühle einfühlt. Ohne das nachträgliche Einfühlen heilen keine Wunden, oder doch?

Ja, über die Kindheit nachzudenken ist oft weniger schmerzhaft als Trauer, Angst, Wut, Eifersucht, Neid, Minderwertigkeit, also die gesamte Palette unserer schwachen Gefühle, die wir am liebsten gar nicht haben wollen, noch einmal zu fühlen. Nachdenken ist aber ein wichtiger erster Schritt. Für das Nachfühlen braucht es noch mehr Mut. Häufig geht beides miteinander einher, weshalb nicht wenige Menschen einen Bogen darum machen.

Was genau bringt es, sich noch mal den alten Schmerz zuzumuten? Ist es nicht wohltuender und gesünder, irgendwann mal Gras über den ganzen alten Mist wachsen zu lassen?

Wenn ich schon mein gesamtes Leben mit Eifersucht zu tun habe oder wenn ich im Büro immer wieder wegen Kleinigkeiten ausflippe, dann entsteht ja ein gewisser Leidensdruck. Der geht mit Gras-drüber-wachsen-Lassen nicht weg. Es hilft aber, wenn ich mir eingestehe, dass ich unter meinen Gefühlen leide und mir überlege, wo die Eifersucht und die Wut eigentlich herkommen. Warum fühle ich mich so wenig liebenswert oder wertvoll, dass ich denke, mein Partner könnte mich ersetzen? Warum bin ich sofort auf Zinne und fühle mich verletzt, wo andere cool bleiben? Früher oder später wird man in der Kindheit fündig und zwar bei den negativen Glaubenssätzen, die sich früh in uns eingeprägt haben und die wir oft ein Leben lang mitschleppen.

Was meinen Sie mit Glaubenssätzen?

Unsere Glaubenssätze sind Leitgedanken, die wir in der Kindheit entwickeln und die bis in die Gegenwart nachwirken. Typische Glaubenssätze sind: Ich bin nicht okay; ich genüge nicht; ich muss alle Erwartungen erfüllen. Sie sind quasi die Brille, durch die wir die Welt betrachten. Sie beeinflussen unser Denken, Fühlen und Handeln, auch wenn wir uns dessen nicht bewusst sind. Nehmen wir ein Beispiel: Der Partner einer Frau namens Johanna will eines Abends lieber ein Fußballspiel mit Kumpels gucken, als mit Johanna auf dem Sofa zu kuscheln. Für viele Frauen eine normale Situation, auf die sie entspannt reagieren können. Sie sagen vielleicht: »Gut, dann verabrede ich mich mit einer Freundin oder nutze den Abend und beantworte liegen gebliebene E-Mails.« Johanna reagiert aber verletzt. Sie fühlt sich abgewertet und zurückgestoßen, sie denkt, dass sie für ihren Freund zu langweilig ist, dass er sie früher oder später verlassen wird, wenn er ohnehin lieber mit Kumpels abhängt als mit ihr. Hätte sie sich schon mit ihren Glaubenssätzen auseinandergesetzt, würde sie erkennen, dass ihre Sorge und Gekränktheit unverhältnismäßig sind. Dass ihr Partner zwar Lust hat, mit anderen Fußball zu gucken, sie aber natürlich trotzdem genauso liebt wie bisher; und dass ihre Angst schlicht daher kommt, dass sie sich als Kind häufig von der Mama ungeliebt und abgeschoben fühlte, weil sie in den Ferien immer zu ihrer Oma gebracht wurde, wo sie eigentlich gar nicht sein wollte. Die kleine Johanna fühlte sich überflüssig, sie dachte: »Ich störe ja eh nur, meine Mama ist froh, wenn sie mich los ist, sie ist glücklicher ohne mich.« Vielleicht hat die Mutter damals einfach verpasst zu sagen, dass sie arbeiten muss und Johanna deshalb zur Oma kommt. Bei Johanna setzte sich der Glaubenssatz fest: »Ich bin nicht wichtig«, oder »Ich bin nicht liebenswert.« Ihr Freund triggert Jahrzehnte später diese nicht aufgearbeitete Verletzung. Wir sprechen in der Psychologie von Triggern, also Auslösern, die uns im Alltag oft unerwartet erwischen. Die Wunde meldet sich so lange, bis sie von Johanna geheilt wird.

Wenn Johanna die Wunde heilen will, muss sie erstmal verstehen, dass ihre Glaubenssätze für ihre Ängste verantwortlich sind und dass es nicht wirklich um ein Fußballspiel geht. Was genau kann sie machen, um die Wunde anschließend zu heilen?

Sie versucht sich zu erinnern, in welchen Situationen sie in ihrer Kindheit schon einmal genauso gefühlt und gelitten hat. Dann fühlt sie die alten Gefühle noch mal nach, statt sie wegzuschieben. Viele Gefühle lösen sich auf, wenn wir sie fühlen und wirklich annehmen.

Im zweiten Schritt visualisiert sie die damaligen Umstände, das ist dann eher die Denkarbeit. Ihre Mama war oft gestresst und sichtbar froh, wenn sie Johanna bei der Oma abliefern konnte. Warum eigentlich? Vielleicht war die Mutter alleinerziehend, vielleicht hatte sie finanzielle Probleme, vielleicht Angst, dass Johanna in den Ferien zu viel alleine ist oder darunter leidet, dass sich befreundete Familien tolle Flugreisen leisten und sie zu Hause sitzen muss.

Johanna wird nach und nach erkennen, dass das Problem bei der Mutter lag und nicht bei ihr. Sie selbst kam als vollkommenes kleines Wesen auf die Welt, das eigentlich nur geliebt und geschätzt werden kann. Weil die Umstände aber ungünstig waren oder weil es ihrer Mutter zum Beispiel an Empathie, Geld oder Gelassenheit fehlte, setzten sich bei ihr falsche Glaubenssätze fest. Hätte es diese Probleme nicht gegeben, würde Johanna heute den Glaubenssatz haben: »Ich bin liebenswert« oder »Ich bin willkommen.« Unsere Glaubenssätze sagen also wenig über uns aus, aber viel über die Situation unserer Eltern.

Keine Mutter und keine Kindheit sind perfekt. Wir alle hätten irgendetwas gerne schöner, großzügiger oder inniger gehabt. Liegt es wirklich in unserer Macht, ob wir uns mit den damaligen Umständen aussöhnen können oder nicht?

Ja, und das ist doch eine wunderbare Aussicht. Wir müssen uns als Erwachsene nur wieder und wieder bewusst machen, dass unsere Welt heute nicht mehr Mama und Papa ist. Das funktioniert, wenn man sich aus der Identifizierung mit dem unbewussten Programm löst und realisiert, dass unsere Mitmenschen nicht zwangsläufig denken, was wir als Kind über uns dachten und fühlten: Dass wir nicht genügen, dass wir es nicht wert sind, geliebt zu werden. In meinem Buch *Das Kind*

in dir muss Heimat finden habe ich zahlreiche Übungen zu-
sammengetragen, die dabei helfen, die negativen Glaubenssätze aufzuspüren und durch neue, passendere zu ersetzen.

**Warum ist die Mutter für unsere Glaubenssätze so entschei-
dend und nicht der Vater?**

Natürlich hinterlässt der Vater auch tiefe Spuren in uns. Ein
abwesender, desinteressierter Vater kann einem Kind negative Glaubenssätze mitgeben. Ich denke, dass die Väter jün-
gerer Generationen wesentlich engagierter sind und beteilig-
ter an der Entwicklung ihrer Kinder als die Väter vor dreißig
Jahren.

**Zurück zu den Müttern. Erkennt man eine schwierige Mut-
terbeziehung an sehr wenig Kontakt oder ständigem Zoff?
Oder gibt es noch andere Gradmesser?**

Auch das übergroße Bedürfnis, noch mit vierzig, fünfzig
oder sechzig Jahren endlich Liebe und Anerkennung von der
Mutter zu bekommen, kann auf eine schwierige Konstella-
tion hindeuten.

**Sie meinen, dass wir uns innerlich nicht von unserer Mut-
ter gelöst haben und unser eigenes Leben nicht nach unseren Vorstellungen leben, sondern bis ins Alter versuchen,
sie zu beeindrucken?**

Manch eine erwachsene Tochter pflegt ihre Mutter aufopfe-
rungsvoll und wischt sich dann stumm die Tränen weg, wenn
die alte Dame mal wieder zornig die Wärmflasche nach ihr
geworfen hat …

Pflegt sie möglicherweise nicht aus reiner Nächstenliebe, sondern auch, weil sie sich als Gegenleistung eine späte Portion Liebe erhofft?

Bezeichnenderweise opfern sich besonders die Töchter für ihre Mütter auf, die zeitlebens wenig Liebe und Anerkennung von ihnen bekamen. Unser Bedürfnis nach Anerkennung, der Wunsch, endlich diese erlösenden Worte zu hören: »Kind, ich habe dich immer sehr geliebt.« oder »Danke, dass du das alles so gut für mich machst«, ist riesig. Das Problem ist nur: Unsere Bedürftigkeit macht uns abhängig. Wir schuften zu viel für die sehr geringe Aussicht, dass die erlösenden Worte noch kommen. Hinzu kommt: Es geht oft nicht gut aus, wenn man sich Erlösung für das negative Selbstwertgefühl ausgerechnet bei dem Menschen sucht, der ja ziemlich wahrscheinlich dafür verantwortlich ist. Die Sehnsucht, dass die Mutter auf ihren letzten Metern noch unsere Wunde verbinden möge, steckt aber in vielen Töchtern.

Dieses Sehnsuchts-Konstrukt lässt sich ja auch auf die Beziehungsebene übertragen. In einer unbefriedigenden Liebesbeziehung, in der man vom Partner immer auf Abstand gehalten oder gekränkt wird, giert man auch nach den alles erlösenden Worten: »Es tut mir so leid, Schatz, dass ich dir nicht gerecht geworden bin. Lass uns heiraten!« Hofft man vergebens?

Es ist zumindest besser, nicht mit den erlösenden Worten und einem veränderten Verhalten zu rechnen. Aber woher kommt überhaupt die Bedürftigkeit? Das möchte ich kurz erläutern. Wir Menschen bekommen unseren Selbstwert im Spiegel der anderen. Strahlt die Mutter ihr Baby an, lernt das

Baby: Mama freut sich, dass es mich gibt, sie ist glücklich über meine Existenz. Daraus entsteht ein positives Gefühl: Ich bin okay. Spiegelt die Mutter dem Baby stattdessen Stress, Abwesenheit, Genervtheit, Wut, dann denkt das Kind nicht, dass die Mama leider haufenweise Probleme mit sich oder der Umwelt hat, sondern es fühlt: Ich bin nicht okay. Diese Selbstwertspiegelung bleibt uns ein Leben lang als Konditionierung erhalten. Wir freuen uns auch als Erwachsene noch, wenn uns jemand freundlich anguckt und anerkennende Worte sagt. Es fühlt sich an, als käme ein Okay zu uns zurück. Würden Sie gerade sehr kritisch schauen, während ich Ihnen antworte, würde ich innerlich vielleicht zusammenzucken und denken: Oh je, hat sie sich etwas anderes erwartet?

Das ist normal und in Ordnung, solange wir uns nicht völlig davon abhängig machen, dass eine konkrete Person uns okay findet. Sobald wir uns einen Menschen suchen, der keine Liebe geben kann oder will, werden wir kein Okay zurückbekommen, egal wie sehr wir uns anstrengen. Für solche destruktiven Beziehungen – egal ob Freundschaften, Liebesbeziehungen oder Beziehungen innerhalb der Familie – sind besonders die Menschen anfällig, die negative Glaubenssätze, also ein geringes Selbstwertgefühl haben. Wer ein gesundes Selbstwertgefühl hat, versucht nicht jahrelang einen Menschen, der sich ablehnend verhält, von seinem Wert zu überzeugen. Er zieht weiter. Eine Tochter, die schon als Kind keine Wertschätzung von der Mutter bekam und als Erwachsene noch immer auf die Mutter schaut und hofft, dass die ihr irgendwann spiegelt, dass sie gut ist, die muss sich selbst von der Angel nehmen. Sie muss erkennen lernen, dass ihr persönlicher Wert nicht von der Zuwendung ihrer Mutter abhängt. Es läuft alles darauf hinaus, dass sie sich letztlich selbst anerkennt.

Wenn das so einfach wäre. Wie gibt man sich die Anerkennung selbst?

Zum Beispiel, indem man sich alte Kinderfotos anschaut, Eltern oder Tanten über sich befragt, sich in Kindheitserinnerungen hineinversetzt und sich klarmacht, wie liebenswert man schon als Kind war und natürlich bis heute ist. Dann wird der Zuspruch der Mutter überflüssig. Die hatte einfach aufgrund ihrer Lebensbedingungen oder ihrer Bindungsstörung nicht die Möglichkeit, ihr Kind anzunehmen und zu lieben. Sonst hätte sie das nämlich tun müssen, selbst wenn man ein ganz bescheuertes Kind gewesen wäre.

Sie meinen: Weil es genug Mütter gibt, die ihre Kinder auch dann noch lieben, wenn sie die AfD wählen oder ihnen noch mit dreißig die Schmutzwäsche vor die Tür stellen. So bescheuert kann man gar nicht sein, dass es einen plausiblen Grund gibt, als Kind nicht trotzdem geliebt zu werden.

Genau. Meistens können Mütter überhaupt nicht aufhören, ihre Kinder zu lieben. Keinesfalls sollte ich meinen Selbstwert von dem Verhalten meiner Mutter abhängig machen. Wenn sie mich als Erwachsene noch immer schlecht behandelt oder abwertet, kann ich ruhig sagen: »Ich werde nicht meine Lebenszeit für dich opfern. Wenn du dich mir gegenüber verletzend verhältst, gehe ich, auch wenn du mittlerweile neunzig bist.« In meinem Buch leite ich meine Leserinnen und Leser an, ihr sogenanntes Sonnenkind zu entwickeln. Das ist ein klares Zielbild. Hier geht es darum, neue, positive Glaubenssätze im emotionalen Erleben zu verankern. Im Sonnenkind schauen wir auf unsere Stärken und Ressourcen.

Manchmal schätzt und liebt die Mutter ihre Tochter und versteht überhaupt nicht, warum ihre Zuneigung irgendwo auf dem Weg von Versender zu Empfänger verloren zu gehen scheint, also warum die Tochter ihre Liebe nicht spürt. Sie fragt sich, woher die negativen Glaubenssätze und Vorwürfe der Tochter kommen. Das ist schmerzhaft für beide. Können Sie erklären, warum Mutterliebe manchmal einfach nicht ankommt?

Liebe ist so ein Wort, mit dem sehr verschwenderisch umgegangen wird. Es gibt Mütter, die sind emotional abhängig von der Zuwendung ihrer Töchter – sie benötigen sie, um ihre eigenen Defizite zu kompensieren. Letztlich geht es da um die Mutter selbst und nicht um das Kind. Das hat dann nicht so viel mit echter Liebe zu tun. Manche Mütter hören auch nicht auf, ihre Töchter zu bevormunden und sie überzubehüten oder kritisieren sie ständig in dem Glauben, ihnen damit zu helfen. Es gibt viele Gründe, warum es zwischen Sender und Empfänger nicht klappt.

Sie sagen, dass jede bindungsfähige Mutter ihr Kind liebt. Können wir umgekehrt davon ausgehen, dass jede Tochter ihre Mutter liebt und diese Liebe nur manchmal verschüttet ist von all dem Groll aus der Kindheit oder späteren Konflikten?

Ich würde differenzieren: Kleine Kinder lieben ihre Eltern immer und viele Menschen hängen auch später unglaublich an ihren Müttern und nutzen die kostbare gemeinsame Zeit, unterstützen die Beziehung der Oma zu den Enkeln und sind dankbar für das, was ihnen als Kind mitgegeben wurde. Mir sind aber auch schon Frauen begegnet, die ein eher gleichgültiges Verhältnis zu ihren Müttern hatten und es nicht tragisch fanden, wenn sie gestorben sind. In diesen Fällen gab es eine schlimme Hintergrundgeschichte und viele Verletzungen auf Seiten der Tochter.

Ist die scheinbare Gleichgültigkeit nicht nur ein Selbstschutz, um nicht wieder enttäuscht zu werden?

Ob ein Mensch insgeheim einen Selbstschutz aufbaut, lässt sich von Außenstehenden natürlich schwer beurteilen. Das Band zwischen Töchtern und Müttern ist von Natur aus schon sehr fest, aber es kann viel Schlimmes passieren. Immer neue Enttäuschungen und Verletzungen strapazieren das Vertrauen. Manchmal muss man sich dann lösen und gehen.

Besonders tragisch ist es, wenn das Band schon in der frühen Kindheit reißt, weil sich das Kind von der Mutter verlassen fühlt oder wirklich verlassen wurde und innerlich dicht macht. Kann sich eine ernsthaft gestörte Mutter-Kind-Beziehung in späteren Jahren wieder erholen?

Es gibt genug Menschen, die in der Kindheit Stress hatten mit ihren Müttern und später eine Versöhnung zulassen konnten. Meistens ändern sich die äußeren Bedingungen mit den Jahren, die Mütter kommen raus aus ihrem Spagat zwischen Familie und Beruf und sind nicht mehr ständig überfordert. Sie korrigieren ihr Verhalten, haben keinen Erziehungsauftrag mehr, können loslassen und ihre selbständigen Kinder mit mehr Großzügigkeit und Gelassenheit begleiten. Sie trauen ihnen zu, aus dem kleinen geschützten Dorf nach Berlin zu ziehen, ohne für immer zu verschwinden. In diesem Fall ist alles möglich.

Nehmen wir an, die Mutter war in den ersten Lebensjahren des Kindes depressiv und konnte sich gefühlsmäßig in dieser wichtigen Zeit, in der das Urvertrauen entsteht, nicht richtig auf ihr Kind einlassen. Das Kind fühlte sich über Jahre ungeliebt. Ist trotzdem Heilung und Frieden zwischen Mutter und Tochter möglich?

War zusätzlich die Grundkonstitution des Kindes nicht stabil, kann die Tochter noch als Erwachsene mit den Folgen zu tun haben, indem sie beispielsweise in ihren Beziehungen zu sehr klammert oder sich erst gar nicht wirklich einlässt. Manch eine erwachsene Tochter geht zwar Beziehungen ein, hält aber einen sehr großen Sicherheitsabstand und lässt keine wirkliche Nähe zu. Dahinter steckt die Angst, zurückgewiesen zu werden wie damals als Kind, als die Mutter aufgrund von Krankheit oder Abwesenheit keine Liebe geben konnte. Kümmerte sich die Mutter aber nach ihrer Heilung wieder zugewandt und liebevoll um ihr Kind, kann sie vieles wiedergutmachen.

Depressionen oder körperliche Erkrankungen kann man niemandem vorwerfen, das macht das Verzeihen später leichter. Kann die Mutter etwas dafür, wenn sie zwar psychisch gesund war, sich aber trotzdem destruktiv und abwertend verhalten hat?

Wir tragen ja alle immer die Verantwortung für unser Tun. Jeder kann etwas dafür. Allerdings verhalten sich gesunde Mütter nicht abwertend und destruktiv.

Wenn die Verhaltenskorrektur der Mutter zu spät kommt und die Tochter die versöhnenden Angebote nicht mehr

annehmen kann, ist der Schmerz der Mutter groß. Was raten Sie der enttäuschten Mutter?

Dass sie Verantwortung für das übernimmt, was sie gemacht oder unterlassen hat, kurz gesagt, was in der Kindheit Trauriges passiert ist. Hat ein Kind Schlimmes erlebt, war es zum Beispiel dem brutalen Freund der Mutter ausgesetzt, wurde es mit Schuldgefühlen überladen, geschlagen oder ewig zu den Nachbarn abgeschoben, damit die Mutter feiern konnte, muss es nicht noch als erwachsener Mensch die Verantwortung übernehmen und die Probleme der Mutter entschuldigen. Die Bürde würde zu groß werden. Spürt die Tochter, dass die Mutter wirklich Verantwortung übernimmt, werden auch die Chancen größer, dass sie verzeihen kann.

Wie kann eine Mutter nachträglich Verantwortung übernehmen?

Indem sie sagt: »Ich war damals überfordert, ich habe Mist gebaut, ich würde es heute anders machen, es tut mir leid.«

Sind Worte nicht Schall und Rauch?

Worte sind ein guter und wichtiger Anfang. Wenn sich die Mutter nach einsichtigen Worten allerdings wieder lieblos verhält, nutzen sie natürlich wenig. In letzter Konsequenz bleibt der Mutter nichts anderes übrig, als zu akzeptieren, dass die Tochter nicht verzeihen kann oder zumindest aktuell keinen Kontakt haben will. Eine Kontaktpause muss ja nicht für immer sein, wir entwickeln uns schließlich ständig weiter.

Warum muss sich die ältere Generation eigentlich so winden und quälen, um ein »Es tut mir leid« über die Lippen zu bringen?

Weil sie sich zuvor eingestehen müsste, dass sie Fehler gemacht hat. Viele Mütter wehren diese Schuldgefühle innerlich ab, statt sie einfach zu fühlen und sich selbst zu verzeihen. Sie können es nicht aushalten, dass sie ihren Kindern zu viel zugemutet haben. Also verharmlosen sie stark oder deuten die Vergangenheit um. Wie soll man sagen »Es tut mir leid«, wenn man sich noch gar nicht eingestanden hat, dass man tatsächlich schwerwiegende Fehler gemacht hat?

Wir Eltern der jüngeren Generation sind auch nicht perfekt. Wir flippen aus, weil das Kind sein Matheheft in der Schule vergessen hat oder der kleinen Schwester im Sandkasten die Schaufel über den Kopf zieht. Aber es ist für uns doch schon ziemlich normal und einfach, beim Zubettgehen zu sagen: »Entschuldige, dass ich überreagiert habe, es lag nicht an dir. Bist du noch traurig oder wütend?«

Ich denke auch, dass die Selbstreflektion in den letzten Jahren stärker in unserer Gesellschaft angekommen ist und jüngere Mütter eher bereit sind, sich Fehler einzugestehen. Aber auch hier reichen Worte nicht. Erst wenn die jungen Mütter ihren Stress reduzieren und nicht wegen jedem Kleinkram ausflippen, profitiert das Kind. Immer neue Entschuldigungen und Erklärungen versanden.

Entschuldigungen geht Schuld voraus. Stimmt der Eindruck, dass vor allem Mütter schnell, oft und intensiv mit Schuldgefühlen zu tun haben?

Schuldgefühle kauft man als Mutter quasi schon mit dem Babybrei ein. Lasse ich mein Kind zu lange in der Kita? Bin ich zu schnell genervt? Koche ich genug bio? Irgendwo sind immer Lücken.

Das sind harmlose Lücken. Die ältere Generation muss sich, ich übertreibe ein bisschen, fragen, ob sie ihre Kinder zu oft übers Knie gelegt hat und ob der tagelange Hausarrest wirklich notwendig war. Wir sprachen schon darüber, dass manch eine Mutter ihre Fehler nachträglich erkennt und korrigiert. Wie aber können Töchter damit umgehen, wenn die Einsicht oder das Sorry ausbleibt, der Schmerz aber anhält?

Indem sie sich nicht die uneingestandene Schuld der Mütter aufladen. »Hier stehe ich, dort steht meine Mutter, wir sind keine Einheit mehr«, das muss klar sein. Sie hat gekränkt, aber jetzt ist es vorbei, ich, die Tochter, bin groß und kann gehen. Es geht darum zu erkennen, dass der Schmerz über die Kränkung ein Gefühl aus der Kindheit ist und kein Gefühl aus der Gegenwart. Wer das unterscheiden kann, wie es Johanna aus unserem Beispiel nicht konnte, ist schon sehr weit. Der Erwachsene ist unabhängig von seinen Eltern. Er ist selbst verantwortlich für seine Gefühle. Er kann den Schmerz auflösen, indem er sich mit seiner Kindheit beschäftigt und die negativen Glaubenssätze verwandelt. Oder er packt ihn weg und hofft, dass er nicht wieder hochkocht. Dazu rate ich aber nicht.

Ist es heilsamer, sich alleine und in Ruhe mit seinen Glaubenssätzen zu befassen, oder sollte man zuerst das Gespräch mit der Mutter suchen, sofern sie noch lebt?

Wenn die Mutter bisher nicht in der Lage war, ihre Anteile zu reflektieren, macht es mehr Sinn, in einer Therapie oder mit Hilfe von Büchern oder Meditations-CDs, also alleine für sich, die Ursachen für den Schmerz zu finden und zu heilen. So macht man sich unabhängig von der Mutter und kann selbst dann noch Groll und Verletzung aufarbeiten, wenn die Mutter nicht mehr lebt. Zeigen sich Mutter oder auch Vater einsichtig, sind Gespräche ohne Vorwürfe mit wertfreien Fragen über die Gründe ihres Verhaltens hilfreich für die Aufarbeitung. Informationen über die politischen, wirtschaftlichen und familiären Umstände, in denen Mutter und Vater aufwuchsen, können auch sehr aufschlussreich für die eigene Kindheit sein. Man versteht plötzlich, warum die Mutter wurde, wie sie war, mit welchen Bedingungen sie zu kämpfen hatte. Und schon wird es einfacher, eine Haltung zu ihr zu finden und schließlich zu verzeihen. Noch mal ein Beispiel: Die Mutter ist überfordert, schreit ständig rum, beschäftigt sich nicht mit ihrem Kind. Die Tochter denkt: »Mama liebt mich nicht.« Wenn ich als Erwachsene verstehe, dass meine Mutter selbst eine lieblose Mutter hatte und warme Gefühle der Zuwendung genauso wenig kannte wie Körperkontakt oder anerkennende Worte, dann kommt dieses entlastende Gefühl in mir auf: »Ach, stimmt, das hatte gar nichts mit mir zu tun, dass sie so viel gebrüllt hat und mich nicht im Arm halten konnte, das waren die Folgen ihrer eigenen Geschichte.«

Zwei Fliegen mit einer Klappe: Ich bringe Verständnis auf für meine Mutter und profitiere selbst von der entlastenden Erkenntnis, dass ich okay war als Kind.

Genau.

Es ist nur oft schwer für Töchter, der Mutter ein Eigenleben zu gestatten. Lange Jahre ist sie einfach die Mama, nichts sonst.

Der einen oder anderen erwachsenen Tochter tut es sicher gut, die Mutter in der Vorstellung mal beim Vornamen zu nennen, um sich bewusst zu machen, dass eine Frau mit individuellen Sehnsüchten, Ängsten, Beziehungsproblemen, Interessen und Wünschen vor ihr steht und nicht nur eine Mutter, die endlose Liebe zu geben hat. Umgekehrt ist es für viele Mütter eine Herausforderung, ohne ständigen Kontakt oder Besuch vom erwachsenen Kind glücklich zu werden.

Wenn die Mutter lieben konnte, aber in allererster Linie den süßen kleinen Bruder, wie wird man den Stachel der Eifersucht los?

Manchmal ist es tatsächlich so, dass ein Geschwisterkind mehr geliebt wird, und manchmal bilden wir uns das nur ein. Im ersten Schritt kann es helfen, das Umfeld zu befragen, um herauszufinden, ob der Eindruck überhaupt richtig ist. Wird das Gefühl, benachteiligt worden zu sein, von außen bestätigt, kann man im zweiten Schritt nur versuchen, diese Tatsache anzunehmen und sich zu sagen: Ja, so war es, zwischen der Mama und ihrem jüngsten Kind besteht oder bestand eine besonders enge Beziehung. Die hängt vielleicht damit zusammen, dass die Mama unheimliche Angst hatte loszulassen, nicht mehr gebraucht zu werden, also Angst vor dem berüchtigten *empty nest*. Ihrem jüngsten Kind tat sie damit sicher keinen Gefallen, sie hielt es auf diese Weise ein bisschen klein. Der nächste Schritt wäre dann die Frage: »Und was sagt das jetzt aus über meinen Wert als Mensch?«

Sie haben Recht: gar nichts. Ein anderer häufiger Streitpunkt zwischen Müttern und Töchtern ist der Wunsch der Tochter nach mehr Interesse von der Mutter, nach mehr Anteilnahme an den Enkeln oder den beruflichen Erfolgen. Deutet dieser Konflikt darauf hin, dass wir Töchter uns noch immer nicht ausreichend abgenabelt haben, oder sind viele Mütter einfach desinteressiert vor lauter Zipperlein, Sektchen trinken und Kreuzfahrtenstress?

Tja, wie viel Interesse von Eltern ist normal? Laut der aktuellen Langzeitfamilienstudie von *Pairfam* wohnen Eltern und ihre erwachsenen Kinder oft in unmittelbarer Nähe beieinander und haben viel Kontakt. Meine Mutter rief mich früher einmal in der Woche an und das reichte mir völlig. Heute gehen WhatsApp-Nachrichten hin und her und es gilt schon als wenig, wenn man einmal pro Woche telefoniert. Ich erlebe ein unglaubliches Engagement der Mütter im Vergleich zu früher. Sie melden ihre Kinder in der Uni an, sitzen neben ihnen in der Bank bei der Kreditbesprechung für den Hauskauf, fahren das Umzugsauto. Auf diese Ideen wäre meine Mutter nicht gekommen. Ich schnallte mir nach der Schulzeit eine Matratze aufs Autodach, fuhr alleine von Hamburg nach Trier und begann zu studieren. Nicht ohne Angst, aber ohne die Hilfe meiner Mutter. Auf der einen Seite sind die Ansprüche an die Eltern stark gewachsen und häufig wird ihnen auch entsprochen. Auf der anderen Seite hat die ältere Generation, sagen wir die Generation siebzig plus, dieses Zugewandte, diese große Empathie oft nicht gelernt. Sie musste in ihrer Jugend zusehen, dass sie durchkam, sie hatte und hat das Nachfragen nicht auf dem Schirm, es reicht, dass es dem Kind gut geht. Wir Kinder lernten dadurch aber eine starke Autonomie und Selbständigkeit.

Waren Sie kein bisschen enttäuscht, dass Ihre Mutter nicht mit Ihnen über den Campus schlenderte und nicht wissen wollte, wie Ihre Studentenbude aussieht?

Nein, aber ich gebe zu, ich war dreißig Jahre später enttäuscht, als meine Mutter nicht wissen wollte, was für ein Kleid ich bei meiner standesamtlichen Trauung trug. Sie war bereits krank, als wir heirateten, und schonte ihre Kräfte, um später zur großen Hochzeitsparty anreisen zu können. Da wollte sie unbedingt dabei sein. Also telefonierten wir nach dem Standesamt nur, ich wollte gerade loslegen und erzählen, wie alles war, da kam sie schon wieder auf ihre Themen zu sprechen. Ich sagte: »Mami, willst du nicht wenigstens hören, was ich anhatte?« Sie sagte: »Ach, ich weiß doch, dass du gut ausgesehen hast.« Auf der Party hat sie dann eine Rede gehalten, die ein bisschen vom anderen Stern war – großartig.

Wie war Ihre Beziehung?

Sehr liebevoll. Meine Mutter liebte mich und war sehr stolz auf mich, ich habe viel Glück gehabt. Und ich habe sie auch unheimlich geliebt. Nur ihr Schattenkind, also ihre schwachen Gefühle wie Angst oder Traurigkeit, durfte nicht sein, schon gar nicht gesehen werden. Das kam wohl daher, dass der Zweite Weltkrieg ausbrach, als sie elf Jahre alt war. Schwache Gefühle waren da nicht gefragt und später konnte sie sich nicht mehr umstellen. Ich hätte mir manchmal gewünscht, dass sie etwas sagt wie: »Ja, mein Kind, das ist jetzt traurig« oder: »Weißt du, manchmal bin ich einfach überfordert.« Dass sie also Schwachstellen oder eigene Fehler thematisiert. Das konnte sie nicht. Sie kriegte selbstverständlich alles hin und geweint wurde sowieso nicht. Ihre weggedrückten schwachen Gefühle überspielte sie mit einer gewissen Grandiosität. Sie redete gerne, liebte es, einen Raum voll Zuhörer zu haben, hatte einen Sinn für die große Geste und oft ging es um ihre tollen Kinder und ihre grandiosen Erfolge als Heilpraktikerin. Zuhören war nicht so ihre Stärke, das konnte man ihr wegen ihres Charismas aber nachsehen. Ich denke, sie hatte leicht narzisstische Züge, allerdings nicht im Bösen, eher im Liebenswerten. Und sie half, wo sie konnte.

Was verdanken Sie ihr?

Ihr großes Vertrauen in mich und meine Fähigkeiten und dass sie mir ein gesundes Selbstwertgefühl vermittelte. Die Schrammen, die ich von ihr mitbekommen habe, sind undramatisch, die konnte ich ganz gut sortieren.

Was für Schrammen sind das?

Ich hätte mir manchmal mehr Augenhöhe gewünscht. Und dass sie mal mit mir shoppen gegangen wäre oder wir zusammen gekocht hätten, einfach das Normale, das vermisste ich. Wir konnten dafür toll zusammensitzen und über Menschen und Zwischenmenschliches diskutieren. Sie hatte ein unheimlich gutes psychologisches Gespür – da habe ich viel von ihr gelernt. Nur dieses Down-to-earth-Ding, das fehlte mir. Sie sagte immer: »Ich bin für die großen Dinge zuständig«, aber mich hätten die kleinen Dinge auch interessiert.

Sie sagen, dass Sie das Vertrauen Ihrer Mutter sehr genossen haben. Manchen Müttern fällt es schwer, davon auszugehen, dass die Töchter es auf ihre Art schon gut machen werden, egal ob es um die Wohnungseinrichtung, die Kin-

dererziehung oder die Wahl des Partners geht. Sie werden übergriffig. Warum ist Loslassen und Vertrauen oft so
schwierig?

Gegenfrage: Warum kann man sich nicht einfach mal anhö-
ren, welche Vorschläge die Mutter macht und überprüfen,
woher diese große innere Abwehr kommt? Warum ist die
Angst so groß, bevormundet zu werden, wieder das Kind
von damals zu sein? Meistens wollen Mütter ja einfach nur
helfen, sich nützlich machen, gebraucht werden. Es ist schwer
zu akzeptieren, dass die erwachsene Tochter keine Hilfe und
keinen Rat mehr haben will, es erzeugt ein Gefühl von Über-
flüssigkeit, vielleicht auch Wertlosigkeit. Auch Mütter haben
Glaubenssätze und hatten Mütter, die ihnen wenig Selbstwert mitgeben konnten. Wem es glückt, sich in seine Mutter einzufühlen, bekommt einen weicheren, verständnisvolle-
ren Blick. Die meisten Brücken lassen sich mit Empathie
schlagen.

Wenn die Mutter zu Besuch kommt und als erste Amts-
handlung den Kleiderschrank der Tochter neu sortiert, obwohl die das partout nicht möchte, oder wenn sie eine neue
Lampe besorgt und auch gleich anmontiert, weil sie die alte
unmöglich findet, hilft Empathie auch nicht weiter.

Dann helfen vielleicht Humor und ein Zettel am Kleiderschrank mit der Aufschrift »Mama, Finger weg, sonst gehe
ich zur Polizei!«

Meine Mutter würde darüber schallend lachen, aber Humor kommt einem ja leider oft als Letztes in den Sinn,
wenn man sich so richtig über Mama aufregt.

Natürlich ist es für die Tochter unangenehm, wenn sie das Gefühl hat, ihr Leben ganz gut auf die Reihe zu kriegen, neben den Kindern auch noch Job und Beziehung, und dann spaziert die Mutti entspannt daher und sagt: »Nee, die Pullis würde ich lieber in das Fach über den Hosen packen!« Die Tochter fühlt sich wieder klein und dumm. Aber es ist doch undramatisch, es gibt schwerwiegendere Konflikte.

Die einen wehren sich dagegen, von der Mutter in der Kinderrolle gehalten zu werden, die anderen sträuben sich gegen den Rollentausch, wenn die Mutter krank und schwach wird, die Verantwortung abgibt und betüddelt werden will.

Auch das verstehe ich gut. Kind zu sein und behütet zu werden, ist einfach schöner. Es ist wahnsinnig bedrohlich, wenn Eltern alt werden und sterben und wir uns obendrein mit der Vergänglichkeit auseinandersetzen müssen. Starke Verlustängste kriechen hoch, sicher auch die Angst, künftig nicht mehr beschützt zu sein. Aber am Ende dieses Prozesses steht wieder eine neue Stufe der inneren Entwicklung.

Also los geht's: Trauen wir uns doch einfach zu, das Leben auch ohne die Hilfe der Eltern geregelt zu kriegen.

Nachwort

Das Mütterbuch steht kurz vor dem Druck, da erzählen die Töchter noch einmal reihum von aktuellen überraschenden Wendungen und Entwicklungen ihrer Mutter-Beziehung.

Der Druck des Mütterbuches steht kurz bevor, da bekomme ich eine besondere E-Mail. Sie ist von Irmin, Luisas Mutter. Als sich Influencerin Luisa im Spätsommer 2018 eine berufliche Auszeit nimmt, fehlen mir noch einige Informationen zu ihrer Kindheit. Ich will sie nicht stören und frage, ob ich ihre Mutter anrufen dürfe, um letzte Fragen zu klären. Luisa ist einverstanden. Ohne den Inhalt von Luisas Kapitel zu kennen, erzählt mir Irmin von ihrer Sicht auf die mitunter komplizierte, aber zugleich sehr liebevolle Mutter-Tochter-Beziehung. Die Berufe von Mutter und Tochter könnten konträrer nicht sein, aber in ihrer selbstreflektierten Art, ihrer Offenheit und Herzlichkeit sind sich die beiden überraschend ähnlich, denke ich und verrate Irmin die Überschrift von Luisas Kapitel: »Ich möchte sie stolz machen.« Für ein paar Augenblicke ist es still am anderen Ende der Leitung. Ist die Mutter überrascht, gerührt oder nachdenklich geworden?

Wochen später schreibt sie mir:

»Irgendwie ist meine innere Kritikerin, die oft ungebeten aus dem Nichts auftaucht und laut rumkrakelt – besonders bei meiner zauberhaften Tochter – deutlich ruhiger geworden, das ist wundervoll! Ich kann jetzt noch ein gutes Stück mehr sehen, fühlen und denken, was Luisa für eine herrliche Tochter ist – unabhängig davon, ob ich nun jeden Schritt und jeden Post von ihr für sinnvoll erachte. Die neuen Medien sind ja auch nicht mein Revier, in dem ich groß mitzureden hätte. Nach unserem Telefonat hat mich Deine Nachfrage noch lange beschäftigt: Habt ihr mehr Ähnlichkeiten oder mehr Unterschiede? Dann fragte mich Luisa, ob ich spontan Lust hätte, sie zu einem beruflichen Termin nach Berlin zu begleiten. Eigentlich war ich völlig scholle von meinem Praxisumzug das Wochenende zuvor, aber ich fühlte mich so eingeladen von ihr, dass ich dachte: Das musst du jetzt einfach annehmen – deine Tochter lädt dich ein, an ihrem Leben teilzunehmen, dann mal los! Meinen Arzttermin verschob ich. Also fuhren wir nach Berlin. Luisa, ich und mein Vorsatz, nur die Neugier mitzunehmen und die Kritikerin im Schaukelstuhl in meinem Garten zu lassen. Es funktionierte! Ja, es löste sich auf einmal ein Knoten. In einem großen Berliner Geschäft präsentierte Luisa vor meinen staunenden Augen ihre erste von ihr selbst entworfene Mode-Kollektion. Im Mittelpunkt stand meine Tochter, wie sie souverän und interessiert auf Fragen einging, Menschen um sich herum ermutigte und begeisterte, und ich durfte dabei sein, mit offenem Mund gucken, ich war glücklich und sooo beeindruckt. Ich hatte ja bis kurz zuvor keine Ahnung, was sie alles macht, weil ich ja ihren Blog und Instagram nur selten lese. Ich gehe ja auch nicht gerne shoppen, also höchstens in Heimwerkermärkte. Prompt verliebte ich mich in einen weißen Mantel aus ihrer Kollektion, und am Ende dieses rauschhaft schönen Tages fuhr ich an unserer alten Mietwohnung in Hamburg vorbei, in *der wir mit Luisa die ersten drei Jahre ihres Lebens verbracht hatten und ich den Beginn meines Mutterseins. Ich trug diesen herrlich-kuscheligen Wintermantel, ich war so stolz und irgendwie historisch berührt. Ich dachte: Meine Tochter wird im nächsten Jahr 30, und ich komme hier an ihrer Geburtsstätte vorbei in einem Mantel, von ihr kreiert, und im Revers ein Label von ihr. Da musste ich einfach losheulen vor Glück, da hat sich wirklich ein Kreis geschlossen.«*

Als ich die E-Mail zu Ende gelesen habe, muss ich beinahe weinen vor Rührung. Aber das ist noch nicht alles. Am selben Tag bekomme ich eine E-Mail von Maren, die im siebten Kapitel über ihre Mutter spricht, der es so schwerfällt, die Welt zu sich hineinzulassen, die stark in der Vergangenheit lebt und auf Veränderungen mit Widerstand und Angst reagiert. Als ich mit Maren das letzte Interview führte, ging es ihrer Mutter, abgesehen von chronischem Rheuma, soweit gut. Kurz darauf die Wende. Maren musste sie ins Krankenhaus bringen, sie sollte am Herzen operiert werden. Sie schrieb mir: »*Sie liegt noch auf der Intensivstation, und es wird immer klarer, dass ihr Weg nicht mehr lang ist. Wie sehr sie nun immer mehr zu einem Kind wird, dem man Zuwendung geben möchte!*« Einige Wochen vergingen. Das Mütterbuch wurde lektoriert, ein letztes Mal änderte ich die Reihenfolge der Kapitel und bat die Töchter um Büchertipps zum Weiterlesen für die Leserinnen und Leser.

Jetzt erreicht mich eine neue Nachricht von Maren: »*Meine liebe Mama hat eine Odyssee von Krankenhäusern hinter sich. Sie sollte am Montag endlich nach Hause kommen. Sie hatte starke Schmerzen, eine Infektion nach der anderen und nicht mehr viel Lebenswillen. Samstag wurde sie überraschend als Notfall ins Krankenhaus gebracht. Meine Schwester, mein Bruder und ich waren in den letzten Stunden bei ihr. Jetzt steht die*

Beerdigung an, das Auflösen der Wohnung und weiterhin das Trauern. Da kommt noch viel auf mich zu. Als Du mich damals fragtest, ob ich bei Deinem Buch mitwirken will, da sagte mir eine innere Stimme, dass jetzt die richtige Zeit dafür sei, und dass ich dies nicht auf später verschieben solle. All die Fragen konnte ich nur zu dieser Zeit meiner Mutter stellen. Später war sie für vieles nicht mehr aufnahmefähig oder nicht mehr ansprechbar. Ich bin sehr froh, dass ich diese Chance genutzt habe, um meine Mutter noch etwas besser kennenzulernen.«

Draußen ist es kalt und neblig, drinnen am Schreibtisch sitze ich und wische mir zum zweiten Mal an diesem Novembertag Tränen aus den Augen. »Meine Töchter« sind mir im Laufe der Zeit sehr ans Herz gewachsen. Und ihre Mütter auch. Luisas Mutter Irmin hat sich auf den ungewöhnlichen Beruf ihrer Tochter mit Herz und Verstand eingelassen. Maren ist mit ihrer Mutter zur rechten Zeit ins Gespräch gekommen und hat ihr alle wichtigen Fragen gestellt, die ihr das Wesen der Mutter verständlicher machen.

Nun will ich wissen, wie es den anderen Töchtern ergangen ist. Die Syrerin Salam whatsappt mir, dass sie ihr Baby gerade zum ersten Mal auf dem Ultraschallbildschirm gesehen habe. Ihre Mutter wird in fünf Monaten Oma, eine neue Perspektive tut sich fern der Heimat für sie auf.

Suleika, die kluge, inspirierende Violinistin, kommt gerade aus dem Reisebüro, als ich sie auf dem Handy erwische. Weil sie kürzlich ein viermonatiges Sabbatical genehmigt bekommen hat, wird sie einen Teil des Dezembers auf den Malediven verbringen. »Ausspannen, schnorcheln und Stand-up-Paddling mit Mutti«, sagt sie fröhlich. Und Veruschka aus Hawaii? Die wurde wenige Wochen nach unserem Interview vom Ausbruch des Vulkans überrascht, verlor ihr Zuhause, fand bei Freunden in Pennsylvania Unterschlupf und schreibt jetzt ein Selbsthilfebuch für traumatisierte Menschen. Sie will die Spiritualität, die ihr bei der Aufarbeitung der eigenen Kindheit guttat, an andere weitergeben. *»Das Gute ist, dass ich heute sagen kann: Ich liebe meine Mutter. Wir verstehen uns gerade prima. Es besteht eine Herzensverbindung, und mehr kann ich nicht wollen«*, mailt sie mir. Sie hat viel dafür getan. Und ihre Mutter hat es gesehen und ist ihr entgegengekommen. Das ist schön.

Sigrid schreibt mir, dass sie ihrem Vater die ausstehende Frage noch nicht gestellt habe. *»Aber der November ist ein guter Zeitpunkt dafür«*, fügt sie hinzu. Sie will mich auf dem Laufenden halten. Die Zwillinge Karin und Ekkehard wollen ihren Geburtstag (»zusammen werden wir 150 Jahre alt«) im März richtig groß feiern. Zum ersten Mal gemeinsam? »Nein«, sagt Karin. »Kurz nachdem ich meinen Bruder kennengelernt hatte, reisten mein Mann und ich zu meinem 65. Geburtstag nach Italien. Am Vorabend klopfte es plötzlich an unserer Hotelzimmertür. Dort standen, zu meiner allergrößten Freude und Überraschung, mein Zwillingsbruder und seine Frau. Sie waren extra mit dem Wohnmobil bis ins italienische Sorrent gefahren, damit wir unseren Geburtstag gemeinsam verleben konnten. Seitdem feiern wir immer zusammen.« Zum 150. flattert ihre Einladung auch bei mir ins Haus.

Auch Bea meldet sich auf meine Nachfrage zurück. Noch immer kämpft sie mit den Nachwirkungen der Stammzelltransplantation. Schmerzen bestimmen ihren Alltag. »Es geht rauf und runter, gerade ist meine Haut in einem verheerenden Zustand, mein Gesicht explodiert, überall Entzündungen und Bläschen«, erzählt sie. Aber auch ihr Leben hat eine wunderbare Wende genommen. Zwei Jahre schrieb sie sich mit ihrer Stammzellspenderin Briefe hin und her. Nach der

Transplantation hatte sie über die DKMS Kontakt aufgenommen. »Danke, dass Du mir das Leben gerettet hast«, schrieb sie der unbekannten Spenderin, von der sie weder Namen noch Wohnort, Anzahl ihrer Kinder oder Arbeitgeber wissen durfte. Die DKMS sieht vor, dass sich Spender und Empfänger in Deutschland die ersten zwei Jahre ausschließlich anonym schreiben. Am 14. Juni 2018, auf den Tag zwei Jahre nach der Stammzelltransplantation, ist es aber endlich soweit: Die vollen Namen und Kontaktdaten werden auf beidseitigen Wunsch freigegeben, die Anonymität ist aufgehoben. Bea ruft Pia an. Neunzig Minuten dauert ihr erstes Gespräch. Wenige Tage später fallen sich zwei Frauen auf dem Bahnsteig in Düsseldorf in die Arme. *Meine Spenderin ist ein zweites Wunder in der ganzen wunderbaren Entwicklung«, schreibt Bea jetzt. »Natürlich wäre ich auch dankbar, wenn sie nicht soooo toll wäre – aber so? Ich habe eine kleine Schwester dazubekommen, eine, die ich sehr liebhabe. Wir vertrauen uns, haben das Gefühl, uns schon ewig zu kennen. Wir können von morgens bis abends miteinander reden. Ich bespreche mit ihr alles. Einfach alles. Umgekehrt ist es genauso. Wenn wir einen ganzen Tag Zeit haben, ist der viel zu schnell vorüber.«*

Danke, ihr lieben Töchter, für euer Vertrauen, eure Offenheit und eure Lebensgeschichten! Ich habe so viel von euch gelernt.

Literatur-Tipps

Beziehungen

Frances H. Burnett: Der geheime Garten. Stuttgart: Urachhaus 2017.
Ricardo Coler: Das Paradies ist weiblich: Eine Reise ins Matriarchat. Köln: Kiepenheuer 2009.
Dossie Easton: Schlampen mit Moral: Eine praktische Anleitung für Polyamorie, offene Beziehungen und andere Abenteuer. München: mvg Verlag 2014.
Jiddu Krishnamurti: Über die Liebe. Grafing: Aquamarin 1996.
Osho: Emotionen: Frei von Angst, Eifersucht, Wut. München: Goldmann 2000.
Marshall B. Rosenberg: Gewaltfreie Kommunikation. Eine Sprache des Lebens. Paderborn: Junfermann 2016.

Beruf

Timothy Ferriss: Die 4-Stunden Woche. Mehr Zeit, mehr Geld, mehr Leben. Berlin: Ullstein 2015.
Malcolm Gladwell: Überflieger. Warum manche Menschen erfolgreich sind und andere nicht. München: Piper 2010.

Gesundheit

Donna Eden: Energiemedizin für Frauen. Kirchzarten: VAK 2017.
Louise Hay: Heile deinen Körper. Bielefeld: Lüchow 2017.
Luisa Lion: Clean Eating. 100 Rezepte für ein natürlich gesundes Leben. München: EMF 2015.
Caroline Myss: Chakren. Die sieben Zentren von Kraft und Heilung. München: Knaur 2000.

Heimische GvHD Kost. Rezepte und Tipps für die keimarme Küche nach allogener Stammzelltransplantation. Ein Ratgeber für Patienten und Angehörige. Zum Herunterladen auf www.leukaemie-hilfe.de

Kindheit

Jasmin Lee Cori: Wenn die Mutterliebe fehlte. Wie wir das ungeliebte Kind in uns entdecken und heilen. München: Kösel 2018.

Ingrid Dykstra: Wenn Kinder Schicksal tragen. Kindliches Verhalten aus systemischer Sicht verstehen. München: Kösel 2002.

Jean Liedloff: Auf der Suche nach dem verlorenen Glück: Gegen die Zerstörung unserer Glücksfähigkeit in der frühen Kindheit: München: C.H.Beck 2017.

Peter A. Levine und Maggie Kline: Verwundete Kinderseelen heilen. Wie Kinder und Jugendliche traumatische Erlebnisse überwinden können. München: Kösel 2005.

Patricia Paweletz: Zwillinge. Zwei Seelen – Ein Herz: Biographische Dokumentation über Zwillingspaare. Hamburg: Punktum 2015.

Nicola Schmidt: Geschwister als Team. Ideen für eine starke Familie. München: Kösel 2018.

Stefanie Stahl: Das Kind in dir muss Heimat finden. Der Schlüssel zur Lösung (fast) aller Probleme. München: Kailash 2015.

Stefanie Stahl und Julia Tomuschat: Nestwärme, die Flügel verleiht. Halt geben und Freiheit schenken – wie wir erziehen, ohne zu erziehen. München: GU 2018.

Dorothea Weinberg: Verletzte Kinderseele. Was Eltern traumatisierter Kinder wissen müssen und wie sie richtig reagieren. Stuttgart: Klett-Cotta 2017.

Lebenshilfe

Melody Beattie: Kraft zum Loslassen. Tägliche Meditationen für die innere Heilung. München: Heyne 1991.

Pema Chödrön: Vom Glück des Scheiterns. München: GU 2016.

Jorgos Canacakis: Ich begleite dich durch deine Trauer. Stuttgart: Kreuz 2002.

Thich Nhat Hanh: Ich pflanze ein Lächeln. München: Goldmann 2007.

Byron Katie: Lieben was ist. Wie vier Fragen Ihr Leben verändern können. München: Goldmann 2002.

Don Miguel Ruiz: Die vier Versprechen. Ein Weg zu Freiheit und Würde. Berlin: Allegria 2012.

Martin E. P. Seligman: Der Glücks-Faktor. Warum Optimisten länger leben. Köln: Bastei Lübbe 2005.

Paramahansa Yogananda: Autobiographie eines Yogi. Self-Realization Fellowship 1998.

Mütter und Töchter

Susan Forward: Wenn Mütter nicht lieben. Töchter erkennen und überwinden die lebenslangen Folgen. München: Goldmann 2015.

Marilyn French: Tochter ihrer Mutter. Reinbek: Rowohlt 2017.

Jesper Juul: Das Familienhaus. Wie Große und Kleine gut miteinander auskommen. Stuttgart: Beltz 2018.

Alfie Kohn: Liebe und Eigenständigkeit. Die Kunst bedingungsloser Elternschaft jenseits von Belohnung und Bestrafung. Freiburg: Arbor 2010.

Marianne Krüll: Die Mutter in mir. Wie Töchter sich mit ihrer Mutter versöhnen. Stuttgart: Klett-Cotta 2018.

Birgit Lambers: Wenn die Eltern plötzlich alt sind. Wie wir ihnen helfen können, ohne uns selbst zu überfordern. München: Kösel 2016.

Karyl McBride: Werde ich jemals gut genug sein? Heilung für Töchter narzisstischer Mütter. Lichtenau: G. P. Probst 2017.

Julia Onken: Rabentöchter. Warum ich meine Mutter trotzdem liebe. München: C.H.Beck 2018.

Martina Rosenberg: Mutter, wann stirbst du endlich? Wenn die Pflege der kranken Eltern zur Zerreißprobe wird. München: Blanvalet Taschenbuch Verlag 2014.

Nicole Zepter: Der Tag, an dem ich meine Mutter wurde. München: Karl Blessing Verlag 2018.

Trauma

Sabine Bode: Die vergessene Generation: Die Kriegskinder brechen ihr Schweigen. Stuttgart: Klett-Cotta 2015.

Walter Kempowski: Alles umsonst. München: Pengiun Verlag 2018.

Andreas Krüger: Powerbook. Erste Hilfe für die Seele. Trauma-Selbsthilfe für junge Menschen. Hamburg: Elbe und Krueger.

Ingrid Meyer-Legrand: Die Kraft der Kriegsenkel: Wie Kriegsenkel heute ihr biografisches Erbe erkennen und nutzen. Berlin: Europaverlag 2016.

Bertold Ulsamer: Wie Sie alte Wunden allein heilen und neue Kraft schöpfen: Familienaufstellung ohne Stellvertreter. Ein Selbsthilfebuch mit CD. München: Kösel 2010.

Mark Wolynn: Dieser Schmerz ist nicht meiner. Wie wir uns mit dem seelischen Erbe unserer Familie aussöhnen. München: Kösel 2017.